爆款写作

100万+阅读量爆文写作指南

千万级粉丝大号主编·陈阿咪 著

北京联合出版公司
Beijing United Publishing Co.,Ltd.

图书在版编目（CIP）数据

爆款写作 / 陈阿咪著. —— 北京：北京联合出版公司, 2020.10
ISBN 978-7-5596-3690-4

Ⅰ.①爆… Ⅱ.①陈… Ⅲ.①写作－基本知识 Ⅳ.①H05

中国版本图书馆CIP数据核字(2020)第170412号

爆款写作

作　　者：陈阿咪
出 品 人：赵红仕
责任编辑：管　文
策划编辑：洪紫玉
封面设计：果　丹

北京联合出版公司出版
（北京市西城区德外大街83号楼9层　100088）
北京时代华语国际传媒股份有限公司发行
三河市宏图印务有限公司印刷　新华书店经销
字数184千字　880毫米×1230毫米　1/32　7.5印张
2020年10月第1版　2020年10月第1次印刷
ISBN 978-7-5596-3690-4
定价：48.00元

版权所有，侵权必究
未经许可，不得以任何方式复制或抄袭本书部分或全部内容
本书若有质量问题，请与本公司图书销售中心联系调换。电话：010-63783806

目 录

第一章　新媒体写作：重新认识写作

第一节　什么是新媒体写作 / 002
第二节　写作的意义 / 005
第三节　如何开始第一步 / 007
第四节　好文章的判断标准 / 010

第二章　如何找到好选题

第一节　选题常犯的 5 个错误 / 018
第二节　如何找到好选题 / 021

第三章　善用热点借势

第一节　热点选题从哪里来 / 042
第二节　如何从热点中找到好选题 / 048
第三节　什么才是正确的追热点姿势 / 051

第四章　如何取一个好标题

第一节　取标题的 5 个公式 / 056
第二节　取标题的注意事项 / 059
第三节　取好标题的 6 种方法 / 062

第五章　如何搭一个框架

第一节　框架搭建常犯的 3 种禁忌 / 068
第二节　8 个"爆款"模板 / 070

第六章　如何写好开头和结尾

第一节　开头的 5 大方法 / 086
第二节　如何写好结尾 / 092
第三节　6 种触动读者转发的情绪 / 100

第七章　如何轻松表达

第一节　论述怎么写 / 108
第二节　素材怎么用 / 112
第三节　金句怎么写 / 117

第八章　从"小白"到签约作者，只需 3 个月

第一节　如何确定自己的方向 / 124
第二节　如何上稿人民日报、"十点读书"等头部大号 / 127
第三节　资深编辑不会告诉你的 6 个"爆款"思维 / 141
第四节　刻意练习 9 法 / 153

第九章　新媒体小编的加薪秘诀

第一节　新媒体的迭代速度，你适应得过来吗 / 162
第二节　如何做好数据分析 / 170
第三节　"爆款"内容的选题特点 / 174
第四节　如何快速挖掘"爆款"——采编方法论 / 183
第五节　如何利用"爆款""涨粉" / 202

第十章　一个优秀自媒体人的修养

第一节　条漫"爆款"秘诀 / 214
第二节　如何做用户调研 / 217
第三节　学写文，先做人 / 222
第四节　能让你坚持到最后的，只有热爱 / 225

第一章

新媒体写作：重新认识写作

第一节　什么是新媒体写作

什么是新媒体写作？

和传统媒体写作不同，新媒体写作是建立在深度分析读者的基础上，其目的是快速抓住读者眼球。作者有自己的一套写作技巧，将其运用在内容创作上，从而吸引读者的持续阅读和关注。

总的说来，新媒体文章的写作，无非做好以下几点。

开头：能引起大多数读者的兴趣，使他们继续往下看。

选题：符合账号的定位；契合用户需求，能戳中用户痛点；追热点。

框架：清晰、合理、聚拢。

行文：流畅、言之有物，表达简洁，有个人风格。

素材：具有合适性、可读性、新颖性。

结尾：结尾扣题，能把大多数用户的情绪和共鸣推向顶点。

如果能做好这几点，那你写的文章就是一篇成熟的新媒体文章。

从本质上说，虽然新媒体写作还是写作，但它延伸了写作的概念。在内容创作之外,新媒体写作还增加了读者分析、细分市场、写作目标、读者互动、蹭热点、自传播属性、多媒体等过去写作中很少提及的理念。

什么是读者分析?和传统媒体看重个体的独立思考和表达不同,新媒体写作更多的是帮读者实现表达。新媒体写作的前提是,要有深入和大量的用户研究,基于对读者的理解,站在读者的角度进行创作。

比如,以前写文章,只要自己写开心了,自娱自乐就可以了。但在新媒体写作里,作者需要做功课,需要去分析文章是写给谁看的,需要分析那个群体喜欢看什么,并且要想方设法让更多的人来阅读你的文章。

细分市场指的是,对读者群进行细分,比如职场群体、学生群体、妈妈群体、时尚女性群体等。

实际上,很少有文章能覆盖所有的读者群,很少有内容可以满足所有人的口味,一般情况下,作者只需要选取最想要满足的读者群就可以。

新媒体的写作目标以满足读者需求为主。你满足了读者的什么需求?收获新知的需求、猎奇的需求、情绪的需求,还是娱乐的需求?这是你在写作时需要思考的问题。

比如《女孩子自我保护的12个方法(建议收藏)》,这篇文章满足了人们对安全知识的需求,读者不仅会看,还会分享给身边的人,相互提醒。

比如《职场上好用的12个软件,提升你的办公效率》,这篇文章里满满的干货,对读者有用。

比如，以"如果你累了……"这类型文字为标题的文章，表达情绪的句子比较多，有利于读者宣泄情感，也有利于帮助读者实现对自我的表达。

至于读者互动，在传统媒体时代，编辑和作者是很难及时得到读者反馈的，而现在的新媒体时代，各个平台都有评论功能，直接连接了作者和读者，读者可以第一时间反馈自己的意见、观点，平台和作者可以第一时间得到反馈。

蹭热点的意思就是，立足于自己的账号定位和基调，结合时事新闻，产出内容并发布。

比如最近的选秀节目《青春有你》第二季很火，常常有选手上微博热搜。基于此，作者可以结合该节目的一些新闻或者热门人物写作。例如，美妆类的账号可以去研究选手们的私服穿搭或者美妆技巧；文化类的账号可以挖掘人物身上的闪光点，或者针对某些事件发表观点等。

自传播指的是，如果一篇文章打动了"我"，"我"就自愿把它转发给微信好友或者转到微信群，甚至分享到朋友圈等。

当你完成这些动作之后，看到链接的人可能会点开，也很有可能会关注这个账号，这样一来，文章的阅读量就上升了。

传统媒体时代，当人们想去网络上及时分享一篇文章时，有诸多的限制。而新媒体时代，人人都能随时随地分享。不仅作者可以分享文章，只要你的内容足够好、足够有趣、足够有用，如果读者被打动了，那么他也会主动分享出去。这个过程不需要多少成本，不管是时间成本还是经济成本。

当这种分享达到一定量级，就会给一个账号带来可观的阅读量和用户量。

不同于传统媒体单一的写作形式,新媒体写作形式多样,展现方式也是多元的。比如,公众号文章不再局限于用文字表达,一般情况下还可以用图片、音频、视频等多种载体去表现。文章表达方式被延展,更加丰富多样,更加灵活。

总的来说,新媒体的运营逻辑是要先了解用户,再想方设法达成用户的需求,最终赢得用户认可,借助用户的自主传播,收获流量。

第二节 写作的意义

写作是一种底层能力。不管你从事什么行业,都有需要用到写作的地方。

写作能给我们带来很多东西,比如整理思路、宣泄情绪、规划职业发展道路、发展"个人IP"、提升沟通能力等,对此,相信很多人都深有感触。就我个人而言,写作确实带给我很多。

整理思路

在工作中,我们每周、每个月都要进行汇报和复盘。落实成文字,可以让我们更清晰地看到自己的不足和成长。

相较于脑海中的走马观花,将经验诉诸纸面,不仅能把经验记得更牢、掌握得更好，而且能带来个人能力的提升。

宣泄情绪

上大学的时候，我开始坚持写作。

那个时候遇到的困境是分手了。在性格上，彼时的我不擅长"打开自己"，一个人困在情绪里很久，一直出不来。后来干脆提笔写文章，把事情记下来。写着写着，一边宣泄情绪，一边把自己给写"通"了。我把写的文字分享到 QQ 空间里，有的朋友看到了，会分享他们的想法给我，越来越多的人走近我，而我也慢慢打开一片新的天地。

大学写作积累的基础和能力，让我走上了新媒体写作的道路。所以，当你有很多的想法、情绪的时候，不妨试着写下来。若干年后，那会是一笔财富。

规划职业发展道路

大学期间写下来的那些作品，在我毕业后，变成了我的第一本书。

靠着那几年的训练，凭借着写作的特长，我从工商管理行业，顺利跨行到内容行业。

我也看到身边很多文章写得好的朋友，都找到了心仪的工作。还有一些朋友，比如公务员、运营专员，甚至是管理者，他们在写作方面的优势，对他们的职业都有或多或少的帮助。

发展"个人 IP"

写作可以帮助个人打造"IP"。

这几年,会写作的人纷纷加入新媒体,在各个平台释放自己的光和热。他们通过写作,输出自己的观点,让自己被公众熟知,这无形中就塑造了个人品牌,最后他们把自己发展成为一个"IP"。他们中有的人成了"大V",有的人成为作家一本接一本地出书。

写作这一底层能力,无疑是"个人 IP"化的必备素质之一。

提升沟通能力

你是不是遇到过这样的情况:有人在发微信的时候,发来一大段语音,但你听了半天也理解不了他想要表达什么。这种情况时常发生。

在与人的沟通上,能把事情描述清楚的人,他的写作能力不一定就好,但是写作能力好的人,在沟通上至少是不存在障碍的。

第三节 如何开始第一步

我知道写作之初是很痛苦的。但是,你只管提笔写就是了。正所谓"万事开头难",只要你动笔了,那你就成功一半了。

美国著名作家安·拉莫特曾经开设过写作课程,许多人在听了他的课之后,也走上了职业作家的道路,创作出了优秀的作品。

在每一期写作课上,安·拉莫特都会讲述一个影响他一生的童年故事。

那时,安 10 岁的哥哥,正在为明天就要上交的关于鸟类的作业而烦恼不已。作业已经布置了 3 个月,但是他的哥哥还不知道从何下手。

这时候,他们的作家父亲告诉他们:"一只鸟接着一只鸟,只要一只鸟接着一只鸟,按部就班地写就可以。"

很多事情在跨出第一步的时候是最艰难的,但只要你开始做了,接下来就会越来越顺,越来越好。

我依然清楚地记得我在大学时,写下第一篇文章的感受。

因为失恋,情绪压抑极了。我坐在床上看书,放下书之后,脑海里总会闪过几个扣动我心弦的句子。我心想:"这些话说得多好啊,就是我所想的啊""算了,起来写下来吧""可是,从哪里开始写呢""试试吧"。

于是,我从床上爬起来,打开电脑,敲下了刚刚脑中闪过的几个句子。接着,看着几个孤零零的句子,我觉得我有必要解释它们,并且说下我的感受和这个感受背后的故事。

写了一两千字后,我觉得它们之间读起来不够通顺,我觉得有必要修改个别拗口的句子,然后调整下文章结构。完成之后,我反复调整我的表达,直到确定不再修改了。

大多数人对自己得意的作品是有强烈的分享欲的,紧接着我把那篇写了我琐碎心情的文章发表在我的 QQ 空间上。那天,有几百个人给我点了赞,并留下了他们赞美的评论。那种成就感瞬间冲掉了我的负面情绪。往后的时光,我在这种"成就感"的驱动下，不断写出更多的文章，并把它们分享出来。直到现在，我依然十分感谢那些当初在我 QQ 空间看我的文章，并给我点赞和留言的同学、朋友。

那么，如何开启第一步呢？

首先，写下你当下所想的，一点一滴地积累。其次，通读，然后修改，直到你自己满意为止。最后，分享出来，尽可能让更多的人看到，他们会给你鼓励和表扬，或者一些能够帮助你进步的建议，这些非常重要。

没有谁的写作能力是天生的，是一蹴而就的，写作是一场漫长的自我修炼。

刚开始的时候，先培养将想法转化为文字的能力。此时不必过于追求完美，可以想到哪儿写到哪儿。在此期间，为了让自己坚持下去，你得让你对写作的热爱支撑你的行动。与此同时，你还需要正面反馈，这是支持你坚持下去的希望和力量。这就好比一个正在进行马拉松比赛的人，虽然他做的事情就是奔跑，但他也依然需要夹道的加油声、呐喊声。

因为这种声音，比如"你可以的""你再坚持一下，马上就要成功了"等，不会让你在写作这条路上太孤独，以至于轻而易举地就放弃了。

如果坚持了 3 年以上，你就会发现，写作其实就是那么一回事。

第四节　好文章的判断标准

"文采好与否"不是定义一篇文章好坏的标准。我们不能单纯地用"文采好"来判断一篇文章为好文章。

实际上，文采好，是一个很虚的形容。

首先，每个人都有自己的表达风格、表达方式，"文采好"是没有特定的标准和模板的。其次，特别是当下，写作偏向深入浅出，更追求的是直白而不是辞藻华丽，更看重的是普通读者是否都看懂了并且理解了。用大量的成语、诗词堆起来的文章，反而不讨喜了。

但是，这不代表句子表达就不重要，而是说，新媒体文章的好与坏，自有它的新章法。

我每天的头部工作是审稿，包括网上的热门文章以及各个渠道发过来的投稿。基本上，10秒内就可以大致判断出这篇文章是否要录用。

有时候为了节约双方的时间，回复拒稿消息的速度就很快，以至于有的作者会质疑："你们真的看了吗？"

——我确实看了的。

那么，我是怎么做到这么快就能给出反馈结果的呢？我又是如何判断一篇文章的好坏呢？这两个问题的答案其实相通，基本上，我用五个步骤就能判断出来。

第一步,看标题。

标题体现作者文章的核心思想,是作者高度概括总结的文字。

从投稿文件的命名中,你就大概能判断出作者对新媒体文章以及对你账号的了解程度。带着这个判断,打开文件验证你的判断,这个过程很快。

所以,我建议想要去投稿的作者,千万不能大意,一定要取好标题。

第二步,看主旨。

你的选题是否契合账号的需求?换句话说,你把职场类文章投稿到亲子账号,那怎么可能过稿呢?

如果契合账号的类别了,那么编辑就会思考这个稿子是否对象清晰、场景清晰,以及是否有痛点。如果选题关注了痛点,且对象、场景都很明确的话,编辑就会进一步浏览文章的论述结构。

第三步,看结构。

每个人的逻辑思维都是不一样的,但大体上追求的多是清晰、流畅、聚拢。

清晰:先讲什么,再讲什么,一览无余。

流畅:前后承接,逻辑通顺。

聚拢:论述的内容都服务于主题,不东拉西扯。

第四步,看表达。

我在前文说过,不必生硬地套用各种华丽辞藻,但这并不表示表达就不重要了。相反，表达是重中之重。因为，表达粗糙，就是内容粗糙。

那么，什么是好的表达？

有风格。文章有作者个人风格是最好的，风格就像是名片，能让人一下子记住你。

要流畅。个人风格要建立在基本语法没有错误、读起来通顺的基础上，这是每个作者必备的基本功。

要灵活。句子与句子之间的承接转折要灵活，可以使用比喻、拟人等表达技巧；段落与段落之间的衔接要巧妙，可以使用插叙、倒叙等叙述方法。

有很多人来问我"怎样才能写出爆文？"，他们每天诚恳地征求方法，可是打开他们的文章一看，基本的表达都没有做好。这时候，我就会劝他们不要急，掌握了基本方法后，也要给自己留个提高的时间。

太急功近利的勤奋，反而很容易快速消耗自己的创作热情。

要简洁。文章绕了大半天还在讲同一件事，消磨了读者的耐心，甚至让读者不知所云。所以，句子不要重复，表达要克制。

要准确。不要有语法上的表达错误。做到准确、深刻、凝练。

要丰富。文章要言之有物。清汤寡水的平铺直叙，会让读者的阅读体验变差。因此在写作过程中，除了要讲清楚事情，还应该给文章增添一些"色彩"，例如增添修辞、引用事例等。

在论证的过程中，作者的用词是否足够精准和丰富，引用是否恰到好处，这些分寸感需要日积月累的输入才能达到。

通常情况下,一个人的基本表达能力,读文章的开头就能了解个大概。虽然只是简单的几句话,但是你想,如果连简单的几句话都讲不好,他怎能驾驭得了接下来的内容呢?

第五步,看素材。

写文章肯定要使用素材,素材包括视频素材、故事素材以及金句素材。

素材使用的首要标准是合适。作者需要思考,你选取的素材是为了辅助你更好地论述观点,还是为了讲好故事?

其次,素材要有可读性。故事不够好,文章的可读性就会下降。所以,挑选素材时,要对素材的内容进行挑选。如果素材是故事的话,至少保证这个素材是完整的,起因、经过、高潮、结尾都要有。如果是片段的话,要看放上去是否不尴尬、不突兀,你想借助这个片段表达的意思能否被表达。

此外,素材要有新颖性。

这就涉及文章是否含有"相对的信息增量",也就是说,文章要告诉读者一些他们不知道的东西,而不是翻来覆去,说的都是众所周知的已经被写烂的故事,比如,一说到谦让就写孔融让梨,一说到爱情就写林徽因梁思成。

以"要善于拒绝"为例,很多人在写文章时,大多会用到这个寓言故事:

得寸进尺的骆驼

在一个寒冬的夜晚,一个阿拉伯人在温暖的帐篷里正准备休息。

突然，站在外面的骆驼掀起了阿拉伯人的门帘，可怜地表示外面太冷，希望主人允许它把头伸进来暖和暖和。

善良的阿拉伯人不忍骆驼受冻，便同意了骆驼的请求。

没多久，骆驼又陆陆续续地提出了把脖子、前腿、半个身子伸进帐篷的请求。阿拉伯人不忍心拒绝，也都同意了。

仗着阿拉伯人善良好说话，骆驼越来越得寸进尺。

最后，骆驼把自己的整个身子都塞进了帐篷，把阿拉伯人挤出了帐篷。

结果，很多看到这个故事的读者就会忍不住在心里抗议：怎么老是这个例子啊。

所以说，写过的素材不要反反复复用，广为人知的素材也不建议使用，除非你找到新的角度、新的信息。

当然，不排除信息量是相对的，在你这儿是旧的、不出彩的，在别人看来很可能就是新的、出彩的，你要准确地判断。

每个账号的风格不同、受众不同，对各个部分的要求或者侧重点也会有所不同。

比如，就我知道的，"末那大叔"的编辑，对文章框架并不会做严苛的要求，但他们对行文、结尾、标题这几个部分的要求会比较高。他们尤其看重作者对句子的打磨，更看重是否言之有物，是否有足够凝练的金句。这样的文章，就能吸引到大量的读者。

但无论如何变化，如果做不到每个维度都很出彩，至少某一个部分要做到非常出挑，比如行文表达能力，或者选题等。

当然，文字是很有个人风格的东西，不能用一套标准来概括。

很多大作家的创作都是自由的。我的建议只是针对当下新媒体文章的创作，而这也只不过是文学创作万千分支中的其中一支。

很多人都说，新媒体写作是个"门槛低、要求高"的行当，即谁都可以从事这一行，只要你会写，在网上开个账号就可以开始创作。但是，要想在众多创作者中脱颖而出，没有技巧、没有积淀、没有差异，你就很难出类拔萃。

为此，我接下来将逐一展开，和大家探讨新媒体写作的方法论。

新媒体写作，拼的是速度，比的是套路。在本书的开头，我想跟大家着重说明，新媒体写作要求作者有自己的独特的方法论，因此，拥有一定的写作基础，并且掌握一些方法，你在新媒体平台上就比较容易获得成果，比如无数人梦寐以求的"10万+"阅读量。

第二章

如何找到好选题

一个好的选题,是一篇文章成功的先决条件。

写文章的人,其实和销售员在本质上是相似的——都在推销东西。只不过销售员推销的是商品,而写文章的人推销的是自己的观点。在新媒体领域,能够说服读者接纳,并且转发、分享,进而带来流量等一系列动作,就是一套完整的销售路线。

一个好的选题,就好比新产品有了爆品的潜力,这就容易达成销售目标了。

第一节　选题常犯的 5 个错误

一直以来,我在"十点读书"负责审核外界投稿的工作,可以说,95% 的被拒绝的稿子,都是因为选题没有选对。被拒的稿子常犯的错误有:过于自我、个性的表达,阅读对象不匹配,三观不正,文不对题,"调性"不符合。

过于自我、个性的表达

景观类、游记类等缺乏观点的文章,比如《花》《厦门游记》,很难引起大范围的认同,而且这类文章多是个人的表达,和读者之间如果没有产生明确的关联，就很难引起读者的兴趣。

阅读对象不匹配

《那年青春的梦》《高中三年时光》等文章，很难在"十点读书"或者"洞见"这样的账号上上稿。因为这两个公众号的受众是成年人，而成人阅读的兴趣肯定不在青涩的校园故事上。

同样，在"十点读书""洞见"上能够成为"爆款"的文章，不一定会在受众为学生的账号上成为"爆款"。

三观不正

比如，《余生，做一个悲观的人》《带孩子，就该男人全部承担》《婆婆，就是陌生人》这类文章，一看标题就会被拒稿。

标题一看就明显让人感到不适，更不用说行文观点。

有些文章为了追热点，作者不分青红皂白，为了写而写，为了骂而骂，写出来的观点以偏概全，经不起推敲，这样的情况不在少数。

以《"不给女友买口红遭分手"：不付出的感情，失去都是活该》为例，标题一看就让人不舒服。成年人的感情，哪里能靠一支口红就下判断，人的情感何其复杂，这样的观点，明显不能苟同。

非黑即白的论调，刻意煽动读者的愤怒情绪，这样的文章即使写出来并且发表了，就算博得流量，也会失去读者的心。写这样文字的作者，你又如何能安心呢？身为文字工作者，我们应该对笔下的文字多一些敬畏，多一些社会责任感，多传达一些向善的理念，避免发表一些偏激的观点。

所幸，这个时代"三观"正的人还是占大多数的。

文不对题

读完稿子，发现标题和内容没什么关系，或者内文里硬凑出来的几个观点，根本无法说服读者。

比如《富贵的人都有这三点》，作者的观点是，爱干净、爱养生、爱健身的人是富贵之人。但是现实生活中有这三个特质的人都富贵吗，或者富贵的人都有这三个特质吗？虽说观点可以是作者自己的理解和创造，但最起码还是要符合大众的基本认知。

所以，写作不能脱离现实。写完文章后，你要多问问自己，是否发自内心认可这个观点，如果连自己都说服不了，那就更说服不了读者。

"调性"不符合

"调性"是指账号通过选题、文字、视觉设计等所呈现出来的风格。有的账号一看就不专业，而有的账号就显得很专业。

虽然每个账号的文字在细节上会有所不同，不同的作者写出来的风格也有差别，但是在选题方向上，账号会统一文章类型。所以，你不能给"36氪"投一篇现代诗，你也不能给"十点读书"投科技论文或者校园小说。

第二节　如何找到好选题

上文说了几个错误的选题方向，接下来我们聊一聊如何找到一个好选题。你可以从下面几个角度去寻找好选题。

明确你的读者是谁

找选题的第一步，就是找读者对象。

在前文，我说过了《那年青春的梦》《高中三年时光》这类选题很可能会被"十点读书""洞见"等公众号的编辑"秒拒"。这类文章的写作对象多以学生为主，其作者受限于自己的人生阅历和生活圈子，因此他们的话题多以校园生活为重点。

当你将校园题材的文章投稿到受众以非学生人士为主的账号上，肯定不会受欢迎。文章与读者无法匹配，或者说能打动到的读者很少，如此一来，不仅读者不能产生共鸣，文章传播的概率也很小。

所以，"明确你的读者对象"很重要。

作者要去推敲选题是否符合该读者群的阅读喜好，而不要抱着试一试的态度埋头苦写、埋头投稿，其最终结果必然会不尽如人意。

受众窄的话题注定出不了"爆文"吗？也不尽然，关键在于你要找到这个群体的垂直账号。

比如职场类的文章就应该找职场性质的账号，比如"智联招聘""互联网 er 的早读课""乔布简历""插座学院"等，这些账号定位是职场，受众以职场人士为主，平时就发职场类的文章。

而与青春、校园话题相关的文章，就应该去找读者年龄比较小的账号。你要去了解这些账号的读者是谁，以及这些读者会关注哪些话题。

那么，如何给目标群体精准画像呢？

如果你运营一个公众号，拥有登录的权限，你就可以在公众号后台清楚地看到公众号的相关统计。

比如，在"用户分析"一栏里，有个"常读用户分析"。通过这一项数据，你能明确该公众号用户的年龄分布、地域分布和性别分布的情况。

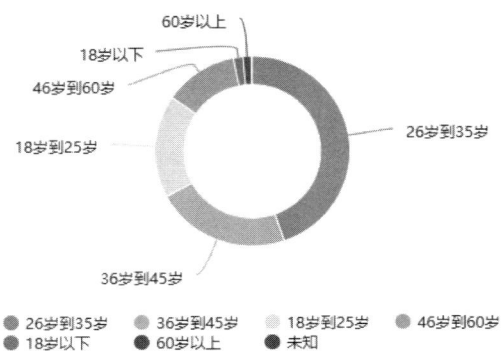

截止到 2020 年 3 月的公众号后台版本

虽然这些信息只是粗画像，不够细致，但依然可以在大体上帮助你做判断。

如果你只是一个作者，没有账号，没有后台的登录权限，那么你也可以从日常的阅读或任何能观察的地方，粗略地分析账号的受众。具体操作上，你可以从以下几个方面着手。

了解读者的个人经历和偏爱

所谓的个人经历和偏爱，顾名思义就是读者每天接触的东西是什么、关注的东西是什么。

（1）父母群体

以"十点读书"旗下的矩阵号"小十点"为例。"小十点"的目标读者是"80后""90后"的新手妈妈，她们的痛点可以是"不吼孩子""科学喂养"等，从这些角度去切题，大体上就能保证文章的传播数据了。

下面，我以"不吼孩子"选题为例进一步做解释。

李爱玲的《如果一个中年妇女突然不吼了，那她可能是要出家了》这篇文章，其内容、语言很有她的个人风格，主要谈了妈妈吼孩子背后的心酸。

鱼爸的《总吼孩子是一种病，得治》一文，先介绍了"吼孩子"这个现象，然后分析了父母吼孩子会带来的危害，最后提供戒吼的办法。文章结构清晰，痛点也足够戳中读者。

以"严格教育"选题为例。

惜朝的《教育路上，最不该偷懒的是家长，最不该放养的是孩子》一文很容易引起父母的认同，文中有 4 个小标题，分别是：
- 教育的最大死敌就是大人的"太怕麻烦"
- 老师不是万能的，老师能做的很有限
- 教育好自己的孩子，是家长一辈子的事业
- 教育无法重来，请对孩子亲力亲为

惜朝循序渐进地论述观点，文中提及的"老师不是万能的""大人怕麻烦""放养"等问题，都是正在困扰家长们的问题。这样的选题，能很快地让家长有代入感，能够迅速引起他们的共鸣。

再比如逗号的《废掉一个孩子最快的方式，就是任他快乐成长》，内文 4 个小标题是：
- 教育最大的骗局，叫"孩子，你只要快乐就好"
- 父母对孩子最大的不负责，就是在学习上放任自由
- 任何成功背后，都是不断地努力和付出
- 好的父母，心都有点狠

"不放养孩子""严格教育"等话题，家长们的讨论参与度都很高。

现在家长都很焦虑，一方面他们怕把孩子逼得太紧了，另一方面他们又怕孩子输在起跑线上。后者的焦虑更甚些。所以，家长群体也好，教师群体也好，对于"严格教育是为孩子将来好"这样的观点，他们的认同度都很高。

以"教养培养"选题为例。

《最成功的教育，是养出能好好说话的孩子》《孩子的情绪里，

藏着他的未来》《父母最大的悲哀：付出全部，却养不出感恩的孩子》等文章，能引起家长的广泛认同。

培养孩子的同理心、感恩之心、表达能力、情绪控制能力等，都是现在父母们的必修课。

（2）职场年轻人

在职场类的公众号上，《快速加薪的五个途径》《三年内，让收入翻五番》等文章，才会让职场群体感兴趣。

因为对职场群体而言，奋斗、加薪、升职就是他们看你这个账号的主要目的。

（3）46~60岁的群体

以这个群体为写作对象，你需要先了解这个群体的主流价值观和他们关心的东西，比如养生、心境修养、自我成长等。

《半生已过，学会放过》《慢慢来，上天自有安排》《人到中年，莫管二事，莫理二人》等文章，这种看起来佛系、正能量的文章深受他们的喜欢。

"慢慢来""半生已过""安排""放下""幸福""莫理会"等词语，都是这个群体的朋友圈的高频词。

常言道："四十不惑，五十知天命。"人到了一定年纪，看得多了，慢慢也就想得开了。我身边的很多长辈，遇事都会口径一致地劝自己和身边人"想开点"。其实，光从自己身边人的表现，你就可以捕捉到适合的选题方向。

和"视觉志"的工作人员交流，我问他们，"视觉志"账号用户最有共鸣的点是什么,他说有趣、理性、正能量等。然后,他反问我"十点读书",我说了个词——放下。

他先是一愣,然后笑了笑,说:"好重的词啊。"

对于低年龄用户来说,这个词太重,但这恰恰契合了中老年群体的心理状态。

此外,就像身边的大多数长辈一样,他们还会关注一些个人品德、修养方面的话题,比如《惜命的最好方式不是养生,而是管理情绪》。

这篇文章的小标题是:

- 所有的委屈、纠结、愤怒……终将化作一场免疫风暴
- 我们一直低估了身体的智慧,人体里有着一套精密的免疫系统
- 身体的不适和病症,是内心的呼喊和求救信号
- 生病不能只治病,还得找到病症所在

文章的结尾是这样的:世上没有既安逸又精彩的人生,美好前程都是血汗打下来的,想要为自己的梦想负责、为一家老小负责,我们就必须管理好情绪,拥有一个强健的身体。

这篇文章的核心是"情绪不加控制,就会危害个人健康",因此,无论你是写 "控制情绪的修养"还是"养生技巧",都能戳中这个年龄层大多数用户的"痛点",这样的文章,能得到这个年龄段的很多人的认同。

（4）18 岁以下的群体

18 岁以下的群体主要是"00 后"。关于"00 后"群体，你可以通过他们活跃的社交网站，比如 B 站、微博等，观察他们的语言体系，以及对待事物的观点。

比如"00 后"女孩木汁的账号，她账号的受众以和她年龄差不多的学生为主。木汁账号会设置很多话题，例如学生群体关注的校园情感、学习成绩、青春友谊等话题。

早期，她这篇《我跟我奶奶说我的 AJ 鞋是 200 块买的》，在账号只有 500 个用户的情况下，阅读量突破了 120 万+。《我骗我爸说我一模考了 630 分》等文章，也都取得了很不错的成绩。

所以说，做选题之前，明确阅读对象很关键。

据说，木汁一开始是通过互推置换来三四千个微信好友的，原本是想做微商，慢慢地，这些人成了她的写作观察对象。

这些人大多是高中生，了解他们平时关注什么、喜欢发什么内容的朋友圈是木汁写作的必修课。有一阵子，她发现大家都很关注潮牌，炫富攀比的现象常见。基于此，她结合自己的故事，创作出《我跟我奶奶说我的 AJ 鞋是 200 块买的》一文。

几年前，我曾经给一个以 20 岁左右的学生为读者对象的公众号当过写手。在写作过程中我发现，女学生们关注女生之间的友谊，对待感情的价值观会比较简单，比如"如何判断一个渣男""男朋友有这几个行为，就是爱你的"等。

当然，他们也关注社会，关注亲情，关注很多新鲜事物……基本上，他们关注的对象都在他们这个群体日常接触的范围内，包括这个年龄层的自我、个性和价值观。

此外，大家公认的，比如性、金钱、暴力等话题，也一直处于这些读者注意力的靶心位置。

想要更明确你的读者对象，想要了解更细致的信息，你可以留意评论区他们留言的内容，或者做用户调研（后文会介绍用户调研的方法），以此来进一步精确你的用户画像。

实际上，评论区是信息量很大的地方。很多出现频率高的观点，往往就是读者痛点。举个例子，有一次，一个以25~35岁女性群体为主要读者对象的账号发布了一篇经营婚姻关系的文章，很多读者在文章的评论区讨论了婆婆与婚姻之间的关系，甚至有的人还提供个人故事。

基于此，我们就去写了篇关于婆媳关系的文章，结果这篇文章的关注度、讨论度都很高。

有时候，我和同事们开选题会，在大家意见有分歧的时候，我就会开玩笑说，你的亲戚里，有几个姑、几个姨对这个话题感兴趣？有没有人认同这个观点？

所以，心中若是有清晰的读者对象，就更能辅助你挖掘到合适的选题。因为对象清晰之后，你在写作的过程中，会针对读者描绘相应的环境、情节，而这反过来会更容易让读者产生代入感，从而加深他们对你文章的认同。

有人说："你有能力理解多少人，就有机会影响多少人。"如果拥有同理心和共情能力，能理解人性，洞察人心，懂得人性的善与恶……那么，你也就能写出一篇篇让人深有感触的文章。

了解读者的需要和情感

2018年,我去"视觉志"参加活动,和"视觉志"旗下的账号做交流。

当时,他们运营"窈窕妈妈""她刊"等一系列女性情感账号,在聊到现阶段公众号主要的女性用户在阅读时最需要什么的时候,我们达成了共识:被心疼、被理解、释放情绪、陪伴成长。

(1)被心疼

你要知道,其实每个人都是缺爱的。

渴望被爱却不知道如何表达,或者潜意识里渴望爱却不自知,"被爱"几乎是所有人的需求。

渴望被爱的人把自己放在一个"弱者"的位置上。尤其是在两性情感里,女性会比较希望得到另一半的呵护、宠爱。

你可能会觉得她们不具备"独立女性"的意识。与之相反,这几年公众号的主论调之一,就是用各种方式去诠释和满足女性想要平等、独立、自主的需求。但是,独立和渴望被爱不是对立的关系,而是人的本质需求。

所以,诸如"余生,找个宠你的人在一起""爱妻子,是一个男人最好的品质"等选题,至少在2017年和2018年的时候,给很多大号带来了可观的流量。

(2)被理解

在《突破:挖掘情绪触点满足客户需求》一书中有这样的一句话:"顾客的购物行为最强烈的反响,只有一个依据:情绪。

而洞察是情绪触点和行动之间的内在关联。"对此，我深以为然。

我曾经写过一篇文章，标题叫《妈妈不是脾气不好，妈妈只是太累了……》。

结尾是这样的：

那个常常对你吼叫的妈妈，你不知道的是，她多少次，也在暗暗学着控制情绪。

妈妈其实不是超人，妈妈也需要被理解，甚至，是更多。

因为爱你，她一直在努力让自己成为一个值得孩子骄傲的妈妈。

只是，这个努力的过程太漫长太艰辛，所以，你也要学着原谅妈妈的不完美。

你永远无法知道，一个人从女孩到女人，再到母亲，这中间，所要经历的锥心刺骨的蜕变和成长。

但也感谢生命中遇到的一切，给了我们软肋，亦赐予铠甲。

每一个妈妈都会疲累，都会有沮丧，都会有脾气不好的时候，但就算再累，她们就是不会被打败。

因为，就算再疲惫，她也会挺住，去做那个娃娃的英雄。

当时，我只是在某一篇文章的评论区，看到有读者评论了这句话："妈妈不是脾气不好，妈妈只是太累了……"当下就觉得简直戳到我的痛点了。

虽然我不是妈妈，但是我知道对很多新手妈妈来说，疲惫是比较普遍的心理状态。基本的同理心告诉我，这个标题肯定可以引起很多人的情绪共鸣，从而引导转发。写出来发布后，很多的妈妈确实也都在评论区里表达了自己的感动，以及感激了有人能够理解她们。

共鸣可以分为情绪共鸣和观点共鸣。我把这个标题判断为它两者都符合。

一方面，符合渴望被理解的自怜、委屈的心理感受；另一方面，代替妈妈们发声，提出"脾气不好的背后，是无人理解的辛酸"。

这篇文章的点击率比较一般，毕竟它的标题直接限定了读者群体——非妈妈群体自然不会有所感受。但是文章的转发量是很高的，最终因为转发量高，所以带动了阅读量。

因此，我们在写作的时候要找到读者的痛点，找到他们的情感需求，从中摸索选题，这样一来，写出爆文的概率也就高了许多。

（3）释放情绪

生活中，几乎每个人都有很多压抑的情绪，他们需要别人替他们表达。

这也是"夜听"这个主打情感音频的音频号，会在短时间内迅速崛起，目前已经累积了3300万用户的原因之一。这类音频号不在少数。

当你去翻看"夜听"的音频时就会发现，它的标题一反别的账号惯用的"标题党"的形式，多是贴近个人情绪的表达，比如《放下了，心就没那么累了……》《不懂你的人，不必解释》《想你，却不会告诉你》《真正的离开，都是悄无声息的》等。

"夜听"的文章以音频为表达形式，现在会附上音频的文字。每篇文章的篇幅都很短，字数在300字左右。

话题多是围绕情感、心情感受，高频词是爱、放下、失去、人生、幸福等。一直以来，"夜听"保持着其独有的风格，没有故事，只有平平淡淡、轻轻浅浅的句子,旨在唤醒读者的情绪,疗愈心灵。

比如,《放下了,心就没那么累了……》这篇文章里的一个片段:

有人说,爱上一个人只需要几秒钟,而忘掉一个人却需要一辈子。

忘掉,终究是一件困难的事。

可很多时候,只有你独自在回忆里苦苦挣扎,只有你还抓着过去不肯松手。在他的身边,或许已经有了新的面孔,你在他的心里,早已成为一段往事,风一吹,就散了。

所以,放过自己吧,别再以爱的名义,伤害自己了。

时间是这世上最好的良药,把一切交给时间,忘与不忘,好与不好,都别再纠结了。

或许未来有一天,你会发现,那些你拼命想放下的过去,都顺其自然地烟消云散了。

"夜听"创始人刘筱早期做过电台情感夜话的主持人。他声音低沉、富有磁性,语速很慢。在夜深人静的时候,格外容易调动起听者白天不轻易表露的情绪。在音频的安抚下,你能很快平静下来,并得到治愈。

(4)陪伴成长

写作要给读者以新知与快乐,帮助读者启迪心智、增加智慧。作者要思考你的文字带给他们的价值是什么。

在公众号领域,很多垂类账号的受众,更多的是想从账号中多学习些"干货"。对他们而言,即便是碎片化阅读,也能获得成长的养分。

这个养分可以是收获的知识,也可以是为人处世的智慧。比如,很多的文化类账号的文章会谈一些生活的智慧,给读者提供解决问题的思路。比如,我曾经遇到一位读者,她很高兴地和我说,因为常常看"十点读书""洞见""有书"等公众号,她现在的小日子过得很滋润,公众号里关于"婚姻经营"的观点文对她有很大的启发。

她读了文章之后,知道了"制造仪式感"的方式、"控制情绪"的重要性等。文章里的故事都是发生在身边的切实体验,很容易产生共鸣,每个人都可以从中学习。

她说,以前经常和丈夫吵架,但是因为自己的改变,现在两个人的关系变好了很多。而这正是作者能给读者带来的有价值的东西。

公众号"温血动物"的创始人陈昌说:"被安慰"是成年人的刚需。

现代人有很多负担,活得很累。白天不敢表现脆弱,只能在晚上躲起来多看几篇"鸡汤文"来自我安慰。为了疏通自己的情绪、解决自己的孤独,大多数人都会选择和懂自己、心疼自己的人做朋友。

而文章能够征服读者的关键在于,满足读者的情感需要,在精神上给予读者陪伴,在智慧上要带领读者成长。读者的信任也是在日复一日的陪伴中建立起来的。

了解读者的价值观

文章的表达由作者决定,文章所表达的观点,就是这个作者的价值观。而读者群体的认知和需求，决定了文章的内容。

（1）不要用"精英主义"做内容

读者的价值观即"读者的潜意识里最认同的东西是什么"。

很多人会调侃，公众号是没有价值观的，是"达尔文主义自媒体"，是"什么火就写什么"，是"读者想看什么就写什么"。

确实，传统媒体看重个人独立思考，大家争做意见领袖。而全媒体时代背景下，新媒体所传达的观点，很大程度由他们的读者的喜好所决定。

甚至有人会因此看不上公众号文章，觉得公众号总是在反复讲一些"正确的废话"，比如做个善良的人、遵守规则、要自律。"儒风大家""十点读书""一星期一本书"等公众号，经常传达做人的智慧，比如要强大、要干净做人等这些看起来你可能会觉得很浅显的大道理。

实际上，绝大多数人很难对超出他们认知水平的事物进行深度思考。读者能够理解到的价值观，就是在他们既定的认知水平上，因此，新媒体文章就不能只站在作者自己的角度或者思想层次去表达，而是应该站在读者的立场上理解他们、帮助他们。

另一方面，碎片化的阅读里，"阅读娱乐化"依然是刚需。怎么样才能让读者喜欢看你写的文章，就成了公众号共同的追求。因为"讲和读者有关的事"是"满足读者的喜好"的捷径，这就会产生大家所说的，所有公众号都朝着"读者想看什么就写什么"的方向使劲。当然，这也是我们很多作者、媒体需要反思的地方，不能过分迎合，要适当引导。

你再去看一些账号，虽然内容做得很"精"，很有内涵，但是这些账号的内容决定了其只能成为内容窄、受众少的小众账号。因为大多数人接触不到这些小众文化，所以看不懂这种文章。相比较之下，"教你如何成为一个善良的人"这种直接的表达是不是更好理解，更符合绝大多数人的阅读需求呢？

总的来说，内容成功的前提是，一定要抛弃精英主义。越是想要做大做强，越是要俯身去看大众，倾听普通人的声音。基于此，作者在创作的时候就要避免上述问题。

（2）要坚持对的价值观的方向

作者还是要有自己的"内核"的，即"核心价值观"。不能盲目迎合读者，不能盲目"取悦"读者，就算是"取悦"，也只在对的方向上"取悦"。

对大部分文化类、情感类大号来说，大家坚持的价值观基本上是相同的，比如，要独立、要自律、要包容、要做个善良的人、要遵守规则、要爱国爱家等。

价值观是一个人最根本的东西，是底线，是原则。我们一定要追求"不可辩驳性"，不能踏错一步。

世间有千千万万人，哪怕是同一个词语，每个人的解读方式也不一样，所谓"一千个读者就有一千个哈姆雷特"。但是对和错的界限还是十分明晰的，比如忠、孝、礼、义、廉、耻，这些是人之本，对的就是对的，错的就是错的，是不可辩驳的。

从大方向上来讲，人本能的需求还是以温暖、正能量为主的。

有这样的意识，以及把这个作为原则的作者，才能得到更多读者的认可。拥有越多读者的作者，也越应该坚守"社会责任感"，传递正能量。

作者在写稿时，也应该多往正能量的公众号投稿。以公众号"十点读书"为例，该账号坚持温暖、治愈、正能量，不去批评个体，不刻意贩卖焦虑，不激化社会矛盾。也正是由于在"对的事物"上坚持，"十点读书"收获了大量的关注。

（3）你的价值观，吸引认同你的人

每个作者的价值观体系都不同，读者也是如此。

基于文化水平和理解能力不同，不同的人对同一个事物的看法是不一样的。重点是你思考的深度到哪个程度，以及有多少人接受和认同了你。认可你的人越多，你的流量就越大。

有很多的自媒体有自己的独立思考，比如"半佛仙人""牛皮明明""小声比比""为你写一个故事""我要WhatYouNeed"等公众号，这些公众号以对待事物的独特见解，吸引了一大批人追随。

这类公众号的读者普遍偏年轻，文化素养高，理解能力强，对各类观点的包容性也会更高些。所以对有争议的新闻事件的讨论，在这类账号上很常见。但是文化类、情感类大号受的限制比较多，在挑选热点话题时就会比较谨慎。

这是一个好的时代，允许你在"没有伤害到别人"的前提下，拥有充分的言论自由，可以自由讨论自己的想法。你可以去批评一些不良的社会现象，你可以为正义发声。而你的价值观，也会吸引一批理解你、认可你的人，他们会和你一起走下去。

对作者而言，你的善良、你表达的价值观，就是你最有吸引力的地方。

（4）价值观不能只是迎合，还要"引领"

作者想要写出好文章，还必须要有能够"引领"读者成长的内容。不管你是只讲"正确的废话"，还是"独立表达"，你都要给到读者惊喜——要让他们有"这是很惊喜的观点""哇，原来还可以这样理解""哇，这个说得真对，说出了我表达不出来又很认同的话""哇，他说得真对，三观正"等感受。

你可以给一些高于他们智慧的智慧，或是给他们普及知识盲区里的知识，总之，你要让他们觉得你的文章有价值，关注你会有所收获，关注你会变得更好。

作者和读者，其实都在修行的道路上。在字里行间，作者和读者是相互监督，也是相互成全的。

从哪些地方找选题

（1）从热门文章里找

很多网站都会有"微信热文"的版块，比如新榜的"热文"榜，搜狗网站上"微信"一栏，网站"西瓜助手"里的内容推荐，头条热榜等。

多浏览这些版块的文章，总能给你启发，帮你找到好的话题。

（2）从热点新闻里找

热点新闻是会引起广泛讨论的。

这时候你去看评论，看公众号的观点，看朋友圈大家的观点……先确定大众的情绪，然后再从你的角度去思考你认同感最深的那个点。

热点本身就自带流量。因为追热点是新媒体写作的重点，所以我将在下文就如何追热点展开讨论。

（3）从竞品账号上找

对新媒体作者来说，这真的是最快的偷懒方法了。

你到微信搜一搜里搜索一下你最近比较喜欢的一篇观点文，输入关键词之后会出来很多不同的文章，作者有很多，发表文章的账号也有很多。同类别账号，重合率往往很高。如果你的对手提前帮你检验过那个话题有关注度、有流量，你可以沿着这个观点再次进行创作，这样成功的概率就非常高。

比如"余生，和××的人在一起"这样标题句式的文章，很多账号发布后，数据表现都不错。在接下来的一段时间里，很多账号都在写这个方向的文章。

在公众号这个圈子里，大家都在相互观察、相互借鉴，其关系也大多一荣俱荣。

（4）从日常生活中找

有的选题，我是通过刷朋友圈发现的。

有些人会在朋友圈发些感慨，很让我触动的话我会记下来，这些素材包括日常和家人、朋友相处的点点滴滴。留意生活中的细节，哪些故事、情节让你听了很有感觉，你都可以记录下来，后期整理成素材库。

有一次,我找素材写稿子时,翻到她这篇文章,我被这个情节打动了,想要引用过来做例子。于是,我去咨询"落雁归来"这个故事的来源。她告诉我说,这是真真切切发生在她自己身上的故事。

我写过一篇《不要高估你和任何人的关系》,文章开头用了一个这样的故事:

老张和老李,曾经是最铁的兄弟。

在食不果腹的年代,老张小时候家里的光景比老李好一点儿。所以,那时他常常会背着家里人,用纸包几块肉,带到学校里分给老李吃。

老李儿时个头矮小,但凡在学校里受了欺负,老张也会二话不说挽起袖子替他出头。

一起长大的发小,再加上一直以来他对老李的照顾,所以老张从不怀疑他们的友谊。

去年,老张的孩子生病缺钱,他很理所当然地开口向老李借了。

老李正在计划开店,钱备着要当成本。

犹犹豫豫,支支吾吾,最后还是拒绝了。

老张很失望,他说几十年的感情,关键时怎么就指望不上了呢?

倒是老张的妻子看得明白,只是淡淡的一句:"不要高估你和任何人的关系。"

这句话把老张的心,击得落花流水。

文章里"用纸包几块肉，带到学校里分给老李吃"这一情节，是基于我和我父亲闲聊时，他告诉我的关于他和他发小的童年趣事。当时很受触动，于是我就记下来了。

所以，一旦遇到触动你的素材，一定要养成及时记录的习惯，日积月累，小素材就能变成大宝库。生活就是你最大的素材宝库，你要善于从中挖掘素材、积累素材。

但是我想提醒你的是，要注意保护版权。明显具有独创性的观点，即便内文百分百为原创，如果标题直接照搬原题，很容易就会被原作者投诉。

还有一点，如果大家都这样偷懒的话，会直接导致微信内容的同质化。

所以，不论从个人还是账号的长期发展考虑，我都建议多去找新角度、新标题。可以参考，可以学习，但不要拿来主义。

第三章

善用热点借势

在新媒体写作中，关于追热点的重要性，我想我不必多说。每年新榜都会做"爆款"复盘，从复盘数据中你会发现，绝大多数"爆款"都是热点文。因为热点发生时，本就聚焦了公众大量的注意力，可以得到更广泛的传播。所以说，一个寻常的观点角度，如果能搭上热点的快车，冲数据就会事半功倍。

第一节　热点选题从哪里来

在创作中，我们会划分大热点和小热点。

其中，外界关注度高的，就是大热点。关注度一般，需要通过各种资讯网站、各类资料去浏览和寻找，然后再撰稿的，就是小热点。

热搜新闻

热点，顾名思义就是当下最被广泛关注、讨论的话题点，到处都有人在讨论，包括微信、朋友圈、微博、抖音、头条、腾讯等。因为和新闻挂钩，读者会好奇，想看看新近发生了什么事，这类文章的点击率自然也就高了。

要养成每天浏览各个 App 上的热点榜单的习惯，比如微博热搜、微信热点、抖音热榜、头条热榜等。这不仅能让你了解新近发生的事情，也有助于培养你的新闻敏感度。

名人忌日

除了新闻热点，你还可以"追人"，追已逝名人热点。你可以从已逝的名人里面去寻找，比如三毛、张爱玲、张国荣、金庸等，这些人物或人品高洁，或留下了让人津津乐道的传世作品，拥有很多的追随者。

写这种文章一定要提前做好准备，此外，你还需要结合现状，具体问题具体分析。

节日

春节、元宵节、端午节、中秋节等节日你都可以跟踪。这些传统节日是全国性的，有庞大的阅读需求。近年来的"520""双十一"等"节"你也可以跟进。

此外，还有很多公众号会准备诸如"1月再见，2月你好""2020年，致自己"等类型的专题或文章。这类内容的传播数据很优秀，即便这么多年过去了，也依然有很多受众。

节气

中国有二十四节气，比如春分、秋分、夏至、冬至等，你都可以拿来做话题写文章。这类文章，比如《春分：春来疫去，一切美好终将到来》《冬至：致我最在乎的人》等，阅读量都很高。

和时间相关的话题，最适合和"祝愿"结合起来，引发读者"祈愿"。

人们关注传统节日、节气，主要因为这代表了生活的仪式感，而仪式感是人们向往美好生活的一种表现形式。

热门影视

追最新、最火的影视剧。

电视剧如《欢乐颂》《都挺好》《延禧攻略》《隐秘的角落》等，这几部剧热播的时候，引发观众的广泛讨论，催生了大量的热门文章。

电影如《我是药神》《哪吒》《少年的你》《战狼》等，这些很有讨论度的电影一上映，也是很值得一写的。当然，最好是在得知上映时间的前提下，提前准备，抢占先机。

影视剧热播的时候，作者的关注点应该聚焦在这上面。如果你对影视剧情节熟悉，你就可以从情节上挖出痛点，这样一来，写出来的文章不仅有热度，还有深度，读者的讨论度也会上升。

我发现一个很有趣的现象，如果你没有追热门影视剧热点，没有发表相关文章，读者就会在后台催你关注该影视剧，或者"催更"。

热门歌曲

获取方式很简单，你可以去看各大音乐 App 榜单。抖音是这其中的例外，抖音带火了很多歌，例如《沙漠骆驼》《起风了》《后来遇见他》等。

北阁小窗的《沙漠骆驼》火了，当时他说，人这辈子，最怕突然听懂一首歌。他写了一篇文章，在文章中他提到以下几个观点：
- 追梦，要有享受孤独的勇气
- 生活，逃不了就好好过
- 感情，错过的别留恋

结尾进行了升华：

一首歌，不仅是听旋律，还听其中的故事，听其中的生活态度。感谢这首爆红的音乐，让人心中充满豪气，充满洒脱。

纵使前方道路多坎坷，初心依旧，大步向前。

漫漫人生路如沙漠，漫天黄沙迷眼，白天黑夜颠倒，也要像骆驼奔忙依旧，向着心里的绿洲。

因为，走出黑暗就能逍遥又快活。

对歌曲中的观点进行提炼，可以像这篇文章一样，从创作背景或者歌词中，你都可以去挖掘观点。

公益广告

公益广告反映的大多是社会上存在的普遍现象，它指出社会问题，直击人心，能引起较大范围的关注和讨论，是作者应该关注的重点。

作者可以从公益广告中挖掘热点，同时，公益广告也是撰稿的好素材。

泰国的广告片拍得很不错，我们可以从中学习，尤其是正能量且带有故事情节的公益广告。比如，作者浮在天上的猫的文章《泰国3分钟短片又火了：这才是真正的善良》，这篇文章就是以一则泰国公益广告为切入点写作的。

文章的开头是这样的：

我看过一个泰国的公益广告，它让我印象深刻。

影片的开头是，一名类似《功夫》里包租婆一样的妇人，凶神恶煞，随意大骂自己的司机，神气十足地带着两个跟班在菜市场收租。

各个小贩噤若寒蝉，妇人逮到一个就呵斥一个，大声嚷着摊位钱得按时给。

卖猪肉的大叔好端端地在那儿做生意，妇人冲过去不顾他的哀求，直接把秤摔在地上。

女摊贩无助地看着妇人蛮横地把东西都搬走。

一位大叔被两个跟班霸道地抬走，妇人对他似乎要略作惩戒。

这一幕被买菜的好事者偷偷用手机拍下来，麻利地把最有看点的一幕上传到网上。短短时间，便在网上掀起轩然大波，转发、分享、谩骂……阅读量攀升到几百万。

看到的人都义愤填膺，纷纷表达自己的愤慨，言语之激烈，恨不得对那妇人食肉啖血。甚至还各自出谋献策，怎么让她的生意做不下去。

然而事情的真相如何呢？视频的结尾给了答案：

摔秤是因为商贩缺斤短两，已经提醒多次，却屡教不改。

把女摊贩的东西都搬走，是因为妇人见她生意惨淡，自掏腰包都买了下来。

抬走那位大叔,是因为妇人见他晕倒,急忙吩咐两位跟班把他抬到通风处,帮他扇风。

不只如此,妇人见流动摊贩在街边摆摊,无人问津,还会主动提供菜市场的摊位给他。她尽她所能去帮助每个人,让他们更好地生活下去。

这样的故事是不是似曾相识?是不是在无数次地上演着?我们披着善良的外衣,在这发一言天下皆知的网络时代,心安理得地攻击他人。

自诩站在正义一方,却常常以善的名义欺压善良,以爱的名义背叛爱。

我们因为断章取义而曲解了善良,因为盲目跟风而成为压死骆驼的那最后一根稻草。

影片的最后是如此说的:

"人的价值,不能仅仅以你所看到的画面作为判断,打开你的头脑,用智慧看见没看见的事。"

有故事,有图片,这篇文章生动有趣。根据这个故事进行思考,也可以找到很不错的选题。

热门人物

热门的人物往往是热搜的常客。一些演员也是选题热门,例如迪丽热巴、易烊千玺、肖战、王一博、鹿晗等。现在大家常常是谁火写谁,比如最近陈数、秦昊很火,你就可以写与之相关的文章。但这并不是说你写了热门人物，你的文章就能火的，这种文章除了要有娱乐性，还需要有一定的思考和深度，不能泛泛而论。

公众号"万小刀"专门写人物故事。一个热点出来之后，其写法是把热点的前因后果梳理出来，文章会涉及众多的人物和事件。因为角度新颖又有个人风格，并且有很多新鲜的趣闻故事，常常让读者觉得眼前一亮。

第二节　如何从热点中找到好选题

留意朋友圈情绪

一般情况下，热点足够大、影响足够深远，大家多少会在朋友圈说两句。刷朋友圈时，碰到一下子就吸引你的目光的观点或句子，你可以围绕它展开写作。

大家对一件事众说纷纭，我们没有找到一致的观点，那么如果选择其中一种观点来阐述，也会有很高的阅读量。

当年，宋慧乔和宋仲基结婚的新闻一出来，朋友圈里一片欢呼声，都在惊叹"王子和公主结婚了"。于是，温柔一刀紧随其后，写了《宋慧乔宋仲基大婚：余生，一定要和爱你的人在一起！》一文。这就是典型的"观察朋友圈情绪"。

所有人都沉浸在祝福的情绪里，如果你唱反调就显得太突兀了。同样地，大众都在愤怒的时候，你反而去表扬，如果分寸没把握好，得不到认同不说，一不小心还会给自己"招黑"。

留意微博评论

2019 年，马伊琍离婚事件的热度居高不下，当晚几乎所有的账号都在谈马伊琍。

我们团队给出的文章是《马伊琍离婚：前半生没有对错，只有成长》。当时，多数作者几乎都是站在婚姻的角度去批判、去谴责，我们首先想到的是避开这些大家都会想到的方向，最后，我们结合自家账号的风格，采用"成长"这个点。那篇文章最终的单篇阅读量达到 800 多万，在看量 8 万多。

你能想到吗？"前半生没有对错，只有成长"这句话是我们在找角度时，同事张梓夕从当条微博的热评里发现的。当下觉得眼前一亮，又很正能量，发到讨论群之后，大家都感到很惊喜，于是就毫不犹豫地达成了一致。

"视觉志"的十二朵女王分享了她们的经验。薛之谦当年公布恋情时，她们团队凌晨 4 点多就爬起来追热点。她们先是看到微博评论一片祝福声，大家又开心又惊喜。之后，大家开始头脑风暴，分别说出自己感触最深的那个点，最后共同统一，创作了《薛之谦与前妻复合：真正相爱的人最终还是会回到身边》一文。

好的选题，是一说出来就会让人发自内心感觉"真棒"，也是会让人有高度共鸣的。

留意账号的观点

多看看公众号，了解大家喜欢的话题方向。多站在别人的角度思考，想想别人。有换位思考的能力，就能找到大家的痛点。

如果想立新，你可以用排除法，即通过看其他账号的观点，避开那个大多数人都会想到的角度。

而对于寻常话题，你需要日常多看、多想、多记。

借用过往成功经验

当需要提炼新闻的观点时，你可以参考读者以往的痛点做切入，这是一个比较便捷的方法。比如，针对一些意外发生的新闻，我们常常会以"珍惜当下"为落脚点。

因为经验告诉我们，这是安全、好写、不会出错的角度，例如，巴黎圣母院大火时，热点文是《巴黎圣母院大火：每一次离开前，请用力拥抱》；马航调查组宣布解散时，热点文是《马航调查组宣布解散：下辈子，无论爱与不爱，都不会再见了》；李咏患癌去世时，为表悼念，热点文是《50岁李咏因癌去世：人生无常，万望珍惜》；科比所乘的直升机失事时，为表惋惜，热点文是《41岁科比空难去世：人生无常，愿你无憾》。

因为每一次的失去，大众第一反应肯定是惋惜、痛心，与此同时，对"珍惜当下"更多了几分感触。

但是我想提醒大家的是，虽然这种角度不会出错，但我们作者应该尽量避免同样的观点反复出现。

中国有句老话：第一名是金，第二名是土。一个寻常的选题点，第一个写出来的是"爆款文"，后面很多人会模仿这个观点进行写作。就算数据不会太差，但是一窝蜂上来，读者看多了也会无感，甚至反感。同时，这也显得内容创作者创作能力之匮乏，内容不够真诚。转过一次的人，很少会持续不断地在朋友圈里转发第二次、第三次。

　　偶尔想不出更好的选题时可以参考，但是我不鼓励一直原地踏步。虽然找到一个新的好选题很难，但作者们不应该就此止步，要多找角度，不断给读者呈现新鲜的东西。

第三节　什么才是正确的追热点姿势

速度要快

　　自从入了自媒体这一行，我的发际线以肉眼可见的速度在后退。

　　艺人们喜欢大半夜在微博上发布消息，于是自媒体作者连夜爬起来敲键盘也就成了家常便饭。因为过了这个点，晚 24 小时再发，第一波流量优势就被你"睡"过去了。

　　前文我讲过，十二朵女王的团队曾经集体凌晨 4 点爬起来追热点，这才是追热点该有的态度。

　　同行、同事之间，晚上看到热点，也是会相互打电话催促起来写稿的。

　　在这里，我给各位作者的建议是，追热点的时效不要超过 24 小时，甚至不要超过 12 小时。

争做那个"最快发布"的人，就比较容易获得第一波的流量。后面发布的，数据会走低。

角度要新

实际上，有道理的话说了100遍，久而久之就没人理睬。所以，不断提出让人虎躯一震又拼命点头的新观点，常常会在短时间内引起转发、评论热潮。

比如，2017年共享单车刚火的时候，出了一篇爆文《共享单车，真是一面很好的国民照妖镜》，这篇文章迅速在全网传播。作者是陈权威，"文案狂人"公众号的运营者。这个账号原本只有74个粉丝，这篇文章最后阅读量突破330万，点赞超4万，单篇"涨粉"1.5万。

事后，新榜发表了一篇对于这篇文章的总结。其中有一段是新榜采访时，双方的一问一答：

新榜：微信公众号更像一个基于朋友圈连接的生态闭环，传播途径还是以朋友圈分享为主。微信内容想要达到330万阅读量是非常难的，作为当事人，你觉得这是为什么呢？

陈权威：天时地利人和吧。

天时，共享单车各品牌竞争激烈之时，是各风投观察共享单车这一模式最鼎盛之时。

地利，我的城市正在疯狂上车中，我旁边的城市处在将要上车中，很多粉丝对这一新鲜事物充满好奇。

人和：朋友给我反馈资料，我又加入了共享单车粉丝群，交流和反馈就都有了。我的文章发表出来后，也给他们发了，他们中应该有不少人转发了。

敏锐的嗅觉让他在一个很对的时期，找到一个很新的话题，并给这个话题一个新的角度，从而瞬间引爆了大众的关注。

"新闻 + 新观点"的模式能很容易就瞬间引起无数人的认同感，这就是爆文的关键。

嗅觉要准

当然，追热点失败的案例也不少，比如《43 岁陈数上热搜：会打扮，原来这么给女人加分》，这篇文章在绝大多数公众号上并没有得到很高的阅读量。首先，"43 岁陈数上热搜"这个事件没有很冲突、很吸睛的爆点，唯一有吸引力的词语是"陈数"，但就当时来说，陈数并不是有流量的艺人，所以这个热点就没有带来很高的阅读量。

再比如，很多以女性读者为主的账号，曾经追过一些 NBA 球星的热点，但是数据都不是很理想。

这和用户特点有很大关系。毕竟很多女性对体育赛事不是很感兴趣。所以追热点时，要判断一个热点适不适合追，也是至关重要的。

来源要对

为了避免被指责造谣，请一定要留意新闻消息的来源渠道。此外，也要懂得辨别假消息，否则将面临轻则被举报、重则被封号的危险。

如果想写演员八卦方面的内容，可以关注对方的个人社交账号；如果想写大新闻，那么你可以通过关注官方的微博和公众号来获取信息。

  总而言之，如果想确立一个好选题，首先要有明确的目标群体，然后洞察群体背后的情绪，挖掘有共鸣的角度。这样的选题一旦有机会搭上热点的快车，就会成燎原之势，"爆款文"也就唾手可得了。

第四章

如何取一个好标题

好的标题到底有多重要？

这么说吧，文章的上限由很多因素决定，比如热点、时间点、选题痛点、信息增量、形式、文笔、素材等，而标题则是文章阅读量下限的决定因素。

标题的学问不可谓不深，下面我将具体说说如何打造一个好标题。

第一节　取标题的5个公式

知乎体

引起好奇心是标题第一使命。

很早之前的自媒体"爆文"，格外偏爱"知乎体"提问式的标题，例如《如何优雅地吃土？》《如何想清楚，什么对自己是最重要的？》等。

首先，这类标题用的是问句，容易引起读者的求解欲和好奇心。其次，这类文章谈的都是大家会关注的敏感话题，比如个人成长、两性关系等，读者会本能地想探索答案。

这种"知乎体"提问式标题，利用的是大众的猎奇心理，它将问题直接摆在你面前，想知道答案的人自然会打开这篇文章。

悬念体

悬念体有一个最大的特点——标题末尾带着省略号。

典型的案例比如"×××背后的真相是……"。这类标题一步到位，直指读者的好奇心，让人忍不住想要探索答案，或者对号入座。

例如，《打败爱情的从来不是时间，而是……》《拉开孩子之间差距的，不是智商，而是……》《如果你越来越沉默，越来越不想说……》《如果你梦见一个人3次……》《父母年老后最大的悲哀……》《迪士尼停薪10万+员工：这个世界和你想的不一样……》。

看到这样的标题，你是不是也想知道省略号代表的答案呢？

"最"体

标题里带"最"的"爆款"太多了。大多数人都对第一感兴趣，都想去一窥那个"最"。例如《这三种孩子，未来最有出息》《这，才是女人最好的生活状态》《一份感情为什么会变淡？这是我听过最扎心的答案》《这样回复消息的人，最值得深交》。

所有人都在追求美好的事物，因此，当他们看到"最有出息""最好的生活状态""最扎心的答案""最值得深交的人"等字眼时会怎么样呢？当然是点进去看答案了。

仪式感体

这一点在前面找选题那一章和大家介绍过。每到节日，或者月份与月份之交，以"×月再见，×月你好""春分：……""新的一年，致自己"等为标题的文章，就会如雨后春笋般冒出来。

我曾经写过《2019，致自己！》。我赶在2019年12月的最后一天发布，那篇文章的数据最后达到了"爆款"的水平。

此外，像节日、节气也可以写。比如《春分：万物生长，未来可期》《元宵节：最美不过团圆》等。

不要小看这类文章，你可能会觉得它们很普通，但是只要作者文笔不错，内容以表达祝愿为主，该文章就会有一个很高的转发率，高转发率会带来持续上涨的朋友圈点击率，如此一来阅读量也就上涨了。

这么多年过去了，到目前为止，这类文章在一些账号上的数据表现还是不错的，比如单篇引导关注量，也就是"涨粉"的能力还是不错的。

对称金句体

这类标题胜在金句句式足够新，表达的点足够好。

比如《人生何必纠结，放下便是晴天》《没事早点睡，有空多挣钱》《少说话是教养，会说话是修养》《善，可积福；德，可聚财》《知人不评人，知事不声张，知理不争辩》等。

金句之所以能叫金句，在于简短精练，朗朗上口又深入人心。金句体的转发率和传唱率会特别高。

标题的"套路"非常多，期待将来有机会为大家持续补充。

第二节　取标题的注意事项

关于标题,有几个重点我想和大家说一下。

宜短不宜长

虽然"十点读书"也会用很多带有热点前缀或是"故事叙述体"的词语作为标题,但是绝大多数观点选题在命名的时候,尽可能以短为上。

因为读者的注意力停留在界面的时间非常短,通常是1~3秒。因此,你要在1~3秒的时间内就让他们捕捉到关键信息。

举个例子,《让正在发脾气的孩子迅速平静下来停止哭泣的方法,这是我看到的最好的答案之一,千万别错过(建议收藏)》与《让孩子不发脾气,请做好这三点》,这两个标题都是同一篇文章的标题,把它们放在一起时,你是不是会下意识先点开短的那一条呢?

虽然讲了一个家长们都很关注的问题,但由于标题太长了,读者在看标题的过程中会产生疲倦,很容易信息还没看全眼睛就直接跳到其他更醒目的标题上了。

标题最忌贪大求全,作者要避免这样的错误。

忌"标题党"

标题过于夸张了,或者标题和内容没有关系的情况,就可以定义为"标题党"。"标题党"很是让人痛恨，这是一种损人不利己的做法。

"夜听"的刘筱曾经说过："'标题党'吊起了读者的胃口，但是期望越大，失望越大，不利于培养与用户的信任关系。"

如果标题吸引读者点击，读者带着问题来阅读，作者就应该在文章里给出答案。不然前后落差引发的失落感容易失去读者的信任，从而导致取消关注。

在一些商业文案上经常见到"标题党"这样的操作。为了完成数据指标，作者不敢指望广告的转发量，因此只能借用"标题党"的力量冲冲数据。比如《"我38岁，把老公熬成爹"：越活越美的女人，都保留这种习惯》，看到标题你以为文章讲的是养生小技巧，点开后你却发现，其实讲的是洗面奶等电商产品，遇到这种情况你会不会很生气？

"标题党"的做法只能饮鸩止渴，真正能拯救你的点击率的，是"用户黏性"，是读者的信任，是读者对文章内容的肯定，甚至是依赖。即便"标题党"产生了高点击，但是读者没有分享出去，那么账号也无法再获得新的关注。

所以，用"标题党"刺激读者点击的做法，演变到最后，只会是读者打开文章的阈值越来越高，而你的点击率却越来越低。

内容要配得上标题

写作应该给读者带来满足感，这是非常重要的。如果你写的内容能给作者惊喜，即使你的标题不那么出彩，也还是可以获得很高的阅读量的。比如"不会画出版社"的《别难过，我先走了！》，这个标题一点儿也不"标题党",也没那么吸引人。但是这篇文章在内容上温暖治愈,话题感人,形式又很新颖,无疑给读者以惊喜,这篇文章最后的阅读量就破了千万。

再比如作者松风写的《假如民国也有朋友圈……》,虽然这篇文章当晚的数据只能算是一般水平。但是,由于内容新颖,且展示了很多民国时期名人之间的"梗",有料有趣,让人愉悦之余还感觉很有收获。那篇文章的在看量和转发量都很高,最后收获了一个很高的阅读数据。

慎选 "关键词"

每个标题里,都有其关键词。比如,《长相年轻,是因为善良》关键词是长相、善良,《为什么你找不到对象》关键词是找对象。

在写作过程中,作者要善抓关键词,这其实代表着你这篇文章论述的核心方向。你要避免出现生僻或者难理解的词,以及读者不关心的词,比如女性情感类的文章的标题不应该以 NBA、篮球等词语为关键词。

如果标题句式和关键词都平平无奇,也就不能怪读者不阅读你的文章了。因为即使是普通人看到这样的标题,基本一眼扫过去就直接无视了。

随时迭代

我在这本书中谈论的技巧和干货,希望大家能多复盘、常迭代。

已经被全网刷过一次的话题,自己也转过一次的话题,读者第二次看到的时候是不会有第一次看到时那样的触动的。所以，很多之前行得通的句式和选题，如果文章内容没有新的信息，并且标题也保持万年不变的话，毫无疑问，这篇文章的数据结果是不理想的，平台整体数据也会呈下滑态势。

作为一个编辑，我们常常会"秒拒"稿子：上一秒作者发过来稿子，下一秒直接被拒稿。虽然简单粗暴、干脆直接，但是仅看标题确实就能判断出结果来，这个做法可以节约双方的时间。我想从这个角度来告诉作者们，标题非常之重要。

作者应该好好对待自己的标题，仔细研磨，抓住"第一眼缘"的机会。

第三节　取好标题的6种方法

取标题的方法其实和找选题差不多，总的来说就是多看、多想、多记录。

多翻看其他账号

养成并保持每日浏览新闻的习惯，至少你要知道大家最近在关注什么，这常常可以让你发掘到新的观点和新的句式。比如，我之前看到很多账号都在发《不乱生孩子，是女人应有的自觉》这篇文章。我转念一想，女人应有的自觉，难道只有生孩子这一件事吗？对婚姻持慎重的态度，难道不也是一种自觉吗？

后来，我借用这个句式，写了《不乱结婚，是女人应有的自觉》一文，也获得不错的数据。

每隔一段时间，都会有几个令人惊艳的新的标题句式出来。在这个句式基础上，用上一个与痛点相关的关键词，结合得好的话，标题很亮眼，文章自然也就更接近成功了。

利用"号内搜"的搜索功能

充分利用"号内搜"这个功能，它会给你很多惊喜。我写的内容符合洞见的风格，于是，我去洞见内搜索他们发过的同话题的标题，比如我输入"情绪"这个词，搜出来的标题和我想要的匹配度很高。

搜"情绪"，我得到的推荐结果有《最好的家庭教育，是父亲能陪伴，母亲好情绪》《成年人，什么情绪什么命》《别让情绪拉低你的生活层次》《沈从文：稳定的情绪，是最好的修养》等。

接下来，你要发挥你的主观能动性和专业能力，挑选出好的标题作为参考。比如《别让坏情绪拉低你的生活层次》《别让垃圾快乐拉低你的生活层次》《别让熬夜拉低你的生活层次》《别让情绪拉低你的生活层次》等，如果你觉得这些标题句式很棒，那么你可以记下来，以后在写作时可以参考这些句式撰写标题。

回过头来看，是不是会觉得取标题其实一点儿也不难？

利用"搜狗"的搜索功能

"搜狗"里的几个分类可以帮你找到好标题。

或者，你可以带着关键词在"搜狗"里直接搜。根据跳出的标题，去寻找灵感。

比如，我依然输入"情绪"。搜索提供了诸如《情绪，就是心魔》《如何成为一个情绪稳定的成年人？》等结果。

你可以从这些搜索结果里，挖掘出你想用的。即使没有得到满意的结果，至少还可以激发你的灵感。

利用微信的"搜一搜"

输入关键词搜索，找到适合你的标题。比如，我以关键词"情绪"展开搜索，我得到了以下结果：《情绪稳定，才是一个人的高配》《情绪不可怕，可怕的是控制不住情绪》《情绪，其实是你最好的成长导师》《16条情绪公式，谈如何控制自己的情绪》《情绪稳定，是最高级的修养》等。

搜索结果很丰富，从这些标题中挑选出你想要的类型，然后参考或借鉴下你觉得好的句式标题。

利用"壹伴"小插件

壹伴插件具有"标题评分"和"标题推荐"的功能。"标题评分"能够对你的标题进行评分，"标题推荐"可以根据关键词给你推荐相应的标题。

但是，它并不能充分考虑你文章的具体情况，比如你投稿的账户的风格、你的读者的喜好等。因此，"标题推荐"功能里出现的标题，也不一定适合你，它只能作为你的参考工具，目的是方便你更高效地完成工作。

大部分工具算法都是这样的，因为不够准确，所以只能作为参考，不能作为你判断的主要依据。

利用好"西瓜助手"

"西瓜助手"里的范文、素材很多，多搜多看，有时候也可以从中翻到好的标题。

不管是"搜一搜"还是"搜狗"，或是其他账号的标题，都能扩大你的选择面。

取标题是不能闭门造车的，光靠冥思苦想是想不出好标题的。你要在外界不断地提醒和刺激下，慢慢摸索到灵感，直到碰到那个让你心仪的标题。

好记性不如烂笔头

看到好的、想到好的标题，随时记录才是王道。

"视觉志"团队在分享经验时提到，他们会带领团队每人每天至少记录5个自认为优秀的标题，做出属于自己的标题库、素材库。

总的来说，取标题的能力是需要积累和锻炼的。你只有"见多识广"，在用的时候，才不会有"书到用时方恨少"的感觉。

我也给自己建了个"选题库"，里面包含历史"爆文"的标题，以及自己遇到的感觉优秀的标题。在我不知道写什么的时候，我就会翻开看看，找找思路或灵感。

标题就像是一篇文章的第一印象，直接决定有多少人愿意通过你的"外表"去看你的"内在"。没有人有义务通过邋遢的外表去发现美好的内在。同样，新媒体大环境下碎片化阅读的方式改变了人们的阅读习惯，对注意力有限的大众而言，他们也没有义务通过一个不够优秀的标题去阅读一篇文章。

第五章

如何搭一个框架

当你在听一场演讲时，如果演讲者的表达缺乏条理、没有逻辑，相信你会早早地就失去耐心。写文章也是这样，层次不分明、逻辑混乱的结构框架，很容易消磨掉读者的耐心。

读者看不下去的时候，自然而然会减少在这个页面停留的时间，甚至直接关闭页面，也就更谈不上点击在看或分享了。所以，确定好选题，有了标题后，就要开始明确自己的思路，进一步梳理自己的表达逻辑。

但是很多人往往会搞砸，犯这样那样的错误，比如框架混乱、没有逻辑、没有主次，作者应该警惕这些问题。

第一节 框架搭建常犯的 3 种禁忌

作者在搭建框架的过程中，应该做到以下 3 点：

忌东拉西扯

简单说，就是论点偏移。读屏时代，大家都是快餐阅读，最多三五分钟就要看懂、看清一篇文章在说什么。如果你没有让读者第一遍就看清楚你在讲什么，那么基本上没有人会再看第二遍。

比如，有一篇文章谈论的观点是"细节见教养"。作者的论点非常多，包括孩子的习惯养成、细节见教养、人际关系，以及孩子的个性养成等方面，面面俱到。整篇文章看下来，人们觉得疲惫不堪，也抓不到文章的关键点。

有些作者的词汇量确实丰富，能用很复杂的词语和句式去表达，但是他论述的东西宽泛、空洞，和主题毫无关系，读的人会觉得很吃力。如果是这样的话，对阅读者来说又有什么意义呢？

所以，作者在搭建文章结构的时候，一定要牢记主题，让文章的结构尽可能服务于主题的论述。

忌长篇大论

长篇大论的典型特点就是纯论述特别多，但运用多种论证方法进行论证的能力不足。

所以在对外约稿的时候，我会直接告诉作者字数控制在1800~2500字，不要超过4000字。

一方面，文章并不是越长越好。相反，在新媒体大环境下，把一篇文章写得过于长，比如5000字，甚至10000字，很容易就会让读者失去阅读的耐心，这样下去会让你丢失很多读者。

另一方面，长篇大论除了会让读者的阅读体验不好，还会显得你的文章不够精练，比如，纯说理缺乏事例论证、事例上繁杂的细节描述过多等问题，这些都会让文章本身的可读性、说服力降低。

所以，你要让你的结构清晰再清晰，让你的表达简练再简练。

忌贪大求全

所谓贪大求全，就是方方面面都想讨论。

我遇见一位作者，他写了一篇稿子，名字叫《余生，找一个聊得来的人》。他这篇文章写到后面就有点儿收不住了，因为他花了很多的笔墨写了"有这几种人，虽然聊不来也很适合在一起一辈子"。

如果在一篇文章里谈尽所有"特殊情况补充说明"，那只会让你的文章显得"立场不坚定"。

你是来说服你的读者的，如果你对自己的观点都犹犹豫豫的，那还会有多少人能接受你输出的观点呢？一个优秀的作者在表达他的观点时，要具有很强的"说服力"，也就是对自己的观点足够笃定。换句话说，在面对外人指责你"蛮不讲理"的时候，要有"我这种观点才是天底下最正的三观"的气定神闲。

总的来说，新媒体写作并不是自由的，对大家最基本的建议就是"避免自嗨"。在写作之前最好列大纲，多做文字"断舍离"，让你的文章尽可能干练、简洁，尽可能让你的结构无限流畅，尽可能让你的逻辑缜密。

第二节　8个"爆款"模板

基于多年的写作经验积累，我总结出以下8个适用性超高的

"爆款"模板，接下来，我将具体展开论述。

三段（两段）式

三段（两段）式是最简单、最经常被使用的框架，其结构是"总观点 + 平行3个分论点 + 结尾"，其中分论点是"事例 + 论证"。

分论点与分论点之间，不是递进、承接的关系，而是并列关系。每个分论点都只是单纯地介绍一个观点，每个分论点之间相互独立，同时进行"同层论证"，但是又共同服务于主旨。

比如《一个女人强大的秘诀：读书、运动和变美》这篇文章，文章主要从这三个角度展开论述。

该文章的结构是：

提出观点：一个女人强大的秘诀是读书、运动和变美

分论点一：读书给女人带来的改变

分论点二：运动给女人带来的改变

分论点三：变美给女人带来的改变

这篇文章的标题涵盖了内文的所有内容。而内文，就从这三个角度对主题进行论证。

读书、运动、变美都是女人强大的秘诀。角度太多，混在一起写会让内容凌乱。而如果用分段式逐一论述，其结构则清晰直白。这样一来，作者好操作，读者也容易理解。

我在写《没事早点睡，有空多赚钱》这篇文章时，就分别针对"早睡"和"赚钱"这两个论点来论述。

这篇文章的结构是：

开头提出观点：要没事早点睡，有空多赚钱

分论点一：早睡，解决 80% 的问题

分论点二：赚钱，包治百"病"

总结

韩九叔的《和明白人说话,和踏实人做事,和厚道人谈情》一文，工整得就像模板。

文章的结构是这样的：

第一部分：和明白人说话，享受

第二部分：和踏实人做事，心安

第三部分：和厚道人谈情，敞亮

这篇文章的开头是这样的：

俗话说："逢人说人话，逢鬼说鬼话。"

这并不能简单归结为八面玲珑，对任何人一视同仁，只是彰显自己的愚昧：

和不懂你的人推心置腹，心累；

和不靠谱的人共事，处处是坑；

和刻薄的人推心置腹，只会招致算计。

不是所有人都值得信赖，不同的人要"差别对待"，才不会被伤得体无完肤。

结尾：

阿德勒说："人类所有的烦恼，均来自人际关系。"

没有分寸感的人，总是与糊涂的人讲道理，与不靠谱的人合作，和刻薄的人谈交情。

一切都显得特别费劲，还一无所获。

不懂识人、阅人，花再多精力在别人身上，也会"一朝回到解放前"。

《人有三样，福运自旺》《生气时，就默念这四句话》《最好的感情：缘于品，敬于德，交于情》《心要简单，人要糊涂》《真正高情商的人，都有这36个说话习惯》等，这类文章在写作的时候，也可以用这种方式来写作。

标题即结构，结构即标题。对于刚学习写作的人，我比较推荐这种格式。这种格式在逻辑思考上没有什么难度，清晰直白，作者撰稿的时候思路清晰，读者也容易阅读。

深挖热点

深挖热点的结构是：提炼热点观点＋围绕观点集中论述。

热点可以是热门新闻、热门影视剧、热门人物等。比如，疫情期间，随着全球的疫情蔓延，"十点读书"就写了《日韩疫情暴发、伊朗沦陷、意大利封城：疫情之下，没有人是一座孤岛》一文。

文章开头交代背景，并直接"扔"出观点：

地球是一个村。全人类都是命运共同体，没有人可以置身事外。

接着，文章通过深挖各国残酷的疫情状况来表明，没有人是一座孤岛，没有一个国家可以自全。

再比如，作者遥七的《中国疫情刚好转，另一场危及70亿人生命的灾难还在发生……》一文。

文章开头提出：

可是细查每一场灾难的背后，无一不与动物有着千丝万缕的联系。有网友评论：2020的开端，是大自然对人类的警告。

文中从"人类对自然的伤害"和"自然对人类的反扑"这两个方面展开论述，并运用了大量图片资料、新闻资料来论证。

最后，文章呼吁：

我希望，当每次灾难过后，我们不是总会迅速地遗忘，而是能牢牢铭记这次教训。

每一个生命都值得尊重和敬畏，放过动物，其实更是放过人类自己。

对当下发生的事件发表观点、进行思考，是媒体，也是作者的责任和义务所在。

在深挖热点的写作中，自媒体惯用的写作方法是，从热点事件中引出自己的观点，再展开论述，论述的节奏和逻辑会根据选题的不同而调整。

作者要学会抽离现象本身之外，站在更高、更客观的角度去分析问题，引导思考，甚至提出解决方法。

正反对比论述

正反对比论述的结构是"观点先行＋反面例子＋正面例子＋方法论＋结尾"。

正反论证会让论点有层次上的递进，也会让论点更有说服力，这是一种被广泛运用的论述方式。

作者可以先以列小标题的形式来规划写作。比如，我的文章《教育最大的悲哀：付出全部，却养出不懂感恩的孩子》。

这篇文章的结构是：

第一部分是反面例子：主人公全力满足孩子，最后却养出不知感恩的孩子，造成诸多悲剧。

第二部分是正面例子：主人公虽然家境贫困，但孩子优秀且懂得感恩，家庭关系融洽幸福。

第三部分是给建议：结合生活中的具体小场景，提出教育建议，论证最好的教育不是教孩子如何去赢，而是如何去爱。

再比如，作者遥七的《华为一夜裁掉 7000 员工：别在最好的年纪，活得太安逸》一文。文章以华为一夜裁掉 7000 名员工的新闻作为切入点，提出"企业和个人要有危机感"的观点。

文章的论述结构是这样的：

第一部分是反面例子：讲述了因为支付方式的变革，世界最大印钞厂德拉鲁公司破产，以及 App 打车、外卖的出现对出租车行业和实体餐饮店的冲击，论证"没有危机感的人或企业，时代抛弃你的时候，不会打声招呼"。

第二部分是正面例子：讲述了老同学杨梅辞掉银行的工作，

自考了 MBA，给自己开辟一条新的道路。 论证"想要在这个时代站稳脚跟，唯有时刻保持学习，才能顺应时代的变化"。

结尾：继续用正面例子——曾经的体制内编导、罗辑思维的创始人罗振宇，在 42 岁时选择离开熟悉的主持行业等例子，提出"别在最好的年纪，活得安逸"的观点。

有正反对比论证，会让你的文章饱满、有质感。所以，作者在搜索素材的时候，就要有意识地用辩证的方法，不仅要收集正面例子，还要收集反面例子。

这种模板尤其适用于论证单一观点的文章，它会让你的文章充满力量。

新闻图文形式

对于以新闻图文形式的写作，我建议图片数量超过 15 个。比如，曾经风靡全网的 5000 万 + 阅读量"爆文"《谢谢你爱我》。

这一类型的文章，讲究的是素材。只要你的素材足够丰富，并且能够唤起"正面情绪"，比如幸福、爱、感动等，那么你的文章就会获得较高的阅读量。

这种写作方式需要作者翻看很多的资料，因此，掌握并熟练运用收集素材的途径就显得很重要了。收集素材的途径主要有新闻图片、微博搜索、自媒体账号等。

收集素材应该首选新闻图片。其一，官方媒体公布的信息相对准确，不会有"谣言"的风险；其二，微信公众号的图片版权问题一直以来是大家很头疼的问题，而使用公开的新闻图片就比较不容易产生图片侵权的问题。

其次是微博搜索相关素材，但是要注意，要和原创博主申请授权使用，避免后续的侵权等问题。

还有一种方法是利用自媒体，如微信、抖音、快手等。大家可以利用微信"搜一搜"的功能搜同话题的文章，看看别人使用的素材。用这种做法完成稿件的效率会很高。在抖音、快手等平台上搜关键词，找到相关视频内容也是可以的。但切记不能照搬，可以以点带面，带着碎片信息去搜更全面的信息，补充你的内容。

这个过程也可以确保你信息的准确性，避免一不小心成了"谣言"的搬运工。

找全素材后，需要给每一张使用的图片加上几句简短的话对事件进行说明。最好是要有金句，金句能唤起读者的情绪，也容易引发读者的分享、转发行为。前提是你要尽可能地保证素材是优质的。

因此，作者要学会分辨素材。好的素材就是你自己也会被触动到的。

我写过一篇《疫情面前，如果你熬不下去了，请看看他们……》。这篇文章通过疫情期间大量的感人故事，来表现个体在困难面前的坚强、勇敢、乐观和善良。这些素材的来源就是人民日报、央视新闻等官媒的微信公众号。最后，这篇文章被中央政法委长安剑等官媒转载。

我在挑选里面的素材时，都是以"是否打动了自己"为标准，避免为了素材填充而填充。

那么，素材备齐后，使用的先后顺序有讲究吗？我的回答是：有。

据写出 5000 万 + 阅读量的《谢谢你爱我》一文的作者楠瓜分享的经验，这一类文章的叙述结构需要精心安排，作者要保证开头、中间和结尾都是最能打动人的素材，要在不同的阶段，都让读者的情绪达到一个制高点。

素材中，孩子、宠物等话题，最容易激起大众情绪。你可以尝试把孩子、宠物等相关的最触动人的素材放在这三个位置。

人物故事 + 特质提炼

人物故事 + 特质提炼的结构是"人物故事 1+ 人物特质 + 人物故事 2+ 人物特质 + 人物故事 3+ 人物特质"。

钟南山、李兰娟等名人广为人知、深受爱戴，围绕着他们的故事展开写作，相信广大读者会很感兴趣的。

人物稿件撰写方式有很多，写人物故事的作者也很多，这些作者也都积攒了一批自己的读者。比如专门写人物特稿的公众号人物，比如前文提到的万小刀、"温乎"的温伯陵等。

有个写人物特稿的朋友和我分享她的写作方法。她在写一个人物时，习惯把神拉下众生仰望的神坛，从凡人角度去叙述，从对方身上挖掘人性细微之处。她的这种写作方式分两种情况，一种情况是将名人写出他们"也是普通人"的点滴，另一种情况是从小人物身上找到人性的光亮不断放大。

在写人物故事时，任何作者都应该提炼出人物身上的闪光点。

写新媒体人物稿时，不论小人物还是名人，我都会不断挖掘他们身上的闪光点。通过梳理人物成长的时间线，筛选出最具代表性的故事，然后提炼出人物的"正面特质"。我把这种写法称为"英雄式"写法，比如，张梓夕老师的《孙俪：你只管善良，上天自有安排》就是这种写法。

在这篇文章中，孙俪的所有素材都围绕着善良这个特质展开，文章讲述了两三件这方面的故事，例如孙俪救助流浪狗，以及孙俪的家庭教育方式。

采访刘德华过后，我写了一篇刘德华的人物稿——《刘德华红了38年：三观正，才是一个人最大的运气》。

这篇文章用倒叙的手法写，从刘德华出道前的故事说起，分别指出刘德华努力、善良、"严于律己，宽以待人"等特质。

采访的时间有限，现场获取的素材很少，而且刘德华本身的故事又涉及太多方面。他的优点太多，经过慎重思考后，我最后落到"这是一个三观正的偶像"这一角度上。

但是，人物稿也不全是只从提炼"优秀个人品质"这个角度出发。比如，满喜喜老师在金庸先生逝世时写的那篇稿件——《金庸先生逝世：人生就是大闹一场，悄然离去》。这篇文章主要是结合金庸小说里的经典人物谈他的个人经历，内文主要是对他作品的回顾。

在叙述方式上，时间线是顺叙、倒叙，还是插叙，都可以根据作者的需要来设置。从当下的热点切入，再用倒叙的手法，最后回到当下的时间线，是比较好撰写的一种方式。

至于热门人物故事的稿件，谁写的角度精彩，谁讲的故事深入人心，谁的稿子就会在热点的滤镜下大放异彩。因此，作者应该练好这项基本功，如此才能把握机会。

解决问题式

解决问题式的结构是"提出问题＋分析问题＋解决问题"，即"是什么——为什么——怎么办"的论述顺序。这个模式是被运用得最广泛的论述结构。

这种分析思路广泛运用于对社会问题的思考的稿件写作上，比如不讲规则、不爱护环境、不珍惜生命、不善待同胞、不理智等。

举个例子，有新闻指出，疫情还没过去就有很多人摘下口罩并聚众。针对这个新闻事件，你可以这么写：

问题是什么？疫情还没有过去，很多人摘下口罩，聚众。

为什么？他们是不珍惜生命，是不明智，还是马虎大意？

怎么办？呼吁把口罩戴上，呼吁不要聚众。

针对这样的社会现象和问题，你都可以用这个模板去展开论述：发现问题，思考问题背后的原因，最后提出自己的思考和解决办法。

松风的文章《重庆公交坠江真相曝光：人生三件事，千万不能忘！》的结构就是这样的：

开头提出问题：公交车为什么会坠江？

分析问题：事故是由于乘客不守规则，且情绪失控，从而导致了悲剧的发生。

解决问题：呼吁要遵守规则，控制情绪，珍爱生命。

书信体

书信体是以第一人称来表达观点的写作形式。这种写法会让人觉得有代入感，并且显得情真意切。

2018年、2019年，有很多篇热门文章，都是采用父母的口吻，以书信体来呈现。比如《"儿子，和那个胖女人离婚吧。"这封婆婆的信火了》。

文章的论述结构是：

- 女人变胖不可耻，这是她们为了家庭所做的牺牲
- 娶妻不是娶保姆，男人要爱护、呵护自己的妻子
- 不要穷养老婆
- 老婆，才是这个世界上最重要的人

仔细看这些论点，可以猜到是作者在借婆婆之口，替很多女人说出她们的"心声"。借用婆婆的口吻和身份角色说出来，会让内容显得很诚恳和真实。

甚至有的读者说，因为"和婆婆的现实表现有强烈反差"，所以这会更刺激她们渴望被理解的心情，因此她们对这篇文章有很深的认同感。

李小木老师的《亲爱的，我要和别人结婚了》一文在2017年刷爆了朋友圈。这篇文章以信件的形式，讲述的是汶川幸存者写给已逝女友的一封信，当时打动了无数人。后来，基于这封信的内容，这位幸存者的故事还被翻拍成了电影。

不局限于书信体，很多作者都喜欢用"我"和"你"的角度来写作，这是为了拉近与读者之间的距离。

信息密集型

所谓信息密集型写作，就是以高密度的信息来表达内容。比如"叉烧往事"的《请回答1993，中国文艺伤心往事》，这篇文章以回顾的方式讲述历史。

实际上，写作有一个任务——提供信息。回忆类、盘点型的资料稿件，需要整理大量的资料。这时候，从时间的角度去串联是一种方式。

你还可以从空间的角度去论述，比如从一座城市的历史展开写作。

此外，你还可以围绕人物、围绕物件等去展开写作。比如，以漫画的形式创作的《假如民国也有朋友圈……》，这篇文章站在民国的时代背景，讲述民国文人墨客的恩怨情仇、野史闻趣。在形式上，内容绘制成朋友圈的样式，以林徽因、徐志摩等人的朋友圈的形式，用他们的第一人称口吻去展示在那个时代背景下他们的生活。再以小字注解的方式，对内容进行说明。这种表达形式新颖，信息量对读者来说极大，但阅读起来不仅没有难度，还饶有趣味，所以它就广受好评。

信息密集型方式有个要点，就是你把这些资料安排在一起的时候，要做到不突兀、不僵硬。因此，在写作之前，你就要构思好先讲什么再讲什么，这样才不至于让内容凌乱，才不至于让人读起来索然无味。好的笔法、好的节奏就像一根隐形的线，牵引着读者如饥似渴地阅读，最后还能回味无穷。写人物稿的高手万小刀就擅长利用时间线、空间线，他精心安排好各个人物的出场顺序，巧妙地把复杂的故事娓娓道来。

我希望大家在下笔前先列提纲，推敲角度，这样才不至于烂尾。

写作有形，而文字无形。文章是没有固定章法的，我们只能摸索个一二。我这里提供的模板只是一种形式、一个论证的逻辑思路，它并不能决定一篇文章一定会成为优质文章。

决定使用哪种结构的首要考虑因素是，是否服务于主题。有的文章用三段式就解决了，有的则需要旁征博引，需要用大量的论证才能写出彩。而有的作者，可以让读者跟着他的思路走，所以就不存在需要模板这一说。

新媒体一直在往前走，内容也是一直在迭代。模板只是极其微小的一部分，学习路上要不断研究、开拓，这条道路漫长且险阻。

一个好的作者，想要创作出好的文章，需要历经模仿、消化、创新、创造的漫长过程。

第六章

如何写好开头和结尾

开头怎么写才能吸引人呢？

注意，文章的开头要短、平、快。开头不需要长篇大论引出观点，有时候三言两语足矣。这就像人的帽子，太花哨了反而会喧宾夺主，尺寸不符拉低整体视觉上的质感，没有搭配对就显得画蛇添足。

说到底，一个好的开头起的作用就是"能不能吸引读者往下看"。

想要写好开头，你可以从以下几个方面入手。

第一节　开头的 5 大方法

反常理

什么叫反常理？

每个人都有自己对世界的认知，对这个世界有自己的判断标准，比如父母爱孩子、坏人会有恶报、好人会得到眷顾等。

当你用一个与大多数人的认知有偏差的现象或者观点作为开头，就会引起读者的好奇心。他们会带着好奇心，急于在文章中寻求答案。比如满喜喜老师写的《〈都挺好〉没说破的真相：世界正在狠狠惩罚溺爱孩子的父母》。

开头是这样写的：

电视剧《都挺好》火了，再次带热了一拨关于原生家庭的讨论。

我们能看到苏家父母因为陈旧的观念，一直伤害着女儿苏明玉，同时也用溺爱养育出了两个带有性格缺陷的儿子。

同一个家庭，却造就了截然不同的两种孩子：坚强独立的女儿与自私糊涂的儿子，泾渭分明。

最吊诡的地方在于，最成材的反而是那个最不得宠、最被嫌弃的小女儿。花钱最多、最得宠的明成，如今变成了网络上人人喊打的废物。

可见父母付出的关爱与孩子长大后的成就，并不总是成正比。

父母爱错了方式，花错了钱，真的会害了孩子的一生。

为什么"花钱最多、最得宠的明成，如今变成了网络上人人喊打的废物"？读到这句话，相信很多人都会产生疑问，尤其是焦虑的父母们，他们会抓紧往下看。

如此，你的开头也算是成功了。

结果先行

电视剧常常会做"下集预告"，这是为什么呢？如果告诉你一个炸裂性的结果，你一定好奇这其中到底发生了什么。写作，也可以玩这个套路。

比如陈忠实的《白鹿原》，开头是：

白嘉轩后来引以豪壮的是一生里娶过七房女人。

这句开头被很多人奉为经典。它极大地勾起了读者的兴趣，产生一连串的疑问——为什么白嘉轩会以娶过七房女人而引以豪壮呢？那七个女人有什么故事呢？由此，读者会不知不觉地带着好奇心往下一探究竟。

严歌苓的小说《柳腊姐》，开头是：

不知上的什么肥让她疯长成这样，外婆事后跟自己讨论，也是跟穗子讨论。外婆的意思是十五岁一个丫头起了胸、落了腰、圆了髋，不是什么好事情。外婆知道许多"不是好事情"的苗头，结果十有八九都不是好事情。

外婆提前就预知了穗子的结局，这一下子就抓住了读者，读者会想知道"不好的事情"指的是什么呢？十几岁的丫头起了胸、落了腰、圆了髋为什么不是好事？结局是否如外婆预知的那般？

回到新媒体写作，道理也是一样的。比如，作者月影的文章《没有仪式感的家庭，养不出有幸福感的孩子》的开篇就是这样。

开头如下：

之前，去学校接女儿，看到小区门口收废品的那对父母，用五颜六色的气球把三轮车装饰一新，还买了一个芭比娃娃。

问起原因，父亲搓着手腼腆地说："今天是我女儿的生日，我们一起来接她。"

他们的女儿走出来，惊喜地像只小鸟跳上三轮车。

一家三口笑意盎然又拉风地回家去了。

开头把与"有仪式感的家庭更幸福"这个层面相挂钩的故事情节先前置：收废品的家庭为什么要装饰三轮车，买芭比娃娃给孩子过生日？这种"复杂"的事情，不像是他们会做的事。

结果先行的写作手法，利用了人的好奇本能。你写的这个结果如果具有超强的冲击力，在吊足了读者的胃口后，为了找到答案，大家巴不得仔仔细细吃透每一个字。

故事引入

故事引入是我个人比较喜欢用的一种开篇法。

其一，故事好读。只要设置好情节，故事的节奏不至于太拖沓，读者就能接受这种表达，这样一来，他们就更容易阅读你的文章。

其二，故事好代入。在表达主题的时候，读者更能清晰地了解到文章的主题。

其三，故事简单直白。这个写法对作者来说易操作，比如《"不要高估你和任何人的关系"》这篇文章的开篇。

用故事开头的文章，很忌讳内容拖沓，以及细节上反复赘述。所以，如果你用"故事引入"的方式写文章，那么就尽量多用动词，少用不必要的形容词，有时候甚至连论述、结论都可以省去，你可以让读者自己得出结论。

痛点先行

直接抛出读者最关心的问题，一开头就直击读者内心最敏感的地方。比如，大部分人都会对工作产生厌倦，在文章《如果你不想工作了，就去这四个地方走走》一文中，开头就很直接地抛出了这个问题：

微博上曾经有过这样一个征集：你现在最焦虑的问题是什么？

底下呼声最高的答案竟然是：不想工作怎么破？

现代的成年人，越来越喜欢把"不想上班""想辞职"等话挂在嘴边，仿佛就像问"你今早吃了什么"一样稀松平常。

其实啊，如果你只是一时的抱怨、疲倦，想寻求他人安慰，是可以理解的。

但假如有一天，你真的不想工作了，不妨去这四个地方看一看。

再比如《没有一种工作是不委屈的，熬过去》，这篇文章的开头是这样的：

最近，身边不少朋友辞职了。

问他们原因，大多数人的回答都是：那份工作太委屈了。

"我的工作特别辛苦，每天都要加班，工资还特别低。"

"我上一份工作，老板特奇葩，三天两头发火，对大家特别严厉。"

"我的那份工作太枯燥了，每天都在重复着机械的事情，看不到自己的前景在哪里。"

每个人都觉得自己的工作特别委屈，特别想辞职。

这样的写法清晰、一目了然。关键在于提出了读者最敏感的话题，很难不引起他们的注意。

开门见山

这种写法很简单，想不出更好的开头，可以直接归纳、总结文章的主旨。比如《再爱孩子，也要让他承受这3种苦》的开头：

你知道用什么办法,一定可以使你的孩子成为不幸的人吗?

——对他百依百顺。

溺爱不是爱。在成长的路上,有些风雨一定要孩子自己承受,有些苦难也一定要孩子亲身体验。

有远见的父母,一定会让孩子吃这3种苦。

我常常对我的同事们说,宁愿一句话简单粗暴地直接开头,也不要花更多的时间和精力对一个情节反反复复地赘述,这很容易就让读者失去耐心。

写文章,克制是一种美德。

上面的几种方法,你可以看到它们之间不是非此即彼的关系,而是可以相互补充、叠加使用的。

开头的方法很多,但要义万变不离其宗。我在这里要强调的几点是:开头要引起读者的好奇心,方向直接或间接引导到主旨的方向去,切忌补充无效信息,不要消耗读者的耐心,一定要克制,要言之有物。

第二节　如何写好结尾

正所谓,"一篇之妙,在于落句"。结尾收得好,对促进文章的传播起着关键的作用。

文章的开头起到"游说"的作用,前文通过大量的笔墨好不容易把读者代入到文章里,并且利用大量的资料一步一步地说服对方,费了大量的力气,就是为了让读者分享出去。好的结尾能够把用户"想分享"的情绪调动到最高,让读者按下"分享键"。

结尾的方法有很多,不同类型、不同体裁的文章,结尾方式都有所不同。在这里,我仅就自媒体常见的写作方法作为讨论对象。

旁征博引

旁征博引法指的是,在结尾时引用名人的言论、电影情节或者故事等,来对文章的观点做进一步的说明。

这个做法十分常见,几乎每篇文章里都会有或多或少的引用。引用可以让文章的论证变得更有说服力,也会显得作者阅读量广、阅历丰富,这样一来,文章的可读性也就更高。比如,末那大叔那篇"双 10 万 +"[1]的文章《"我不敢看武汉人的朋友圈"》,

---

[1] "双 10 万 +"指的是,阅读量和在看量都超过了微信公众号在阅读界面所能显示的最高数据 10 万。每年达到这个数据水平的微信公众号文章是屈指可数的。

这篇文章细微地展示了广泛而普通的武汉人民在疫情面前的酸甜苦辣。

文章最后的结尾是：

灾难面前，最容易看清人性，也最容易看到人们内心深处的善良。

这场灾难无人幸免，但是我们每一个人，都要想办法"幸存"。

这些普通人人性的微光，以及想要好好活下去的顽强意志，就是最好的"特效药"。

《喜剧之王》中有一个场景：

张柏芝说："看，前面漆黑一片，什么也看不到。"

周星驰说："也不是，天亮后便会很美的。"

事实上，它已经亮起来了。

这篇文章的结尾简短而有趣，意味深长，看起来也很有文采。引用了《喜剧之王》的经典镜头来表达自己对抗疫胜利的期待。

但引用并不是越多越好，结尾的名言引用1~3句就差不多了。不能将相同观点的素材密集地放在一起，这样的表达很生硬，会让读者觉得拼凑感很强，总有一种"读着读着被迫打断"的感觉，而且反反复复说同一个问题，也会让读者非常反感。

呼吁行动

所谓呼吁行动是指，号召读者在阅读完之后将内容或者将作者的倡议付诸行动。呼吁型的文章，常常会在结尾给出"行动方案"。

当读者从文章里收获新的认知，并且肯定作者的观点，如果作者在文章结尾呼吁"接下来，我们这样做……"，那么，读者是非常乐意这么做的。

读者会因为也想成为文章中那样优秀的人，或者为了避免成为文中的某一类人，产生"改变自己"的想法。你可以把它理解成"打鸡血"，比如，作者奕默《"一场疫情，吃光家底"：存款，才是一个人的底层能力》这篇文章。

文章的结尾是这样的：

一场疫情，其实也是一个分水岭。

有的人，在没钱的泥潭中越陷越深。

而有的人，会意识到没钱的风险，从而开始积极"自救"和改变。

电影《真情假爱》中说："我爱的不是钱，我爱的是钱带来的那种独立自由的生活。"

在生存面前，没有人拥有特权。

只有拥有足够的储蓄，才能让正常的生活得以持续。

是时候改变自己的消费观了！

没事少任性、有空多存钱。让未来的日子，都能活色生香。

"是时候改变自己的消费观了""有空多存钱"等，这类句子都是在呼吁大家采取行动。认同的人，会转发或者收藏以"明志"。

展现愿景

在结尾表达祝愿，安慰读者、鼓励读者，让读者产生"美好的事情会发生"的希望。

美好的期待、愿望，会给人带来快乐的力量。所以，很多文章收尾的时候，会描绘"美好蓝图"，让读者相信美好的事情会发生。

前文提到的《"我不敢看武汉人的朋友圈"》一文，文章的结尾就是如此。这篇文章结尾里的"天亮后便会很美的"是电影台词，这句话在这里指疫情过后，一切都会好起来。

文章在最后给读者带来希望，激发读者的情绪，就算只冲着对美好的向往，也会为文章点个赞。关于结尾，不妨试试给读者以"正能量"的期待。

金句自造

有很多人喜欢在结尾写金句。

什么是金句呢？金句多为短句，句式简单，但一看要么文采斐然，要么蕴含大哲理，而且读起来朗朗上口。

比如公众号"哲学人生网"的文章《人性最大的善良，是"换位思考"》，这篇文章的结尾用了金句：

换个角度，看待万物，便是善良。

心怀悲悯，互相体谅，才是人情。

懂得仁慈，近城远山，都是人间。

人生海海，谁人不是举步维艰，孤独前往。

但这世界啊，美就美在，有人是照耀他人的光，有人是等待黎明的夜。

孤独不会消失，灵魂却可相拥。但愿你，是那一束照亮别人的光。

这样的小句子很能一下子抓住人心,因此会被很多人分享出去。

为什么要在结尾针对主题写金句呢?因为,你在帮你的读者提前想好"转发词"。那么多句美好的句子,总有一句触动他们。

很多时候,公众号在排版的时候会加粗金句,一方面这种视觉提醒是为了让阅读体验更好,另一方面也有潜在的目的,即给读者提供,或者说设置好转发朋友圈时的"转发词"。

至于怎么写金句,我会在下一章仔细跟大家论述,此处不再赘言。

落脚生活

回归生活是为了让读者有亲切感,也是为了把读者带入文章里。比如作者南歌的《婚姻沉默症:不离婚,也不聊天》的结尾:

茨威格说:

我们认为生活如此平淡,是因为我们根本就不知道,究竟有多少东西是属于自己的。

的确如此,我们常常忘了所拥有的。

试着回想当初在一起的时候,彼此恨不得搜肠刮肚,把一切能想到的情话、俏皮话说个遍,可即使这样子,仍觉得没发挥好。

那时候真好,感情浓烈而灿烂。

而现在呢,我们却把对方的存在当成理所当然,殊不知,人还是那个心上人。

…………

真正的婚姻,不是结了婚就完事了。

而是我们要抵挡住生活的琐碎，经得住流年的平淡，在往后余生的每一天都去呵护、去经营，去让它越变越好。

最后，愿我们都有话可说，愿我们的感情真挚而长久。

结尾提到，当初刚在一起耳鬓厮磨的场景，以及现在把彼此的存在当理所当然，相信很多人都会有这种感受或者经历，这些生活中的感受和场景，一下子就把人带入到文章里，很难不让人感同身受。

有时候，作者讲完一个大道理，读者或许没有大的感受，但是在文章末尾，如果作者联系大多数人的生活实际，就会引起读者的注意。读者因为这种"联系"，进而对文章的观点有更深切的体会，而这种共鸣，容易引导读者转发。

对比强调

对比的作用，是为了突出，比如句式"他……你却……那么，你太……"，这样的对比逻辑很鲜明，结果一目了然，更利于读者的理解。

在收尾的时候，为了突出某一种行为、观点的合理性，可以列举两个相反的行为来比较，这样会更显得文章观点的正确、不可辩驳。

如果你想表达某个人很糟糕，光说他多差大家可能没有感觉，但如果你把一个优秀的人跟那个人放在一起讨论，就会立马凸显对方面目可憎。

在作者刘娜《"我于昨晚去世，走时心如止水"》一文的结尾，

她就用到对比,她写的是两种行为上的对比:

不管是富有还是贫贱,父母养我们长大成人,即便无法给我们提供捷径和资源,也尽最大努力给了我们他们所能给的最好的。

从他们生病到老去,往往是一瞬间。在他们最需要时,请给予足够的耐心和陪伴。

转眼之间,他们可能就不会再给你尽孝的机会。

你记事簿第一条的位置,应该留给父母。

多少人的手机记事簿里,写着工作的要事、孩子的愿望、家庭的开支、老板的指示,但鲜有人记着父母的需求。

从今天起,在你手机记事簿里,写下每一天或两天给父母打电话的提醒,写下每一个月或两个月回去看父母的行程,写下父母最需要的物品和药品……

你的举手之劳,就是他们的晚年依靠。

人生实苦。

你苦苦跋涉,抵达远方,终将懂得,普天之下,唯有父母情长。

岁月易逝。

你人到中年,疲惫不堪,不该忘了,孤独之畔,唯愿亲人造访。

你看,父母为了你付出一切,你现在却置之于何地?这种带着质问的对比,让"尽孝趁早"的观点更有力量,更具震撼力、说服力。

表达祝愿

祝愿给人以美好的期待,能获得读者的好感,建议多使用。

比如，在呼吁行动后，结尾加个"希望你……希望你……""但愿……""愿你我……"来收尾。

云谷禅师的《人太闲，是一场灾难》的结尾是这样的：

人生太闲，则别念窃生；太忙，则真性不显。

闲是一种对生命的修复，忙是一种对生命的释放；

闲能让生命更加充实，忙能让生命更有意义。

愿我们每个人都能把握生命的节奏，活出气象万千的一生。

一星期一本书的文章《在变老的路上，一定要变好》是这样结尾的：

春有百花秋有月，夏有凉风冬有雪，以清净心看世界，以欢喜心过生活，以平常心生情愫，以柔软心除障碍。

如此，足矣。

余生，愿我们都能看尽世间好风景，识尽世间有情人，看淡世间纷扰，从容带笑前行。

在变老的路上，一定要变好。

这两个结尾传达美好的愿望，让读者感受到幸福，很容易激起读者的分享欲。

很多演讲者、朗诵者讲话时，很多人在写信时，其结尾往往也是表达祝愿。在台下的听者或者收信的人看来，幸福感已然扑面而来。

上面 7 种方法，相对来说是运用得比较广的方法，还请大家牢记。

第三节　6种触动读者转发的情绪

自媒体写作中,读者的情绪是读者转发的关键。

那么,那些被疯传的文章触动了读者的哪些情绪呢?在这里,我想和大家分享我的经验——能够触动读者高转发的6种情绪。

让人惊叹

不久之前,公众号"星球研究所"推出了一篇名叫《什么是武汉》的文章。这篇文章在朋友圈疯狂刷屏,33个小时就获得了1000万+的阅读量。

这篇文章最亮眼之处,在于多张高清的武汉航拍图。据说,这些图片是一张张地从武汉多位摄影师提供的30G的作品中精选出来的。这些精美、震撼人心的照片让人看到了"大江大湖大武汉"的魅力。

这不仅仅激起了武汉人的家乡自豪感,使得他们纷纷转发,很多非武汉籍的人也被图中的亮丽风光所吸引,大家在惊叹祖国大好河山辽阔秀丽的同时,随手分享了出去。

一条的文章——《7个广州闺密凑400万,提前20年造养老房:闺密,我们要相守一辈子!》,引发很多人的点赞和转发。文章讲述了正在广州打拼的一个闺密团,到乡下建了个很美的别墅,打算以后用来集体养老的故事。闺密情非常容易在女性群体里引发关注,都说闺密是超越男朋友的存在。而这种在乡下建个漂亮的房子,和闺密一起快乐地老去的生活,无疑激发起很多人的向往,会让人忍不住感叹"我也想要这样老去"。

所以,不管是图文还是短视频,如果内容让读者惊叹,产生"我也想有它""我也想成为这个样子"的想法,那么这个作品就能收获较高的阅读量。

满足"自恋"

赞美总是让人感到快乐,没有人喜欢批评。关于文章的落脚点,我常常和学员说,要"给人台阶下"。

作者还应该站在读者的角度去表达,说他们想说的话,让他们感觉到"你是懂我的"。比如张梓夕的文章《嘴笨的人究竟有多好,看完我懂了……》

这篇文章的观点如下:

- 嘴笨的人说话不讨巧,但句句真心
- 嘴笨的人低调说话、高调做事
- 嘴笨的人嘴上无言,心里有光
- 嘴笨的人,最需要人疼

嘴笨的人不值得写吗?当然不是。那你要去批评他们吗?最好不要。

试想,如果你写完一篇批评他们的文章,他们会笨到转发到朋友圈里让大家骂自己吗?那你为什么写他们呢?治愈他们,安慰他们,提升他们的自我认同感。

2020年五四青年节前后,有个视频在朋友圈刷屏了,它就是

《献给新一代的演讲——后浪》，这个视频的播放量在两天内就破了千万，弹幕超过 16 万。

这个片子中的演讲者是国家一级演员何冰，他的演讲词直击人心，比如：

"所有的知识、见识、智慧和艺术，像是专门为你们准备的礼物。"

"从小你们就在自由探索自己的兴趣。"

"年轻的身体，容得下更多元的文化、审美和价值观。"

…………

这些句子在本质上引起了年轻人的"自我认同感"，满足他们的情绪需求。

这个倒有点像小时候开家长会时老师常常说的话——"每个孩子都有闪光点，你要去深入挖掘，然后鼓励他们、肯定他们，并且帮助他们"。

表现同情

朋友一边转发《流浪动物求助》这篇文章给我，一边对我说"它们真的好可怜啊"。可见，大多数人都是很善良的，面对弱者会产生同情心，会想要去做点力所能及的事情帮助他们。

我在朋友圈遇到很多这样的事情，比如，我被"支持禁吃野生动物立法"的海报刷屏了，扫海报上的二维码后会出现一个页面，我点进去后发现所有人都点了"支持"的选项。

悲悯、同情是人性中很宝贵的特质，也是一种能唤起读者转发的情绪。可能相比其他的刺激转发的情绪，比如快乐、恐惧、愤怒等唤起读者转发的欲望会弱一些，但不妨试试。

让人发笑

让人发笑的作品往往娱乐属性比较强。这一点在时下大热的短视频中表现得更为集中，稍微观察一下你就会发现，很多内容的性质都是轻松、娱乐的。举个例子，2017 年，樱桃画报的一部作品《如何假装成一个好妈妈？》，这个作品让他暴涨 40 万粉丝。

这篇作品主要是以图片形式，调侃妈妈们在生活中遇到的艰难。

一问一答间，妙趣横生。

Q：你个人生活状态有变化吗？

A：也有。生孩子之前，我每天随便"浪"，生孩子之后，我每天像打仗。

Q：生了孩子之后，你对工作的态度有变化吗？

A：有的。

以前我很羡慕那些事业成功的女人，觉得她们是女强人。

后来我发现，一个女人，如果能养出坐火车不哭不闹、不踢椅背、知道戴上耳机看动画的孩子，才是真正的女强人。

…………

首先，这篇文章以图片的形式展现，让人阅读的时候十分轻松。而仅有的简短的文字对很多当妈妈的人来说，代入感强且十分有笑点。比如，在调侃"带孩子每天像打仗"这些场景中，利用以前觉得"事业成功的女人"才是女强人，与现在觉得"能养出坐火车不哭不闹、不踢椅背、知道戴上耳机看动画的孩子"才是女强人的强反差，成功地吸引了妈妈们的注意力，她们会说"哈哈，太形象太好玩了"，然后在哈哈大笑后随手转发。这，就是让人发笑的力量。

成年人过得都不轻松，谁不喜欢让人快乐的东西呢？

其实，比起让人愤怒、悲伤，让人发笑反而是难度最大的。这需要作者有制造幽默的能力，有非凡的创意，以及对生活有超乎常人的领悟。毕竟，脱离生活是创作不出让人发自内心快乐的内容的。

实际上，幽默只是一种展现形式，幽默背后所蕴含的哲理才是真谛。总的来说，幽默是稀缺资源。

让人感动

疫情期间，公众号"兽楼处"写了一篇文章——《一定要扛下来》，讲述的是疫情期间的一个故事，我当时看了就很受触动。虽然文章很简短，但是它的在看量高达5.4万+。

后来，我在写《疫情面前，如果你熬不下去了，请看看他们……》时，也将他文章里谈到的这条新闻引用到文章里：

武汉协和医院的林医生发了条微博：

2月3日凌晨，一个90岁的老奶奶独自来找他做体检。他很好奇，问怎么没人陪她一起。

老人家说自己64岁的儿子感染了肺炎，刚刚住进重症监护室。家人让她查了CT后再回家。

她自己排了一个通宵检查CT，万幸，肺部显示正常。

这个 90 岁的老人，为了给儿子要到一张床位，在医院不眠不休独自守了儿子四天四夜。

她一直在儿子的抢救室病床前坐着，紧紧握着上着呼吸机的儿子的手。饿了，就吃方便面。

她说，家里人怕被感染，但她已经 90 岁，无所畏惧了。

终于，64 岁的儿子被送进了隔离病房。

老奶奶向护士借了笔和纸，给她儿子留言道：

"儿子，要挺住，要坚强，战胜病魔。要配合医生治疗，呼吸器不舒服，要忍一忍。忘记给现金，托医生带上了五百元，可托人买日常用品。"

一切都会好起来的，因为，有妈妈在啊。

很多人在留言区里告诉我，这篇文章让人非常感动，尤其当看到"有妈妈在啊"这句话时，禁不住潸然泪下。的确，母爱这个话题在任何时候都有说不完的感动。

当天，这篇文章的转发和在看量都很高。

表达敬畏

内容可以是对大自然的敬畏、对家国的敬畏，也可以是对信仰或者知识的敬畏，更可以是对生命的敬畏。

这类情感最典型的是爱国情怀。一谈到爱国，一说到祖国，绝大多数人都会肃然起敬，尤其在大事件面前，比如新冠肺炎疫情期间，全网最热的内容，多以爱国的正能量为主。比如，才华水木君的《全球确诊破百万，中国紧急撤侨：希望你牢记，最危难的时刻,是谁保护了你》。

这篇文章的结尾是这样的:

我想我们最大的幸运不是稳定了疫情、攻克了难关,而是生于这片土地上,这种出生在终点线上的安全感,是历经了磨难才明白,千金难买,千金不换。

张文宏医生连线在美留学生,说得最多的一句话是:"你什么电话都可以忘记,大使馆的电话,绝对不能忘。"

年轻人,我知道你有很多期待扑了空,你有很多愿望还遥不可及,但请给这个国家一点耐心,它并不完美,却是唯一一个无时无刻不想护你周全的靠山。

它的舍命护犊,正是爱我们的证据;它的不完美,亦是我们持之以恒爱它的动力。

正如万籁俱寂,秉烛夜行,如果前方黯淡,那我们便都做它的光和火,照亮它无比明亮的明天。

像这样的表述和话题的内容,在疫情期间有很多。

《战狼2》电影大火时,公众号"旅行攻略"的文章《〈战狼2〉:中国护照不一定能带你去世界任何地方,但能把你从任何地方接回家!》深受欢迎。

读完后,你会有崇高感、自豪感、敬畏感,这些情绪交织在一起,读者会发自内心地深受触动。爱国这个话题从来不过时,爱国之情是最为坦荡的情感。

在敬畏情绪的影响下,很容易达成传播。

第七章

如何轻松表达

怎么写金句？怎么用素材？怎么论述道理？怎么在表达上做到流畅、有节奏感？遣词造句的能力比较难训练，这都不是一朝一夕就能培养起来的，需要日积月累的训练和积累。

下面就表达这一问题，给大家提供一些方向和方法论。

第一节　论述怎么写

建立一对一语境

多用"你""我们"等词语。就像人和人之间的沟通一样，第一人称和第二人称的表述，更容易让读者产生"与我相关"的亲切感，更容易让读者代入。

就像我现在的文字一样，当我说"你可以""你应该""你是不是觉得"时，你会觉得我在跟你对话，你因此会条件反射地留意我说的内容，会自觉地去对照自己的行为。

有明确的精准说理对象的文章，更有稳定的传播能力。例如"致……"。

如果你的文章有了精准的表达对象的话，就容易产生稳定的传播效果。例如,在亲子账号写"致孩子:……"的文章,在以已婚群体为对象的账号写"致爱人:……"的文章,在以年轻女性群体为对象的账号写"致闺密:……""致自己:……"等。

精简表达

新媒体写作,不必过于追求完整的表述,很多不必要的信息可以不表达。你应该挑重点的说,做到简洁干练即可。比如,"普林斯顿大学应用物理系著名教授麦克维尔·吉米·哈利说",就可根据需要表述为"普林斯顿大学一位著名教授说",甚至可以是"一位著名的美国教授说"。

团队有位同事在修改他的广告文案,在软文部分,他写了个例子:

说起买名牌,我最近也遇到过一件有趣的事情。

天气逐渐转冷,我也终于狠下心,买了一件一直很想买的阿玛尼羊绒衫,它用材考究,细节精致,而且非常有设计感。

唯一的缺点就是太贵,打完折一件6000多,买完不免肉疼,只好安慰自己这衣服可以穿很久,总能穿回本。

但女人心里都懂,这不过是自欺欺人罢了。

前不久回娘家,我却发现全家都穿上了崭新的羊绒衫,款式上大同小异,和我买的各有特色,但材质几乎一模一样,柔软聚热弹性一流。

爸妈说是嫂子买的,我又去问嫂子,一件平均500块,商家保证原材料和大牌相同品质。

她边说边打开了一个叫××的App,给我看了价格和商品介绍。

说真的，如果不是认真了解过，我也很难相信这样的性价比是真实存在的，确实非常震撼。

我看完后跟他沟通，后来，我们把故事做了精简：
我最近也遇到过一件有趣的事情。
天气逐渐转冷，我咬咬牙花了6000块买了一件用材考究的羊绒衫。
前不久回娘家，我却发现爸妈身上的羊绒衫，和我的款式大同小异，质感毫不亚于我。
价格让我吓一跳，一件500块。我妈边说边兴高采烈地打开了一个叫××的App，给我演示了购买操作。
我非常震撼。所以说购物真的不能只靠激情，不能只迷恋"买贵的"。

对于这个情节的设置，他的目的只是想表达他买了贵的东西，但是他花了很大的笔墨去写"羊绒衫的具体细节"以及"是嫂子买的"等信息，这是没有必要的。

在写作里，克制是一种美德。时刻知道自己想要表达什么。下笔前，理清楚，下笔时，"理"清楚。

善用短句

新媒体文章更偏爱短句。短句读起来轻松，没有压力，不会过于消耗读者的注意力。

我简单举个例子。

书面语：对于被捕食的动物来说，横瞳既能帮助它们拥有清晰的横向全景视觉，以探测来自不同方向的捕食者，同时又能让它们在眼睛长在两侧的情况下也能看清前方地面的情况，在遭遇捕食者追赶时，能够看准地形快速逃跑。

口语：如果你在生态系统里面是被捕食者，比如山羊、斑马等食草动物，你的瞳孔一般是横条。为什么呢？因为瞳孔横向距离大，看的范围广啊，作为一个被捕食者，你就能更好地观察到四周的情况。

大多数时候，新媒体文章考虑的是如何把话说明、说清。而口语化的表达更贴近读者，更接地气。毕竟，深奥的长句很难快速打动大批量读者。

作为新媒体作者，还是要照顾到大多数读者"阅读能力不是很好"这一点。站在更深远的角度，我希望短句是新媒体作者的一种写作手法，而不是一种"优势"。那些有实力的大作家，也大都是擅长写短句的。

当然，口语也要把握一个"度"。如果文章大篇幅口语化，就不利于体现文字的质感，读者觉得很普通，很容易就会结束阅读。

我说的口语化是指"让尽可能多的读者听懂"，口语化并不代表"粗俗化"，不可以忽略掉文字的美感。

我希望作者在写优美、高级的长句的同时，也能掌握短句的技巧，拥有更灵活地驾驭各种表达的能力。

深入浅出

陌生概念要借用大家熟悉的概念来解释，生僻、书面的词要替换成容易理解的词来表达。想办法让深奥的词尽可能下沉到读者身边，比如，对中老年群体来说，他们理解不了网络词汇和网络"梗"，比如"giao""B站""淡黄的长裙，蓬松的头发"等。

所以，在处理文章的措辞的时候，考虑读者的情况，对一些表达进行替换，或者做注解说明。

曾经有个作者给我投了个稿件。她本身是做新闻写作的，所以在表达风格上偏向新闻的表达。她在稿件里，用了各种专业名词以及冗长的句子。

新媒体碎片化阅读的情境下，读者是没有耐心看完这样的内容的。对新媒体的语境需求而言，会显得很违和。所以，心中要有读者，懂读者之难，解读者之难，才能被更多的读者所接受。

第二节 素材怎么用

要讲故事

空泛的论述抓不住读者注意力。如果增加故事情节对观点进行解释，会更有利于调动读者进入语境，理解你所要传达的信息。

很典型的，这本书就是一个示例。这本书交稿之初，被负责的编辑紫玉老师打回来修改，提的意见之一就是要给观点增加具体的案例，不然读者有可能理解不了作者的意思。

在创作的过程中，你要拥有随时随地可以讲故事的能力。

再举个例子，在文章《不要在乎一城一池的得失》中，提到了电影《我不是潘金莲》中李雪莲的故事：

做人，格局决定结局。

在电影《我不是潘金莲》里，女主角李雪莲为了生二胎，和丈夫假离婚，准备等孩子生下来上了户口再复婚。

但转头，秦玉河就和别的女人结了婚。

而最让她气不过的是，秦玉河还在大庭广众之下对她说："嫁我的时候，你是处女吗？你是李雪莲吗？我咋觉得你是潘金莲呢？"

因为这句话，她猛地扎进去，非要给自己讨个公道。一路闹上北京，闹怕了一大群法官、县长……

但折腾了十几年，最后前夫死了，她顿感人生失去了意义，想一死了之。

其实，李雪莲的人生完全可以是另一种活法：

她年轻貌美，三十出头，有一大群男人爱慕于她；

她精明能干，开的牛骨汤店，做的牛骨汤远近闻名；

她有点小钱，拥有一栋依河而建的小楼，生活惬意。

明明可以"垆边人似月，皓腕凝霜雪"，卖她的牛骨汤，择一个好男人，晓风明月，花前月下，浪漫一生，却绕进不值得的"得失"里，纠缠一生出不来。

生命是一场持久战。

一时的得与失，放在生命的长河里，在若干年后看来，根本不值一提。

那些让你痛苦的男人、女人,那些让你崩溃的白天、黑夜,那些让你懊悔惋惜的过往……往后余生回头看,不过是打了一个喷嚏。

所以,如果你此刻心中有郁结,不妨就此放下。

通过故事深入浅出说明自己的观点,这篇文章就是很好的案例。用故事辅助输出观点,用观点来总结故事。

在这个片段中,观点是"做人,格局决定结局"。围绕观点讲故事,讲完故事后,简要分析,最后总结收尾,如此做法一下子就使得文章的观点清晰立体了。

你所讲的故事,可以是虚构的事例,比如寓言故事、传说、电影电视情节、书籍内容等。

讲故事,要做到完整。起因、经过、高潮、结果都要有。因为故事是论述素材,因此三两句说清楚就好,不需要长篇大论。

要有节奏

咬文嚼字时要有"带领"意识。作者在下笔前要意识到,你是在引领一群人,去明白你的思路。

作者自说自话,逻辑混乱,内容杂乱,很难让读者清晰明了地理解文章,这也就在无形中阻碍了文章的传播。所以,在写作的时候,有必要先列大纲。它可以帮助你理清说理的顺序,让文章的整个逻辑清晰、顺畅。

以上文"李雪莲"这个故事为例,大纲如下:

- 先提出观点:做人,格局决定结局

- 再举例论证：李雪莲不英明、格局小的一生
- 分析故事里的人物：其实，李雪莲的人生完全可以是另一种活法
- 分析故事外的人生：一时的得与失，放在生命的长河里，在若干年后看来，是沧海一粟，根本不值一提
- 结尾给建议：如果你此刻心中有郁结，不妨就此放下

在表达的过程中，句子前后要有关联，故事的讲述和论述要有节奏，最后再一起回归到文章的核心观点上。条理清晰的表达才能让读者读懂。

要有总结

我每讲述一个故事，就要简单地对这个故事进行说明。

说明可以是分析故事后做总结，也可以直接呼应主题做总结。以我曾写的《不要在乎一城一池的得失》的一个片段为例：

我曾经目睹，两个人在北京早高峰的地铁上吵了起来。

原因很简单，因为推搡之间，其中一个人踩了另一个人的脚。

由于围观的人太多，耽误了地铁的秩序。随后又招来了警察，后来两个人直接被带走了。

原本只是想准时上班，结果因为一件微不足道的小事，不仅耽误了上班，还引起一连串的麻烦。

其实，只要在他发怒的那个瞬间，清晰地记住他当下的目的是上班不迟到，兴许就无暇去计较。

回头想想，一定懊悔不已。

人一旦"忘记终点",就很容易在情绪里迷失。

所以,在你每次想要发怒、想要崩溃的时候,不妨想想,我们想要的到底是什么。

健身很苦,但每一次想哭的时候,不妨想想自己梦想的样子。

备考很累,但每一次想放弃的时候,不妨想想将来的目标。

情绪控制很难,但每一次快控制不住自己的时候,不如提醒自己,无须把情绪浪费在无意义的人和事上。

正所谓,一念地狱一念天堂。

不要在意一时的成功或失意;

不要被暂时的喜怒哀乐所羁绊;

不要总迷失于一城一池的得失。

格局不妨放大些,当你专注在自己的"终点"上,才能少一点外物的干扰,活得清醒而又强大。

在这个故事片段里,"人一旦'忘记终点',就很容易在情绪里迷失"。就是对整个故事的本质问题做了个总结。这类总结的句子,能让文章的结构清晰明了,也方便让读者迅速掌握你说这些话的目的。

相当于你把你的思想直接呈现在读者面前,帮助读者不至于读着读着就忘了你要说什么,而是一步步跟紧你的"总目标"。

其实,这也是帮助读者降低阅读门槛、理解文章主旨的关键动作。

第三节　金句怎么写

什么是金句？金句主要有3个特点：短小精悍；朗朗上口，读起来节奏感强；具有启发性，能引起共鸣。

金句具有强调、总结的特点，有利于强化文章观点，有利于引发读者的转发，增加读者转发的可能性。同时，金句也是读者转发朋友圈的"转发词"。

所以，学习写金句的能力是作者必须打磨的基本功。当然，这也是公认的写作里最难的部分。

首先，掌握主要的几种修辞手法。

修辞手法一共有63大类，包括：比喻、白描、比拟（拟物、拟人）、避复、变用、层递、衬垫（衬跌）、衬托（反衬、陪衬）、倒文、倒装、叠音、叠字复叠、顶真（又名顶针、联珠）、对比、对偶（对仗、队仗、排偶）、翻新、反复、反问、反语、仿词、仿化、飞白、分承（并提、合叙、合说）、复迭错综、复合偏义、共用、合说、呼告、互体、互文、换算、回环、回文、降用、借代、设问、歧谬、排比、拈连、摹绘、列锦、连及、夸张、警策、示现、双关、重言、重叠、指代、用典、引用、移用、顶真、谐音、歇后、象征、镶嵌、析字、委婉、婉曲、通感（移觉、移就）、跳脱、转文等。

这些修辞大多是从小学就开始学习的。我简要就几种平时比较常用的金句撰写方法进行分析。

比拟

比拟包括拟人和拟物。

我简要举个例子：

你若盛开，清风自来。

站在风口上，猪都能飞起来。

雪崩的时候，没有一片雪花是无辜的。

还有张爱玲那句经典的：

也许每一个男子全都有过这样的两个女人，至少两个。娶了红玫瑰，久而久之，红的变了墙上的一抹蚊子血，白的还是"床前明月光"；娶了白玫瑰，白的便是衣服上的一粒饭粘子，红的却是心口上的一颗朱砂痣。

《红楼梦》中贾宝玉的：

任凭弱水三千，我只取一瓢饮。

不一定要出现"像""好比"等这类特定词，用意象来指代就可以。

排比

排比可以是句子排比，也可以是词语排比。排比的结构对仗工整，并且这种修辞有利于强化语气，被运用得比较广泛。

比如：

得到真正的清欢，得到属于你的星辰，得到你的碧海蓝天。

公子潇的：

描三分秋色入纸，一分清冷，一分薄凉，一分水澹天明。

电影《白蛇：缘起》里的：

一伞初见情窦开，一寺锁情意浓浓。一叶孤舟烟波渺，一洞乾坤千灵生。缘起东方秘境，情定前世今生。

对称

对称指的是句子在格式上，前后保持一致，各个部分的词语属性是对仗的。比如我们在写春联的时候，必须遵守春联的格式要求。

《登鹳雀楼》的"白日依山尽，黄河入海流"，是经典的对称，堪称模板。

想起 2018 年时，我去采访彼时尚在世的林清玄先生。采访中，他说他希望自己能做到"简约而不简单，平淡而不平凡"。

意思大概是说人生要过得简单点，要让精神世界丰富，但不要有太多的虚妄和欲望；可以把生活过得平淡，但也要有所追求，要不甘平庸。

林清玄先生的这句话，高度概括又朗朗上口，我听完便记住了。

对称的写法能很好地凸显汉字的博大精深和美感，广告行业撰写广告词时也格外偏好这种写法。

反复

前后句子都出现相同或类似的词,这种手法叫反复。

比如:

我不讨好世界,我只讨好自己。

长得漂亮是运气,活得漂亮才是本事。

周杰伦歌词里的:

天青色等烟雨,而我在等你。

巧用反义词

巧用反义词指的是,前后两个句子围绕两个反义词展开。

比如:

我以为爱情可以填满人生的遗憾,但没想到,制造遗憾的偏偏是爱情。

唯有学会放下,才能开始得到。

一念成佛,一念成魔。

爱上一个人,就好像突然有了铠甲,又突然有了软肋。

以上 5 种,便是在日常写作中比较常用的金句创作法。它们的使用频率高,且好操作,写出来的效果也比较好。汉语言千变万化,这几种方法不过是万千句式中的冰山一角,平时我们还要多练习、多积累。

之所以说写金句难,也在于写出让人印象深刻的金句需要深厚的基本功,要积累词汇量,以及训练自己的语感,在反复训练之后，你才能做到信手拈来。

如何提高写金句的能力呢？基于我的个人经验，给大家介绍几种"笨"方法。

首先，使用摘抄本。我从小学就养成了摘抄的习惯。以前用的是笔记本，只不过现在换成了印象笔记、石墨文档等工具。

当你把一件事坚持10年以上，量变就会带来质变，尤其在摘抄这件事情上。

其次，模仿和改编。不知道怎么创造的话，你还可以尝试借鉴现成的金句，模仿其句式。或者，你也可以在金句的基础上，进行改编。

"小林漫画"的林帝浣就常常改编金句，我随意翻了下该公众号就看到下面这几个非常有意思的句子：

冰冻三尺非一日之寒，肚腩三层非一日之馋。

假如生活欺骗了你，那你可以打开美颜欺骗生活。

念念不忘，必然很丧。（借鉴了"念念不忘，必有回响"）

你看，根据需求改写金句，一句新的金句就诞生了。

最后我要告诉大家的是，多读。表达好不好，自己平时也可以检查。写完后，不妨自己通读一遍。

老舍先生曾说："我写作中有一个窍门，一个东西写完了，一定要再念再念再念，念给别人听（听不听在他），看念得顺不顺？准确不？别扭不？逻辑性强不？"

当你读出来时，感受到口舒服、耳舒服、心舒服，它才能算得上是好文章。

其实，小时候的早读课，就是在锻炼语感。长大后，可能会不好意思读出声，但阅读这件事不能断。你可以默读，一句一句地看，遇到打动你的，圈圈画画或者抄下来。要知道，你读的书，可以内化为你写出来的东西。

择几个你喜欢的作家，好好研究。在写作这件事上，千万不要忽视偶像的力量。我有个朋友说他早年喜欢王小波，现在他讲故事的风格就有点王小波的味道。

我很喜欢张爱玲，看了她很多作品，所以表达上就会不自觉受她的影响。有一回，朋友看了我写的文字，就问我是不是很喜欢张爱玲，对此我十分惊讶。倒不敢自比张爱玲，我只是想说，人会无意识地靠近自己想成为的样子，包括写作。

写好金句的过程会很漫长、困难，但请让阅读成为你的一种习惯，读书多的人文章自然会写得好。《劝学》说得好："不积跬步，无以至千里；不积小流，无以成江海。"

第八章

从"小白"到签约作者,只需3个月

第一节 如何确定自己的方向

很多人会问我：刚开始写的时候，我如何确定自己写什么？

其实，从我个人的角度来讲，确定风格倒不是件很重要的事。我觉得风格的形成是一件自然而然的事。你本人是哪种风格，在你的表达里，自然会呈现出来。

如果是想思考从哪个品类的文章开始写起，我会建议从下面4个角度来思考。

你的爱好里藏着你的特长

你的兴趣决定了你的写作方向，因为你有这方面的知识储备的支撑，所以写起来也就更容易。如果你喜欢历史，那么你就积累了大量的历史知识，你写起"历史文"的时候势必会得心应手；如果你喜欢看小说，那么你编故事的能力久而久之也会提高。

所以，做事之前先问问自己的兴趣。喜欢美妆，就去写时尚类文章；喜欢电影，就去写影评……

你周围的人、事、物都有可能成为你的素材

如果你是位母亲，那么你可以从亲子相处中找观点和灵感，然后将这些观点和感受写成"亲子文";如果你是个学生,生活阅历相对比较少,但这并不妨碍你的创作,你可以试着向以学生为受众的公众号投稿,写一些年轻人爱看的话题;如果你对职场研究得比较透,那么可以写写职场晋升、人际相处之类的话题;如果你擅长思考,喜欢观察人,那就写写"观点文";如果你对情感话题有比较深的感悟,那就写"情感文"……

总之,从你身边的事情开始写起。艺术来源于生活,写作亦是。

思考你希望自己成为什么样的人

如果你希望自己的作品尽快成为"爆款",那么你可以研究百强公众号转载频率最高的内容,然后将自己匹配到这个类别;如果你想创作更有深度的内容,那么不妨试试垂类公众号;如果你想成为一名小说家、大作家,只研究结构化写作是远远不够的,我还是建议你多读书、多思考、多动笔。

我认识的一位朋友,他说他写作就是为了赚稿费,哪个方向的稿费多他就往哪个方向去写,这当然也是可以的。

我认识一位作者,她说她希望自己写出来的东西有深度,可以达到出书的水准,于是她就往自己擅长的名著解读的方向写作,不定期向这个类别的公众号投稿赚点稿费,最后她积累了一些知名度,也成功出了书。

你清楚自己需要什么、想成为什么,然后有针对性地努力,这样才会更快到达目标。

你还要看看你自己擅长什么

关于擅长，一般有两种情况。

一种是都擅长，不管是论证、讲故事，还是表达情绪，很多长处是可以同时在一类文章里发挥的。我遇见很多作者朋友，他们不但能写"情感文"，也能写深度"名家文"，还可以写书评、小说等。

文字只是一个工具，你能熟练地运用它，你就有足够的能力去驾驭它。

还有一种情况，是只擅长某一类的。基于这种情况，我建议你参考自己过往的成功经历，看自己写哪一类的文章最轻松，哪一类的文章收到过的好评最多，然后你就朝着这个方向去发展。

做自己最擅长的事，进步也会更快，得到的也会更多。

最重要的是，你要热爱写作这件事。你要去爱你的文字，像培育小孩那样培育文字，让它们慢慢地在岁月中悄无声息地成长、蜕变，变得更有力量。

不排除这个世界有很多人，他们不去迷信什么章法，只信奉自己的路数。

是的，当你的作品感染力达到一定程度，它的分类，它是长或短句，它是什么结构等，一点儿也不重要了。六神磊磊一开始就给自己定写作模板？"不会画出版社"说自己一定要按照某种"爆款"模式去写？半佛仙人纠结过句子长和短的问题？李月亮会去愁自己到底是要写"名家稿"还是"观点文"？

不存在的。

只要你修炼好自己的基本功，修炼自己的内心，你一定能找到属于自己的写作方法。当你足够优秀的时候,你自己都能开创一种风格。

第二节　如何上稿人民日报、"十点读书"等头部大号

我第一次投稿成功的稿酬是 0 元,接下来,是 50 元一篇……那些故事都发生在 2017 年。

凡事都有个过程,磕磕绊绊走过来,踩了很多坑,摔了不少跤,如果时间可以重来,我多希望 3 年前可以有人告诉我,"你要避开这些弯道"。

如何上稿大号呢?根据多年经验,我总结出以下几点。

找到目标

首先,你得知道哪些是主流公众号。

关于这个问题,你可以通过新榜得到答案。在新榜的网页里,你可以找到各种类别公众号的排名。点开日榜、周榜,可以查看公众号的排名情况。

在这些榜单上,挑选适合自己风格的公众号,然后,在该后台回复"投稿"。有对外征稿需求的公众号,通常会在后台设置投稿入口。

但需要提醒大家的是，榜单上只是部分公众号，还有相当多的公众号不在榜单上。因此，你需要查资料、咨询业内人士，或者让朋友推荐等来找到更多的投稿通道。

我之前就是通过新媒体业内朋友的介绍，成为某个百强公众号的签约作者的。

除了去发现别人，你也要让更多的人发现你。

以我个人经历为例。不久之前，一个账号的编辑通过简书私信我，和我约稿。所以前期不管有没有投稿成功过，你都不要停止创作，不要停止做内容分发。豆瓣、简书、头条号、公众号等都是途径。

你可以在各个平台开自己的账号，了解平台的规则后，上传自己的作品。编排操作都是很简单的，不要害怕这个障碍，重要的是，你一定要保证你更新的频率。如果你写得好的话，很快会有编辑找上你。

我在"简书"入驻一两个月，更新了20篇左右的文章后，因为常常上首页，后来有很多编辑看到我的文章了，有不少私信我的，有约稿以及转载的，也有邀请出版的，甚至有个出版社的编辑加了我微信，和我谈了个人文集的出版。

此外，你要在你的账号上留下你个人最直接的联系方式，可能平台的私信你没有及时发现消息或回复，如果留了微信、电话或者邮箱就可以避免这个问题了。

在公众号平台上，当你上稿越多，上稿的平台的用户数越大，被人民日报等官媒以及"十点读书""有书""洞见"等头部大号看到的概率也会更大。内容适合平台，且阅读量高的情况下，被转载的概率是很高的。

研究账号

假设你在榜单上找到自己想投的账号,那么如何掌握这些账号的收稿喜好呢?

你可以翻看该账号近3个月的内容,从中找出数据最好的10篇,然后总结这几篇的共同点。

分析时可以从以下几点入手:

(1)类型

是"人物文",是"鸡汤",是热点,是条漫,还是时尚?你通过浏览,大致能分出一二,从而定下方向。

就"十点读书"的矩阵来说,不同品类的账号对内容的需求是不一样的。比如,"十点人物志"主要是非虚构写作,内容上以人物稿件居多;"小十点"是亲子号,内容要围绕亲子话题展开;"她读"是时尚号,内容主要与时尚相关。

放眼全网的账号,就算同样属于"文化类",各家对于文章的风格需求也是不一样的。比如"拾遗",其类型主要是"人物文""观点文"两种,较看重内容的深度;账号"武志红",主要是谈心理学;而"十点读书""有书""洞见"等账号,观点性强,内容比较接地气。

当你确定了上稿目标,下一步就需要确定账号内容主要是在哪个品类,这方便你接下来找学习资料。

(2) 标题

标题要着重提炼出关键词。

如果不能有关键词,你就看句式、看风格。有的是新闻写法,有的是小清新金句风格,有的是特稿写法。

人物专门写特稿,其标题就多是《柳岩:性感消亡史》《郭京飞:妥协是我们一生的基调》《李国庆这一年》这种风格,标题字数一般在10字以内,简短有力,并且以人物为主。

美妆类标题多与个人装扮相关,比如微胖、颜色搭配、脱毛等词语,非常贴合爱美人士的需求。除了这些词汇,如果加上数字,会进一步刺激读者的探求欲,从而促使点击。这种账号的标题基本上是这样的,例如《微胖也能穿出90斤的效果?这5件单品,太太太显瘦了吧》《15个颜色搭配法则,买春装前必看!》《夏日脱毛测评,这5款必须入!》。

互联网账号类的标题里会带相关领域的专业名词,比如升职加薪、底层能力、互联网等。例如,"馒头商学院"的《李佳琦、薇娅、辛巴们的卖货套路,像极了曾经的电视购物》《没有这3项底层能力,别想拿高薪》。

泛阅读类头部账号的"爆款",其关键词多是教育、感恩、人生、幸福等词语,标题还喜欢带数字、带痛点,且多是简洁利落的金句,比如《情绪稳定,是一个人最强的能力》《不占便宜,就是一种大格局》《认知水平越低,人越固执》《渡人、渡心、渡己》等。

或者使用"热点+观点"的格式,比如《35岁薇娅年入20亿:你羡慕的生活背后,都有你熬不了的苦》《李子柒粉丝破千万:如果事与愿违,请相信另有安排》《迪士尼停薪10万+员工:这个世界和你想的不一样……》。

关于标题的详细命题方法，前文已经谈到，此处就不再赘述了。如果还想深入了解标题，那就多研究账号的标题，做关键词和句型的拆解。

（3）选题

文章讲的是什么？对话题的思考方式是什么？

这两个问题的答案你依然可以从阅读账号内容中获得。你可以找出账号近几个月以来数据最好的文章，分析这些文章传达的观点。

美妆类账号不会谈太多的观点，不管话题从哪里谈起，最后无非落脚到"变美即正义"之类的说法上。

"十点读书"的主题多是安慰、表扬、鼓励、呼吁、正能量，这些词能激发读者的正面情绪。

我们再来看看"洞见"，通过看阅读量和点赞量，我发现《35岁薇娅私生活曝光：这世界，不是你想的那样》这一篇为那一个月数据最高的文章。

这篇文章提到的主要观点有"不要拿自己的业余去挑战别人吃饭的本事""光鲜的背后，都有你熬不了的苦""不出众，就出局""拼命很累，闲着更累"。

这说明，除了作者优秀的谋篇布局、提笔撰文的能力，三观正、催人上进的观点，使大多数人深有感触。当你投稿时不知道从哪些方向下笔胜算更大时，你可以多分析这类文章，找出文章的观点，从这些观点中挑出你最有感触的写。

这个小窍门可以让你在刚开始尝试投稿的时候，不至于消耗太多时间，做太多无用功。向"高数据"看齐，能够让你尽快发现账户的方向、读者的喜好，尽快摸到门路。

但是入门之后，你要不断迭代自己的思想，不断翻新自己的选题。比如，取更新颖的标题，找更好的切入点，用更优秀的素材来论述，以及在表达上更上一层楼……

不能只抄近路后就一招鲜，否则从时间维度上来看，偷懒会退步的。

（4）结构

内容形式的不同，表现的方式也会随之不同。但只要你搭建好思维导图，就能发现其规律。

如何看结构呢？你可以看开头切入方式、看篇幅、看框架。

看开头切入方式。多数公众号比较喜欢用热点切入，比如"国馆"。

看篇幅。通常文章字数都在2000字上下，也不排除有3000~4000字的，或者像"夜听"那样300字左右的。

看框架。"视觉志"生活方式类内容很多，喜欢图文并茂的表达形式，有时候图片多于文字；"拾遗"通常是层层递进的思路，不断向下深挖的特点；而美妆账号，基本都是分点来写，一条一条地列。

分析不同公众号论证观点的方式，弄明白后再写，这样你的上稿率会更高。

（5）文字

通俗地讲就是，针对不同的群体需要用不同的语气来表达。

几年前，我曾是一个目标群体为学生的账号的签约作者。于是，我就去研究账号的表达风格，我看了几篇文章后，发现他们非常有个性，喜欢表达自我。喜欢用感叹号，喜欢用网络词汇，有时还喜欢用首字母缩写，遣词造句时语气词比较多，比如简直了、天呐、哈哈哈等。他们在发表观点的时候，也会直接开怼……

在对比几篇发现都有这些特点后，我调整我的表达，让写作靠近这种方式。

我曾经也是屡被拒稿的"小白"，经过自己不懈努力，一步步拆解，一步步总结，找到读者最关心的话题、喜欢的表达语气、讲述观点的方式，然后成功被大号约稿，写出一篇篇阅读量"10万+"的文章。

所以，写文章之前，先了解你的读者是谁，只有深入了解了他们才能快速打动他们。

由于账号不同，群体自然也就不同，群体不同，需求就会不同。因此，除了了解读者，你还需要掌握分析平台喜好的方法，即发挥你分析总结归纳的能力，从类型、标题、选题、结构、文字等方面逐个拆解。最后，在这个基础上做刻意训练，如此一来写文章就会事半功倍，上稿率也大大地提升。

深挖痛点

通过分析账号过往的文章，你也能对其目标读者判断出一二，包括年龄阶段、喜欢的话题等。找到读者的痛点后，标题必须一击即中。

很多屡投屡不过的稿子就出现了这样的问题。作者常常觉得自己写的东西非常好，但就是不明白为什么一再被拒稿。

这很可能是因为你没有研究透账号，所以你选题的痛点依然抓不对。也不排除你写的大方向话题对了，但是立起来的观点站不住脚，不能被读者接受。

举个例子，曾经有个作者投来一篇名叫《做一个情绪自由的人》的稿子。这篇文章的观点是：人要活得自由，开心就笑，不开心就哭，生气就表达。被通知没有过稿之后，作者问，你们不是喜欢情绪的点吗？

编辑回复，大家广泛认可的观点是控制情绪、情绪稳定，而不是情绪自由。

有作者投来一篇《女人最大的成功，是嫁对人》。文章一看是符合读者群体的，但是"独立"才是被广泛接受的观点，现在普遍倡导女性独立、自由、不依附别人，"嫁对人是女人最大的成功"这样的观点，不可能被发出来。

简单说，总体上，讨论与读者的生活相关联的话题受众会多一些。在具体细节上，你要让你的观点具有不可辩驳性，要符合读者价值观。

所谓的不可辩驳性，是不会具有道德、教养认知上的挑战。不然你会收到一堆唾沫星子，而不是点赞和转发。

投稿问路

基于大多数账号的收稿喜好,接下来我和大家谈一谈投稿的操作流程和注意事项。

(1)怎么投稿?

要用 Word 文档投稿。

因为 Word 方便传阅。就像上学写作文时,老师们会要求用作文本写作文一样。因为审稿编辑要审很多稿子,不同的格式会给他们的操作带来麻烦,而且非 Word 格式传阅也是很不方便的。更不用说手机读屏时代,有些文档的格式,有的时候发过来根本就打不开。对编辑而言,Word 文稿方便审稿、方便传阅,作者投稿时应该注意这一点。

加了编辑的联系方式后,直接把写好的稿子发给对方就可以了。我之前给征稿启事投稿,添加了征稿人的微信后,简单打完招呼后就给她发我的过往作品。一般情况下,征稿人觉得你合适后,会告诉你账号的风格基调和稿件要求。

因为各个账号的投稿流程都不是一样的,有的会先给选题,有的则会要求作者自行撰稿。

我是先自行撰稿,然后带着成稿去投稿,文件用 Word 格式,文件名用"文章标题 + 作者"的命名方式。编辑看过后,会给你过稿反馈,你可以根据对方的反馈再调整自己的写作。

如果反馈慢了,你可以直接询问反馈的时间。

（2）投稿中有什么忌讳？

首先，投稿的稿件必须是原创、未经发表过的作品。

当公众号录用了你的稿件，向你支付稿酬，就是属于买断版权的一种交易行为。如果你后期出版时需要用到这些作品，必须去征得该公众号的授权。

很多刚入行的作者，因为没有了解这一点而发生了一些不必要的误会。

我曾经就遇到不少这样的作者。有的人投稿成功后，依然会觉得这是个人的作品，版权依然归自己，可以自由使用。于是稍做修改后就发在个人的公众号上并标明了原创。结果编辑在发布时标不上原创，点开提醒的链接才发现被作者自己发布了，经提醒，对方才明白不能再擅自使用自己的投稿作品，立马去做了删除处理。

其次，不要一稿多投。

如果你着急想得到回复，可以和编辑先说明，以免产生不必要的误会。之前就经常遇到投稿者在多个平台同时用同一篇文章投稿，结果几个平台同时录用了稿件的情况。

及时说明情况倒还好，要是在没解释清楚的情况下，两个号同时发布，后发布的账号就会标明不上原创。这会给编辑的工作带来不必要的麻烦，也会影响双方之间的合作与信任。

（3）投稿后，编辑多久后回复？

一般是不回复的。多数账号会规定7天内回复，如果没有回复，就是默认没有过稿，这时候你就可以另行处理自己的稿子了。

当然，时间允许的情况下，编辑都会尽可能地回复你的。

（4）投稿的文章需要配图吗？

一般不需要配图，除非与情节关联密切。

公众号发展至今，在版权保护上也是日臻完善，不管是文字，还是图片。

有很多的摄影师、作者、机构都会将作品授权给一些维权公司。这些公司会通过大数据，对没有经过授权就发布其作品的账号发起侵权投诉，从而获取相应的经济赔偿。这样的情况不在少数。

所以，考虑到账号的安全和版权，公众号运营者在用图上也就会越来越谨慎。他们会通过向专门的图片网站购买图片使用权的方式，统一管理账号的图片。

作者其实没有必要花太多的心思在找图和配图上。因为在视觉这一方面，每个专业运转的公众号，都会有自己的视觉要求。基于账号视觉需求和版权要求，你配的图基本是用不上的。

此外，有一种特殊情况，和内容相关的图片是需要作者自行配图的。比如，人物稿件和影视剧稿件，文章里用到的公版的老照片、史料、影视截图，以及某些信息来源（如展示微博相关新闻截图），这些资料起到明显的信息补充作用，是需要作者加上去的。

（5）如何成为签约作者？

不同的平台，签约的标准和规则是不一样的。有的是一上稿就是签约作者，而有的账号只收稿，并不签约作者。

关于签约的标准，编辑会在一开始就和你说明。签约标准多是以你稿子的质量和上稿篇数作为标准。比如，"十点读书"规定一上稿就会签为"邀约作者"；上稿 5 篇是成为"签约作者"的先决条件。

你能做的就是向编辑问清楚平台的规则，然后用心写好自己的作品，酒香不怕巷子深，相信你会成功的。

（6）签约作者有什么好处？

自媒体的圈子其实非常小，甚至二度人脉就足以打通整个圈子。

成为签约作者的好处是什么呢？除了是对个人能力的一种认可，更多的是一种标签、一种荣誉。

很多有才华的作者往往是在成为一个大号的签约作者之后，又继而被越来越多的账号签约。编辑也会优先挑选被签约过的作者，因为有经验的作者稿件合格率更高。

成为签约作者后的待遇，不同平台是不一样的，签约作者的待遇肯定会优于普通作者。比如，"十点读书"规定，签约作者出书后，可以在"十点读书"的微博以及微信公众号发布新书推广信息。

此外，项目合作时也会优先选择和签约作者合作。

更多的账号会选择在稿酬上给作者优待，以此来留住这些作者，像"洞见""有书""卡瓦微卡"等。

（7）公众号的稿酬怎么算？

不同公众号的稿酬标准不一样，高则上万元，低则几十元。原则上，一篇成熟的自媒体文章的市场均价是 500 元。这个主要还是由内容的稀缺度、稿子的撰写难度、平台的实力等因素决定的。

举个例子，如果你写的是普通的"观点文"，发布在账号的副条，文章数据没有很突出，那么就会获得账号的基础稿酬，大概 300~600 元之间。如果你的稿件发布在头条的位置，即使数据没有很突出，稿酬也会略高于副条的基础稿酬。

为了激励作者写出更好的作品，一般会实行阶梯稿费制度。比如，某 100 万用户的账号，头条基础稿酬为 500 元；超过"10 万+"的阅读量，加 100 元，共计 600 元；超过 15 万阅读量时，再加 100 元，共计 700 元；超过 20 万阅读量时，为 800 元……以此类推。

账号用户数越多，其阶梯会划得越大。有的甚至是每多获得一个梯度的奖励，需要增加 10 万、20 万、50 万，甚至 100 万的阅读量。

编辑如何判断一篇文章的好坏

了解编辑如何选稿对创作者来说也很重要，这会帮助你轻松上稿。

（1）内容有价值

你的文章能给读者带来什么？是思想上的启发，还是信息量的增加？

下笔之前要思考自己的文章能给别人带来什么价值,要避免记流水账,切忌想到哪里说哪里。你可以就一个事件发表自己的观点,可以就一个观点给出扎实的论述,也可以就某一方面给读者新的知识或者信息,但你写的内容一定要有价值。

总之,你要让人读完后有所收获。要避免让读者读完后不知所云,或者没有任何启发。

(2)文字基本功扎实

文章表达流畅,没有语病,句式有变化,不是用简单的句式贯穿全文。要避免出现这样枯燥的表达:

我很喜欢写作,我写的文章即便无人问津,我的文章也有我的特色,我会一直坚持下去……

在一篇文章里,文字表达不好,就不能算是好内容。

有很多作者的文章,读起来刻板枯燥乏味,这非常不应该。想成为一名专业的作者,写作基本功必须扎实。

(3)扣紧主题不离题

避免"自嗨"式写作。你写得畅快,天马行空,但是读者就会很辛苦,往往不知所云。

结构散乱,事例离题,这是典型的会被拒稿的问题稿件。

(4)符合自己账号的用户的喜好

光写得好还不够,还要考虑账号是什么样的,账号喜欢什么样的稿件。

你可以通过分析账号的历史文章来判断，具体方法就是我上面提到的按步拆分法。

最后，我想跟大家说的是，新媒体其实是个很小的圈子，能够进入一个集体圈子实在太重要了。

如果可以，你可以尝试加上新媒体编辑的联系方式，寻找同行的朋友，从而获得更多的行业信息。我之前也是通过新媒体朋友的介绍，慢慢让我的文章被录用，进而成为签约作者的。所以，要保护好自己周围的"弱关系"，机会往往就在其中。

第三节　资深编辑不会告诉你的 6 个"爆款"思维

在写作这件事上，我是相信天赋的存在的。想要快速成为一个优秀的作家是很难的，但新媒体写作的门槛没有那么高，对有一定文字表达基础的人来说，掌握一些锦上添花的方法，就可以快速成长。

关于结构——小标题的妙用

新媒体在乎"用户体验"，如何照顾到更多人的阅读体验，是大家一直努力的方向。加小标题是最简单好用的方法之一。小标题对标题起到进一步解释说明的作用，可以让更多的读者参与其中。

我在帮作者梳理他们的文章内容时，会要求他们把自己的结构大纲先确定好，整理出每个大段落概括性强的句子，这样的句子可以帮助读者理解文章的叙述逻辑。

让读者看懂内容是所有"爆文"的前提。小标题概括性强的句子不仅可以帮助读者读懂文章，也有利于作者更聚焦在内容的核心论述上，而不至于到处引经据典、旁征博引而使自己远离想要表达的内容。

取好小标题，要注意以下几点：
- 用词直接，观点鲜明
- 和主题密切相关
- 宜短不宜长
- 要对所属的段落起到概括的作用

以《半生已过，学会放过》这篇文章为例，这篇文章的小标题分别是：
- 长相年轻，是因为心宽
- 精神愉悦，是因为心大
- 放下，成全别人，放过自己
- 幸福，源于放下

作者先提出问题"放不下"，然后提出放下的优点，即"放下，让你状态年轻"，接着指出放下的另一个好处，"放下，成全别人，放过自己"，最后重申观点"幸福，源于放下"。这些小标题都是很简单的短句，语气利落，观点鲜明。每一个单独的片段都服务于"放下"这个核心观点。

我们再去细看文章，每一个小标题对段落都起到概括的作用。

小标题常见的错误做法是写得过长，或者不能起到对段落的概括作用。可能是作者忽略了小标题对读者的意义——方便读者阅读和理解文章。

关于选题——站在未来的角度去找选题

在关于如何挖掘"爆款"这个话题上，行业内惯有的做法之一是"站在未来的角度找选题"。

如果你接收到的信息够多，对一些热点事件有持续的关注，那么你可以站在未来的视角去准备你的观点，典型的是"×月再见，×月你好"这一类的选题，类似这样的内容，很多团队都会提前策划话题、准备内容。读者对仪式感是有强烈的需求的，他们需要在那一天发一篇那样的文字，不为别的，就是为了告别过去，开启未来。

比如新世相的《第一批90后30岁了：我们13岁时看的那些故事，30岁才看懂》，这篇文章回顾了多部"90后"的童年经典动画片，告诉大家"童年动画片告诉我们的人生道理"。

对于"集体奔三"这个话题，很多编辑团队会通过关注一些小圈子的热门讨论，以及身边"90后"的反映等，提前预想到"90后"群体在2019年将全部迈入20岁的这一重要时刻，以及在这个特殊的时间节点，大家会产生的特殊的情绪和感触，从而策划出有针对性的内容。

所以，多观察、多思考，针对热点事件的发酵，可以通过预判大众的情绪走向、关注点的转变来选择切题角度。

那么在一些新闻事件上，如何提高预知的准确度呢？这需要经验的积累，还有编辑个人优秀的洞察力、共情能力。

关于练习——反向拆解，研究套路

反推优质内容的生产过程，能快速帮你理解内容创作。

先拆解内容，倒推出它的大纲，得出文章结构和论证思路，最后结合素材和论证，掌握表达的逻辑关系。

长期坚持，根据自己找到的规律，再沿着你得出的结论反复训练，验证当初的想法，让它们内化成自己的经验。

具体分析的过程和分析的方向：

- 标题：标题的句式，标题的痛点
- 主旨：观点、开头切入点
- 结构：框架逻辑是递进关系，还是平行关系
- 段落：故事、小节观点、素材顺序
- 素材：具体内容、讲述方式、作者意图

我对文章《"不要高估你和任何人的关系"》进行拆解，原文如下：

1

老张和老李，曾经是最铁的兄弟。

在食不果腹的年代，老张小时候家里的光景比老李好一点。所以，那时他常常会背着家里人，用纸包几块肉，带到学校里分给老李吃。

老李儿时个头矮小，但凡在学校里受了欺负，老张也会二话不说挽起袖子替他出头。

一起长大的发小，再加上一直以来他对老李的照顾，所以老张从不怀疑他们的友谊。

去年，老张的孩子生病缺钱，他很理所当然地开口向老李借了。

老李正在计划开店，钱备着要当成本。

犹犹豫豫，支支吾吾，最后还是拒绝了。

老张很失望，他说几十年的感情，关键时还怎么就指望不上了呢？

倒是老张的妻子看得明白，只是淡淡的一句："不要高估你和任何人的关系。"

这句话把老张的心，击得落花流水。

2
太重感情，容易受伤

中国有句古话："情深不寿，慧极必伤。"

感情里一旦投入过多，最后只会让自己受伤。

在电影《霸王别姬》里，有一幕是，当程蝶衣知道自己一直视作知己的小楼要娶菊仙时，他抓着对方的衣领，泪流满面地追问："不是说好要唱一辈子的戏吗？"

对于一个渴望寻常茶饭、妻小天年的男子来说，唱戏从来只是谋生。在乱世中,小楼可以为生存抛弃尊严,可以为求自保告发蝶衣,甚至不惜与爱人菊仙划清界限……

小楼做不了程蝶衣的知己,也断然给不了他地久天长。

程蝶衣高估了小楼的感情,最后深陷哀伤,自我放逐;菊仙也高估了爱情,最后绝望地以自缢的方式香消玉殒。

自古以来,太重感情的人,更容易被感情所伤。

但是生命来来往往,人情冷暖,人性复杂。

没有谁真的离不开谁,也难有哪一份感情会至死不渝。

太过高估你和别人的感情,只会一次次把伤害的权利赋予对方。

终于有一天,当人性的冷漠、自私暴露出来时,你只会一次次遍体鳞伤。

3
最稳定的关系,是没关系

与其总想抓住,不如撒手放开。

是你的跑不掉,要走的留不了。

不可避免的,有些人只是在你生命中走个过场。

看淡人来人往,接纳人情冷暖,不再伤春悲秋,这样你就会好过很多。

所以,年龄越长,你越是要学会克制自己无处安放的孤独感。

不再高估人和人之间的感情,不刻意地去追求某段关系。

不强求，不捆绑，不执着，不自怨自艾，聚散随缘。

要冷静，要真诚，要通透，要豁达乐观，看人聚人散。

就像我在翻开刘瑜的《送你一颗子弹》时，曾在里面看到的一句话：

那些与你毫无关系的人，就是毫无关系的。

从第一天开始，其实你就知道。就算笑得甜甜蜜蜜，就算你努力经营这段关系。

而那些与你有关的，就是与你有关的，逃也逃不掉的，就算你们只见过三次，三年才搭理一次，就算是你们隔着十万八千里。

有些人注定是你生命里的癌症，而有些人只是一个喷嚏而已。

人生的聚散本是常态，如若你要走，我何苦强留。

4

不要高估你和任何人的关系

生活中，有些失望是不可避免的，但大部分的失望，都因为我们高估了自己。

首当其冲，是高估了我们和别人的关系，高估了自己在别人心中的位置。

所以，才会渴望依赖，渴望被爱，对他们的背离难以释怀：

失望爱人没有按你要的方式爱你；失望多年的朋友，关键时候怎么那么势利；失望自己真诚以待的年轻人，怎么就不知感恩；失望有血缘的亲戚，怎么那么经不住利益考验，一碰钱就疏离……

但是这世间，根本没有什么理所应当，只怪自己太想当然。

太被感情左右自己的情绪，倒不如学着过好自己的生活。

5

当一个人离开你时，无须过于伤心，你要明白，每个人只能陪你一段路，你才是陪自己走到底的那个人。

成年人的世界，你总要学会一个人走，一个人承受所有。

如果有人让你失望，希望那可以是你生活中的一记响亮耳光，告诉你：

不要高估自己和任何一个人的关系。

要亲疏随缘，爱恨随意。

人与人相处，最好的心态莫过于：

你来，风雨多大我都去接你，你走，我便不送了；你爱，我便奉陪到底，若不，我便当你从没来过。

通过思维导图，我将内容拆解如下：

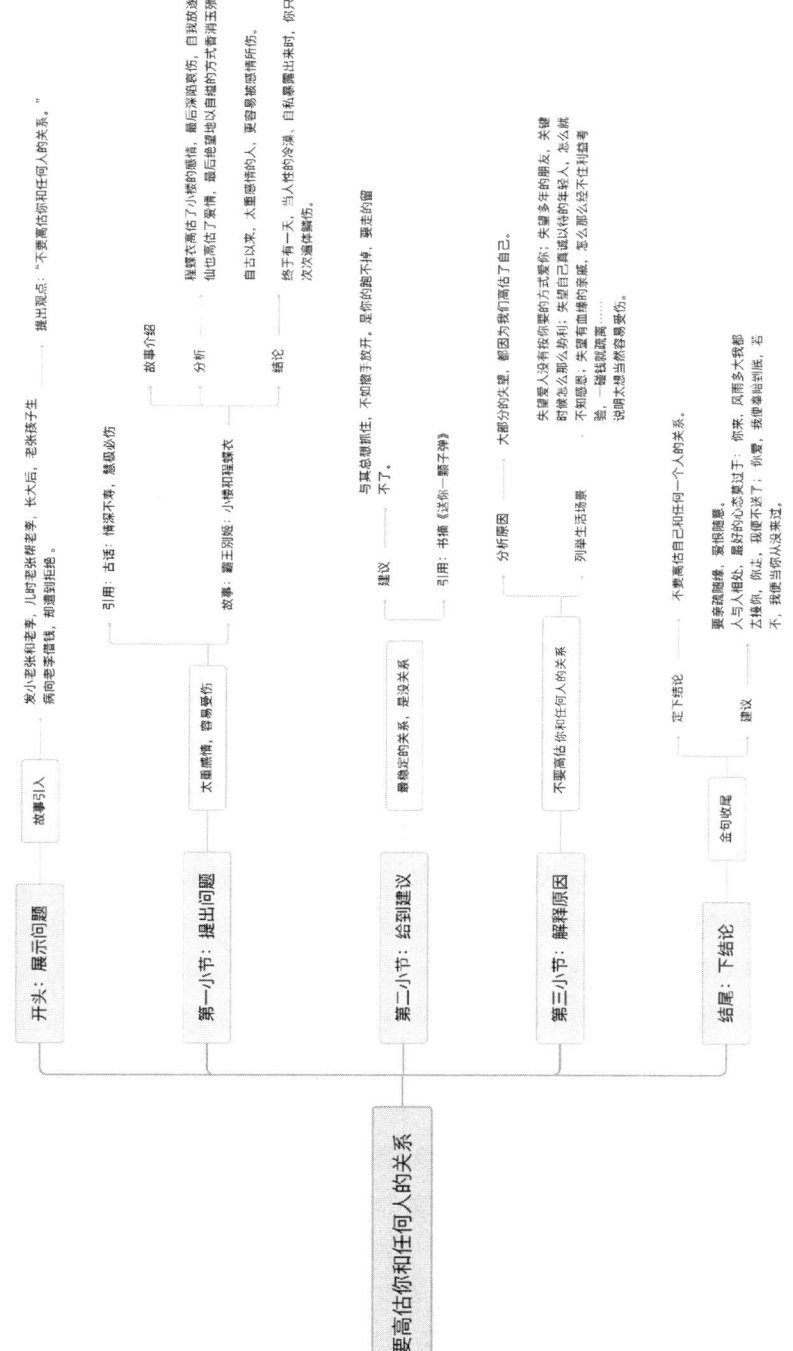

除了分析论述结构,还可以分析作者的金句表达方式。比如这一篇,我用的比较多的是对比、排比的金句句式。

利用思维导图工具,可以从结构较为简单的文章开始入手,一步步提升,慢慢地你就能拆解论述结构比较复杂的文章了。

整个分析过程,你是沿着作者的路去思考他的思路,是站在一个更高的维度去看作品,是捕捉"渔"而非仅仅得到"鱼"。

关于传播——分析传播路径和传播动机

写作的时候,不能停止思考,要多问几个为什么。

读者为什么转发你这篇文章?你的这篇文章最打动人的句子是什么?如果读者转发了,会转发到哪里?会说些什么?

尤其是第一个问题,我常常会问编辑:"读者为什么转发你这篇,他们会说什么?"

你要让自己保持清醒、准确。要去确认你所写的文字的主要情绪是什么?你想表达什么?是针对哪些人写?什么样的人会转发你的文字?是转发到群里还是朋友圈?比起转发,他们会多点文章右下角的在看?

当你理清楚这些问题后,才能对如何做到高传播有更深的理解。

关于网感——强网感是新媒体作者的撒手锏

有一次,我和其他主编交流招聘心得。有人问我,在招聘新编辑时最看重的是什么。我答,网感。

在我看来,对写新媒体稿件的人来说,网感强的优势有时候甚至可以盖过文笔不够好的硬伤。

为什么这么说呢？你一定听过"出圈"吧。出圈指的是某个人或他的作品突破他原来的圈子，被更多的人接纳和认可。有很多的作品，原先只是被小范围的群体喜欢，后来一个偶然的机会，被更多的人关注和喜欢，甚至传播，比如演唱《成都》的赵雷。

前面说到"新世相""第一批 90 后 30 岁了"的话题火了。紧随其后，新媒体很多账号跟进了这个话题，比如："第一批 90 后的身体已经垮了""第一批 90 后的头开始秃了""第一批 90 后已经离婚了"等。

实际上，"第一批 90 后""佛系"这几个关键词并不是新世相"发明"的，微信公众号上第一次出现"第一批 90 后"是在 2015 年。只是新世相通过敏锐的网感，成功捕捉到这个话题，并使之成为热点。

一个优秀的作者、编辑要有敏锐的嗅觉，要密切关注大众的潮流，关注当下小众的喜好，学会从中提炼和思考，敏锐地捕捉话题和"爆点"。

话说回来，如何培养网感呢？这就需要你留意新鲜事，要做到每天都浏览各大新闻网站的热门新闻，甚至是社交平台的热门话题，对全网关注的热点了如指掌，这些都是新媒体创作者的必修课。

不要做总是跟在别人观点后面附和应声的那一个，你要做一个快速的、有思考能力的、有敏锐嗅觉的职业新媒体人。

关于心法——怀着真诚和善意去写作

虽然我一直在和大家说"爆款"也是有套路的，但是懂得这些底层逻辑，不代表就可以依赖所谓的套路获得高流量。

因为依葫芦画瓢，不会融会贯通，缺乏自己特色就不会有记忆点；熟记用户痛点，却没有真实的感悟，缺乏独立的思考就不够真诚；照模板撰文，却不会创新，最后演变成僵化的表达，就不够有惊喜感。只有"术"没有"心"，这样创作出来的作品往往是没有灵魂的。随着时间的推移，会越发显示出它的"塑料感"。

技巧只是手段，技巧没有深层次的灵魂，创造不出内涵。

每一个选题、每一个作者写出来的都是截然不同的作品。你是真诚的，读者就能感受到真诚，你对选题的理解越是深刻，读者越是能感知。

除了情感真诚，作者的个人品质也很关键。正所谓"文如其人"，作文先做人，缺乏善意的人，对世间万物缺乏敬畏的人，心术不正的人，很难走太远。

一个能写出打动千万人的文字的人，是一个拥有很正的三观的人。这样的人是人类孤独的陪伴者，是散发温暖治愈正能量的使者。那些最本真的东西，比如人性里的悲悯之心，才是最打动人的。

所以，当我们手握一支笔去创作时，要怀着善意、诚意、热情，如此你才能收获更多的惊喜。会有越来越多的人因为你的文字找到新的自我，找到生活的勇气，找到力量，也会有越来越多的人，因为你这束光，再成为别人的光。

这样很美好，不是吗？

第四节　刻意练习 9 法

要想在某个领域成为专家，离不开长期的刻意训练。提升写作技能，还是要落到积累和训练这两点上。

我结合个人平时读书、写作的经历，总结出 9 条刻意训练的方法。

素材随时记录

我比较常用的是截图法。

操作方法：利用手机截屏功能，随时截下你看到的优秀素材。

素材是常记常新的。特别在信息更新速度这么快的时代，今天收获到的信息，到了明天，会被更多的新信息覆盖过去。所以，当你看到好的表达、好的观点、好的故事时，不妨用手机截图的方式随手记录，避免遗忘。

与此同时，你要养成定期清理手机库存的习惯，把截图里的素材浏览一遍，并将重要信息保存，归纳收集成素材库。

截图 ➡ 定期清理 ➡ 二次浏览 ➡ 素材库

有好多次，我的选题和文章的主要素材，都是用这种随时截图的方法筛选出来的，这是我的个人习惯，你也可以根据你的做事风格养成随手记录的习惯。

微信文件夹法也是一个随时记录的方法。我的一些朋友，他们搜集素材的方式，是在微信里建立只有自己的群。

具体操作方法是，你先拉一个3个人的群，然后再把其他两个人移出去，最后根据自己的需要给群命名，比如亲子类、观点类、婚姻情感类、人物故事类等。然后，把几个素材群置顶，随存随取随用。

方法有很多，你可以选取对你来说最便捷、最实用的方式。

总之，在积累素材上，记性不太管用，记录为上。

素材库的搭建

每个厉害的作者都会有属于自己的素材库。

那么，什么样的素材是好的素材？我觉得好素材具备这两点：第一点，具备可看性，比如，有矛盾冲突、普世价值、让人感动、惊喜；第二点，具备信息增量、认知增量。

素材是讲故事，写文章是在故事里讲道理，所以这个故事是否讲得引人入胜，基本就决定了一篇文章的精彩程度。一个好的故事会具备起因、经过、高潮、结尾，但是新媒体文章的叙述节奏比较快，因此这几个部分都要拣精要的讲。要充分掌握新媒体的节奏感，节奏越是求快，就越是要把握好尺度，不要面面俱到，把事情讲清楚就行。

素材库里的素材，尽量是一个完整的故事，这有利于你在引用素材时将故事说明白。

当你找到了很多素材后，你应该把它们整理成素材库。除了上面提到的方法，你还可以利用石墨文档、印象笔记、有道云笔记等，这些都是特别好的记录 App。

你可以根据你的习惯分门别类，然后再根据你的需要细分子话题，比如亲子素材可以分亲子关系、亲子教育等，其目的是方便你快速找到自己需要的素材。

你可以根据下图的逻辑建立素材库：

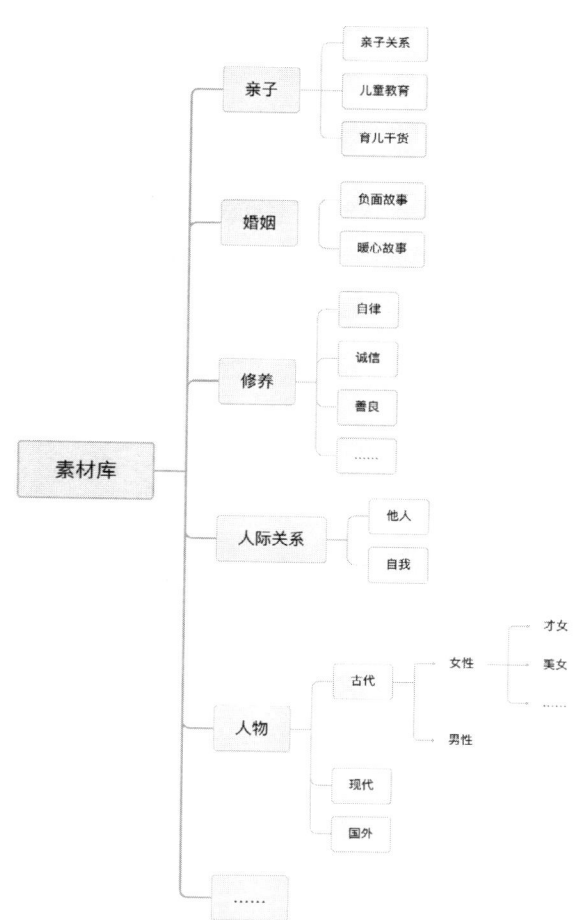

每天读点好文章

不输入何以谈输出。你有了丰富的阅读积累后，才能输出观点。

具体的阅读途径，除了好书好电影，可以多看看公众号，头部账号、其他账号都可以。

头部大号如十点读书、视觉志、有书、洞见、一星期一本书、读者、南风窗、国馆、麦子熟了等。

此外，你还可以多关注一些具有个人独特风格的强"人设"KOL账号，例如六神磊磊读金庸、牛皮明明、半佛仙人、小声比比、为你写一个故事、风茕子、末那大叔、三表龙门阵等。

条漫类账号，例如不会画出版社、长图汽车站、黄一刀有毒、有趣青年等。

强品牌账号，例如GQ、新世相、一条等。

人物故事账号，如叉烧往事、拾遗、人物、真实故事计划等。

我提到的这些都是口碑比较好的账号，大家可以从中学习。

每天写500字

谚语有云，好记性不如烂笔头。常练笔才能让你的表达更自如。

两年前，我遇到一位作者，那个时候他开始给我们投稿，即便一直过不了稿，他依然保持着每周投稿一篇的节奏，大概一年左右，终于过稿了。

很多事不是有结果才去坚持，而是我们坚持了才有结果。他说，他一直都抱着总有一天会上稿的心态，朝着这个目标，坚持写下去。想起我以前没做这一行的时候,我会让自己保持每周写1~2篇稿的频率,一方面为了满足自己的表达欲,另一方面也是为了让自己持续进步。

有很多人问我,什么样的写作频率才能达到有效训练呢?我认为,每天都能写一点是最好的。每天随手记录一些想法和感受,这是最自然,也是最好的状态。

为了能尽快上手新媒体文章,我建议用"一个故事+几句感悟"的格式,每天坚持完成一个小片段,字数在500左右就差不多了。

写的过程中,要注意这几点:切忌掉书袋子、切忌角度单一、切忌自言自语。

简单来说,就是事例不要太冗长,要保证每句话都是精简到不能再精简。每天的训练,不要只讲述一方面的素材或者话题,不要只从自己的角度出发,不要想到哪儿写到哪儿,不要讲太多缺乏信息含量的碎碎念。

如果一个人太难坚持,可以和志同道合的朋友组队或者拉个群,相互监督。

动笔实践,才能真正地训练你的表达能力、逻辑能力、思考能力、总结能力。

养成分享的习惯

不知道你有没有发现,当你把你看过的东西分享出来,不管是以文字的形式还是口头的形式,它都会让你记得更牢。

赠人玫瑰,手有余香。多和别人分享是有好处的。

分享无非是分私人分享和公开分享。

所谓私人分享，是指分享给周围的熟人。比如，你看到好文章，可以随手发给好朋友。你可以将观点、故事，甚至核心金句再向周围的人表述一遍，经过两次左右的分享，你想忘都难。在今后急需素材的时候，搜索脑中的"库存"，难度也就会更低。

公开分享，是指提高你的文章和知识的曝光率，让更多的陌生人也来看你的作品。

你可以建立学习群。很多优秀的人，会建一个自己的分享群，每天将自己看到的东西发到群里和大家一起分享，一起学习，一起成长。

学会分享的人会收获到更多。

寻找正面反馈

上文提到的分享还有一个更重要的意义，那就是获得"正面反馈"。

当你的作品被更多的人看见，这不仅仅会给你带来更多的机会，也会给你更多的激励，鼓励你坚持下去。即使不是正面的反馈，大家提出来的建议也能帮助你快速成长起来。

比如说，当你想教孩子明白一件事或一个道理时，你一定要在他做得好的时候夸他。因为这种被认可的正面管教会直接激励他更自觉地去坚持。同理，你要给自己找至少一个这样的能量来源。

朋友圈分享能让你受鼓舞，你就分享到朋友圈；发今日头条能让你数据、粉丝齐飞，你就更新头条；有个朋友很捧你的场，你就多和对方交流，让自己在这种正面反馈里持续同一个动作。

很多事就是在日复一日的量变中产生质变的效果的。

多渠道分发内容

多渠道发布内容指的是，在多个平台开设账号并发表文章，比如你可以在头条号、企鹅号、简书、微信公众号上同时开设账号并发布文章。多渠道发布你才能有更多的机会。

以我为例，2018 年，我经常将个人的文章发布到平台上。没过多久，北京的一家出版社编辑通过我留的联系方式找到我，跟我谈作品出版的事，很快我们就签订了出版合同。

我第一次成为某账号的签约作者，也是该编辑主动从相关平台私信联系我的。

还有一些约稿合作，是很多读者关注了我的个人公众号之后，帮忙引荐的。

要想抓到鱼，网就得铺大一些、广一些。

勤快地在多个平台曝光你的作品，坚持下去，是金子总会在其中至少一个平台发光发亮的。

找一个会"挑刺"的朋友

你除了要给自己找观众，还要给自己找"老师"。

只埋头苦写，容易进了死胡同里出不来。所以，一个能给尔真实、有效反馈的朋友，在这个时候就显得尤为重要了。

在我们的编辑部里，当有人创作完一个作品后就会扔到群里，然后大家一起来提修改意见。尤其是在追热点的时候，时间紧、任务重，如果大家群策群力，出错的概率就会小。吸纳大多数人的意见，下笔修改，你会慢慢精进，变得更加准确。

如果身边找不到这样的朋友怎么办？花钱就是了，现在做写作知识付费课程的太多了,最好找那些有机会和高水平的人直接接触的课程。

不过,不要太迷恋免费的课程和资源,因为你会一不小心就成了别人的试验田和韭菜。要培养自己甄别的能力,明白自己想要什么,然后再去靠近。

就写作而言,我通常相信有品牌和口碑的学习机构,毕竟他们的职业素养摆在那里,好的职业素养会让他们对自己的学员认真负责,并且仔细对待自己的课程。

灵感随手记录

灵感是一瞬间的事。熟练掌握记录工具后,在灵光乍现的那一刻,一想到什么就立刻记录下来。

其中,"不要在意一城一池的得失"这个灵感是我在阅读时突然想到的,后来被我用来作为一个标题,写成稿件发表了。

用好手机的便笺功能,记录每一个灵感,日积月累,你也就不用愁选题和素材了。

另外,你尝试过语音写作吗?如果没有的话,我推荐你试试搜狗输入法、讯飞语记,这两款软件的语音转化文字识别功能很强大,对记录突发的灵感很有帮助。

以前忙到没时间的时候,我就会用讯飞语记。边走边讲个故事,或者记下当时的几句金句。回头我会再把文字重新梳理一遍,这样的成稿速度也是很快的。

第九章

新媒体小编的加薪秘诀

第一节　新媒体的迭代速度，你适应得过来吗

任何一个行业，职业训练到最后，追求的都是"准确"。

对新媒体编辑而言，要想达到职业上的准确，就要去适应变化。因为用户是会成长的，编辑势必要让自己的成长速度超过用户。而成长的速度有快有慢，慢的就会在这个赛道上，随着时间的推移一点点被淘汰下去。

下面，我将和大家一起谈谈微信公众号这几年，在内容领域发生的迭代。

公众号的内容大迭代

微信公众号出现的这短短几年里，其内容生态发生的迭代就不下3次。

（1）2013年—2016年：流量红利期

公众号是在2012年8月正式诞生的。因为微信自身的封闭性，一开始没有多少人看好它，创立之初的一年多时间里，并没有什么石破天惊的大号出现，直到2013年，随着微信用户的激增，微

信公众号才开始聚拢了一批有梦想有才华的年轻人。

那个时候对原创内容的保护机制还没出现，很多公众号完全是野蛮生长，仅靠着从某些文学网站上的复制、粘贴就能做成一个百万级账号。那个时候，洗稿、伪原创更多的是被当成一种创作方式，大家并没有意识到版权保护问题。

这段时期的流量可以轻而易举获取，出现了狂躁的"数据泡沫"。在这种大环境下，自然很少会出现优质的内容。当时，各种谣言帖、伪养生帖、粗糙的段子满天飞，以"男人爱不爱你，就看这几点"为代表的情感水文的数据特别亮眼。虽然文章阅读量惊人，但是大多数公众号的排版粗糙、内容滥造。

但到了2015年，大家发现微信文章点击率开始下降，涨粉速度放缓，有的营销号甚至开始掉粉。这期间，诸如版权问题、刷阅读量等问题开始暴露。为了平台生态的健康发展，微信官方开始健全相关的保护机制。

（2）2017年—2018年：精耕细作期

2017年11月22日，微信官方宣布"原创声明"功能开放内测，我认为这是内容迭代的一个标志性的时刻。它为接下来优质内容的生产建立了保护机制。

公众号的"个人品牌"的概念也在这时候真正地被实践。而与此同时，流量割据的形式已经初露端倪，公众号关于粉丝量的排行基本变动不大。

那个时候，已经有很多人开始唱衰公众号，觉得是到了下半场，流量增长越来越难，内容竞争越来越激烈。并且，随着用户的阅读需求不断提高，为了给用户提供更好的价值和体验，也迫于提升流量的压力，新媒体领域主动或被动地在进行内容的升级。

我是在 2017 年突然收到了很多公众号的约稿，并成为签约作者的。这些公众号涉及情感、文化、娱乐等各个品类。

有一次，我好奇地问编辑，怎么现在约稿的风气突然这么盛？她说，现在涨粉难了，甚至开始掉粉，通过将原创内容授权给别家，以扩大自己的曝光度，以及时不时出现的"爆款"带来的涨粉，是除了付费买粉外，公众号看到的唯一希望。

我把 2017 年—2018 年称为精耕细作期，是因为很多账号在这个阶段开始意识到原创的重要性，并且不遗余力地开始致力于原创内容的生产。

（3）2018 年—2020 年：富媒体期

2019 年始，内容圈住流量的难度越来越高，多媒体化是内容的进化趋势。

对公众号自身而言，每一次大的内容载体的迭代，总会涌现一批涨粉红利。比如，2015 年 6 月，微信上线音频功能。很多最初做音频号的账号就在那个时候积累了自己的原始用户，"十点读书"的涨粉红利就是出现在音频功能上线之后。

到了 2019 年，条漫内容开始火爆。

有一个年轻人，他之前在公众号"杂乱无章"做过编辑，因为很喜欢内容，但又觉得自己在文字上有突破不了的瓶颈。他恰巧发现漫画类公众号还是个蓝海，所以打算做一个有动人故事、有镜头感的条漫类账号。

于是，他带着另外两个同事，开始做一个新的账号。担心自己不会画画，所以他就模仿韩国漫画家姜草，用照着照片一张张画的方法来创作镜头画面。这个公众号叫"不会画出版社"，这个年轻人叫王泽鹏。

2019 年，数据排名前 100 名的条漫中，"不会画出版社"这个账号的文章就占了 70 多篇。

看到了它的成功后，业内掀起了小小的"地震"，大家都在猜测条漫是不是新的流量风口。于是，很多做图文的账号开始成立项目组，尝试条漫。

如果你要问 2020 年最火的是什么，毋庸置疑是短视频。2017 年时，坐我旁边的一位编辑问我们："你们玩'抖音'吗？"那是我第一次听到"抖音"的名字。光听名字，我们还以为这是一款 00 后群体喜欢的修图或修音软件。

她说，在她的疯狂"安利"下，她的叔叔玩了抖音后也感叹："前面 30 年都白活了。"

2019 年 1 月，抖音宣布"日活量破 2.5 亿，月活量破 5 亿"时，这一下，全天下的自媒体人开始慌了。抖音、快手、西瓜等短视频 App 在很短的时间内就火遍市场，不断抢占用户的时间。短视频的崛起，直接冲击了公众号的流量。

于是，有条件的新媒体公司纷纷开始布局短视频领域。做公众号起家的"视觉志"快速反应，立马投入到抖音去。2020 年 3 月，他们用了 70 天时间，让旗下的抖音号"青岛大姨张大霞"突破了 1000 万的用户；樊登读书在抖音布局矩阵后，拥有了上亿的用户。

微信看到抖音的崛起自然会有流量焦虑，于是，2020 年，微信也开放了视频号，6月的时候，微信创始人张小龙发朋友圈说，微信视频号用户破2亿，并且表示用户增速很快。

到了这一年，不做短视频的新媒体都会被调侃为"古典自媒体"了。

如今市面上的"爆款"，其内容形式更加丰富了。除了文字、条漫的形式，还有微信视频号短视频等。虽然图文的生存空间遭到短视频的挑战，但图文依然是刚需，并不代表会就此被短视频替代。但是一定程度上，这刺激了微信公众号更积极地进行内容创新，无论是选题还是形式。

而这其中，精细化运营，随之而来就是运营成本的提升。

比如2019年7月，"星球研究所"的《什么是武汉？》创下了千万量阅读。以这篇摄影集为例，他们一支9人团队，从5月开始筹备，前期花了将近一个月的时间看文献。9个人从梳理资料、写作、征图、选图、设计到审校，熬夜加班做了20天，从武汉多位摄影师提供的30G作品中精选了66张照片，光选图就花了10天，仅人力成本就花了十几万。这时候距离该账号成立已经是第3年了。都说做内容的人是很孤独的，各种辛酸只有自己知道。

而我们常见的条漫其实是很重成本的，除开创意、脚本的构思和创作，一个条漫师要花半个月的时间才能完成一条50张图的条漫，单篇条漫生产的成本上万元是常有的事。

内容生产的过程是孤独的、艰难的，也是汹涌的。一路走来，不管是文字还是条漫、音频还是短视频，很多人跟随潮流分到了一杯羹，但也有很多人从始至终没有争到一朵水花。

这个行业今年更是格外忙碌，大家谈"IP化"、谈内容差异化、谈内容产品化……但是不管如何变化，它的本质是不变的，都是要给用户带来价值的。从文字到音频再到视频，富媒体化让用户的阅读体验不断升级。

有时候我也有些恍惚，感觉我在这个行业好像待了好久好久，可实际上，我在这个行业不过只待了短短3年。这个行业充满变化、充满挑战、充满惊喜，这大概是我爱这个行业的理由吧。

公众号的内容小迭代

（1）表现1：内容喜新厌旧速度快

大的迭代更多的是反映在内容表现形式上，而小的迭代则是内容上的微妙变化。

有很多的编辑对迭代速度措手不及。典型的是，曾经只要是"男人爱不爱你，就看这三点"话题，就可以轻而易举获得很高的点击率，但是现在这样的标题已经激不起读者心中的水花了。

小处的迭代，一般的读者是感受不出来的，他们只会在留言区里告诉你"我看过了""无趣""你的内容质量下降了"。这些信号的出现是在提醒你：用户在成长，你需要给他们更多、更新、更有思考、更有价值的内容了。

内容创作不应该原地踏步，而是需要不断地进步。因为读者会进步。仅从两性情感这个角度出发，你前一年写"余生，找个宠你的人在一起"会有大量的拥护者，你现在再写，就会有一大批用户直接"取关"，因为人的观念会成长，经常阅读的人，对内容的思考深度也是会不断拔高的，越往后越不容易被满足。并且，这个迭代升级的速度要非常快，因为在话题、标题上，读者对同一篇文章从敏感到无感的速度，慢的1年左右，快的1个季度左右，你会发现同一篇文章再发就会是数据大滑坡。

这个时代，好的东西层出不穷，总有更有趣更好的东西涌进大众的视野。拿综艺节目来说，这个月大家关注的是综艺《创造101》或者《乘风破浪的姐姐》，下个月，他们会关注谁，新媒体人也不知道，反正大概率不会再是现在的热搜内容。

这对做公众号的作者和编辑来说是巨大的挑战。很多作者会哭着说写不动了，因为不知道该写什么，不知道自己的读者喜欢什么了，面对数据的持续下滑很慌。

破这个局的关键，还是要坚持更新以及拼命"压榨"自己。我前一阵子很忙，有3个月没有保持高频的撰稿，结果提笔就开始有点不知所措了。

所以，让自己一直成长，保持高频的输入和输出，不断地紧跟热点，才能让你的公众号往好的方向发展。

（2）表现2：深度内容需求量增大

随着内容的发展，对技巧的运用、话题深度的要求也更甚。

是的，除了喜新厌旧，读者对深度内容的需求也越来越多了。读者不再满足于旧话题、旧形式，他们不断对优质内容提出更高的需求。越是优质的账号，读者越难忍受浮夸、猎奇、缺乏文字美感的"标题党"，以及没有多少营养价值的内容。哪怕是同一个选题，对文字表达和所包含的信息量，读者的要求都是不断提高的。如果你拿过去的"爆款"重新发布，读者往往会觉得无聊。

这里的深度是说内容要有独立思考，要对读者有所启发。在内容上，会有持续不断的更多真诚的、尚未被挖掘过的痛点。甚至在同一个痛点上，你也要不断迭代你的表达形式。比如，标题要不断找到更新、更优的表达；发起同样的话题时，要避开旧文重复赘述多次的、人尽皆知的素材。

在新媒体这一行，破则立，不破则废。

（3）表现 3：内容个性化

其实，现在还是有很多公众号在快速涨粉，究其原因是他们够有趣、够有用、够有个性。

公众号的内容自有它的章法和趋势，这就好比层出不穷的艺人一样。他们会有自己的定位和标签，有自己的目标群体，也会契合当下潮流偏好。当然，优秀的人不必在意潮流，他们倾向于自己创造潮流。比如，像刘筱那样去开一个带有陪伴、抚慰风格的音频号。在 2016 年的时候，网上跟风的账号多达数百个，并且不少账号也沿着他的路子做出了一篇又一篇阅读量"10 万+"的文章。像 GQ 一样去做广告创意，在条漫创意上给人以惊艳。但是有些模仿只能是形式上的，永远模仿不到精髓。这其实也是一个账号能持续保持自己的吸引力的核心所在。

每一个做自媒体的都渴望把自己做成"头部内容"，即在某一形式的内容创作上形成独有的风格，尽可能吸引更多的关注，当然，有时候火不火还要靠点运气。王者只有一个，决定是不是你的，首先是实力，其次还要看天时、地利，以及人和。

公众号从诞生到运营至今已经 7 年，流量的获取越来越难，大家越来越唱衰微信公众号。但是，你以为这一切就到头了吗？其实，真正的内容竞争才刚刚开始。

第二节　如何做好数据分析

2个工具、7个维度可以帮你做好数据分析。首先，我推荐2个数据分析的插件，壹伴和新媒体管家。这两个插件能够帮助导出后台数据，方便你查看数据。

你还要知道从哪几个维度去分析，并且知道通过数据反映了什么问题。知其然还要知其所以然，如此你才会进步。

做好数据分析的几个维度

如何做好数据分析，建议从以下几个维度入手。

（1）阅读人数

阅读数最能直观反映文章的受欢迎程度。利用好插件则可以帮你细致分析出各个渠道的阅读数。

如果公众号会话阅读数多，那就代表标题取得好，或者这个方向的内容读者正在关注。

如果是朋友圈阅读数高，那就是最理想的情况了。这代表了文章的传播能力强，很多读者愿意去分享，从而帮这篇文章带来更多的曝光量。

如果是看一看数据高,那就代表点在看的人非常多。标题带有热点性质的,会更有利于在看数据的提高。

(2)分享数

分享数也就是转发数,我前文提到过好多次,一篇文章的转发数是它的命脉。分享数高代表有很多用户认可你的内容,并且愿意帮你传播。这样才能保证账号的良性发展,才能累积到更多的用户。

分享量和分享人数是不同的。如果有1个人愿意将一篇文章分享多次,那么反映在数据上,分享量是分享的次数,分享人数就是1。

(3)收藏数

收藏数可以说代表着这篇文章的价值,因为这代表读者愿意"收藏起来"回过头来看它。干货类的文章传达了明确知识点,因此收藏数比起其他类型的文章要高。

(4)在看量

愿意点"在看"的人,更多的是对文章的观点的认同。情绪认同强的文章,在看量就会格外高,尤其是带了愤怒、崇高、感动等情绪的词语。

前文我也介绍过了,文章的长短也会影响在看数据量。因为越短的文章,它的重点就越突出,而且阅读完成度也比较高,阅读难度相对低，比较容易收获较高的在看量数据。

分析在看量高的文章时，你可以去推敲其文章的观点、情绪和长短等。

（5）留言数

留言代表了内容的共鸣能力。通过留言数，你可以感受到你的读者日常都在关注什么。留言多，说明戳到读者的痛处了，所以他们有话说。

此外，留言多则文章的流畅度肯定高，因为要保证100%的阅读完成率，这样读者才会想要说点什么。

对新媒体编辑而言，在评论区不能显示出来的评论也应该去观察和分析。你要知道，每一条负评的背后，都代表了一部分群体的声音。

负评太多的文章，你要去分析读者的反馈，只有不断地观照自身，才能不断成长。但这不意味着要完完全全听读者的。你要有所判断，并且在一定程度上理解他们的反馈，做到和读者共同成长。

（6）引导关注人数

有很多的文章，即使阅读量"爆表"了，但是单篇引导关注的用户数，可能还比不上流量只有它1/5的内容。

这类文章主要是热点文章。谈论热点的文章，其阅读量不会让你失望。但是用户本着"看完就走"的原则，不会因为这篇文章就点击关注的。而一篇优质的文章，尤其是观点鲜明的、讲到用户痛处、引起用户共鸣的文章，它的关注转化率就很可观。教育类、佛系散文类、观点类、干货类的文章就是如此。

据我观察，真正对用户成长有帮助的文章，其带来的关注转化率就很不错。

（7）跳出率

跳出率代表了用户是否会对话题感兴趣，以及文章的阅读完成率。后台会有跳出率的计算。通常情况下，开头5%~10%的位置、结尾90%~100%的位置的跳出率是最高的。

要去留意中间有没有跳出率骤然上升的情况，这里一定有冒犯用户体验或者引起用户不适的地方，你要根据这个反馈做调整。

此外，你可以定期用办公软件将数据做成趋势图。这样你就能更直观地看到账号的发展和变化。多看数据，多去思考，多去理解用户，你才能做好内容。

估算阅读量

重点来了，如何预估阅读量呢？准确预估阅读量，你可以依靠这几点。

内容运营和用户运营的工作做得多了，你会对你的内容是否适合你的读者，有更为准确的判断。甚至一个做了3年公众号的编辑，大多时候，在文章还没发布的情况下，他就可以推测出这篇文章的阅读量在某个账号可以达到的数据区间，其准确率很高。

阅读量可以提前预估吗？我的答案是，可以的。

那是大脑的一种惯性动作。其实方法很简单，你对自己账号的数据要有一个很清晰的认知，什么是优秀线，什么是平均线，什么是及格线，什么是差。

每天浏览账号的数据信息，然后对这些文章进行分析归类。并且，你有必要建立一个"爆文库"——把优秀的内容链接建成"库"。久而久之，你就会对新的选题有自己的专业判断。

我把数据划分为 5 个区间："爆款"、阅读量优秀线、阅读量平均线、阅读量及格线、阅读量及格线以下的。

经常给每个区间做内容归类，训练久了，判断数据就不难了。

比如，曾经多次高数据的话题，文章只要在撰写上没有大问题，数据会和之前发布的在同一个区间。

比如，发过两次针对高考的话题，结果数据都是在差的。那么，一样的选题，或者类似的话题，是很难拿到"爆款"数据的。

比如，向年轻用户发"网络梗"，结果账号上的数据都不理想。如果你再发的话，数据是不会有太大的转变的。

第三节 "爆款"内容的选题特点

刷屏内容的特点

除了从数据维度，有没有什么其他维度可以预知"爆款"呢？

有，那就是内容维度。

第九章 新媒体小编的加薪秘诀

首先,我给大家罗列几个不同年份的具有代表性的爆文列表。

2017年,微信检测了49万个公众号,得到的"双10万+"爆文榜单,文章数量近60篇。

以下是比较经典的作品:

言情馆:《国务院关于延长2017年春节假期时间的通知》

萍语文:《没有父亲的父亲节》

夜听:《〈夜听〉路太远》

新华社:《刚刚,沙特王储被废了》

视觉志:《谢谢你爱我》

易中天:《易中天:血性男儿哪有罪?刺死辱母者既是正当防卫,更是见义勇为!》

夜听:《〈夜听〉好好珍惜这三种人》

樱桃画报:《如何假装成一个好妈妈?》

其中,数据最高的"言情馆"《国务院关于延长2017年春节假期时间的通知》这篇文章不过是个套路,点开图文,全文内容如右图:

这些文章除了热点外,还冒出了很多形式创新的优秀作品,比如《谢谢你爱我》,这篇文章

创造了业内的数据神话，5000万的单篇阅读数据至今还没有被超越。此外还有公众号"夜听"，夜听在2017年时用户数狂涨，夜听借此迅速跻身千万级大号行列，这一年它"爆款"频出，于是，音频的内容形式被争相模仿，市面上出现了很多仿夜听的音频号。

2018年，点赞"10万+"的有96篇文章。

除去时事政治内容，这一年，范冰冰、崔永元、刘强东、马蜂窝、昆山龙哥、川航机长以及滴滴安全问题，成为2018年"10万+"点赞文章中的热门话题：

小声比比：《我承认，我们是有组织攻击马蜂窝的》

老端的观点：《如何让昆山龙哥死得有价值？》

三剑客：《81192，请返航，请回家！》

新氧：《70岁老人娶12岁少女，这些被明码标价出售的叙利亚少女都经历了什么》

有趣青年：《广东人真是太太太太太好玩了！！！》

末那大叔：《刘强东事件：世道变坏，都是从小人狂欢开始的》

每晚一卷书：《今天，赵丽颖赢了，崔永元输了》

视觉志：《川航机长，你太牛了！！！》

2018年这些内容主要都写了些什么呢？有别于2017年，除了时事政务类账号人民日报、占豪、言江等，其他账号的"爆款"几乎全是和热点相关的。

这些"爆文"多数是基于社会热点事件的个人情绪表达和观点输出，比如"每晚一卷书"的《今天，赵丽颖赢了，崔永元输了》、

"三剑客"的《81192，请返航，请回家！》。其实，这也是符合传播本质的，人对新闻的好奇是本能。

从这个榜单中，我们也能看出个体的力量在凸显，比如"小声比比"和"马蜂窝"之间的争战《我承认，我们是有组织攻击马蜂窝的》。这种借助公众号发声和表达的方式，开始成为一种趋势。

流量的聚焦，其实是赋予了账号一定的号召力和话语权。而这，说不上是这个行业的突破，我倒觉得这更像是流量发展起来后的规律：大众对新闻的需要，以及对意见领袖的追随。

而也正是看到了这样的势头，在往后的内容创作中，越来越多的编辑开始孜孜不倦地投身到追热点当中去，因为这是获取流量最快的方式。

2019年，"双10万+"作品的数量明显下滑，以下是2019年"双10万+"作品的名单（部分）：

悉尼印象：《华为，挺住！谷歌安卓宣布封杀华为，这些App以后都不能用了！史上最强"备胎"一夜转正》

北驿：《工作10年，年薪100W，被裁只用了10分钟：时代抛弃你，连声招呼都不会打》

福享送祝福：《二中这女老师谁认识，彻底出名了！》

财经要参：《华为突然宣布：3988元！苹果傻眼，全世界都沸腾了！》

平常志：《著名养生专家因病逝世，享年59岁》

起点人文plus：《今天，张扣扣被执行死刑，辩护词精彩绝伦！》

刘争先:《80后老师带11名毕业生骑行1800公里。校领导紧张,家长被气住院……》

趣哥:《如果把中国422位皇帝放在一个群里,他们会聊些什么?》

福建共青团:《今晚新闻联播的气势你们感受下》

三剑客:《牺牲消防员最后的朋友圈》

央视新闻:《今晚新闻联播 铿锵有力的中国声音!》

贞醴姜师傅:《西安利之星奔驰美女老总刘元婷,很高高在上》

人民日报:《91岁老人隐藏身份60年!连妻儿都不知道,他竟然是……》《强烈应援! 600架无人机深圳湾上演惊艳一幕》《看着这些照片,大写的心疼》

十点读书:《如果你不想上班,就到凌晨3点的街上走走》

2019年,"10万+"的内容以时政居多,出现整体"爆款"数下降的情况。

原因有三点,第一点,这一年时政新闻比较多,相关内容"爆款"也比较多;第二点,抖音等短视频平台的流量分割,公众号整体流量有所下滑;第三点,微信用户出现疲软,进入倦怠期。

综合看2017年—2019年这3年公众号"双10万+"的内容,你会发现:

· 时政新闻资讯较多,官方媒体占据了大部分流量

· 公众号的内容质量,每一年都是以肉眼可见的水平在提升。要知道,2015年时"双10万+"的文章,通常都是搞笑段子、情感"鸡汤"和惊悚谣言,或者将网站的内容拼拼凑凑

- 热点资讯是刚需，"爆款"中，基于热点传达情绪和观点依然是博得流量的主要方向
- 个体力量在凸显

基于此，我对新媒体内容有一些启发：
- 个体的力量不局限于作者，还有读者，真正的好内容，是藏不住的
- 要致力于提升账号内容质量，以带给用户更多的价值
- 热点是流量的关键，追热点是使命，也是不二法门

刷屏内容的方向

对过往成功案例分析后，接下来我们一起来寻找其中的规律。

其实，高数据背后更为深层的原因无非是满足了用户需求，这也给公众号提了个醒——要满足用户的阅读需求。

首先，我们来了解一下新媒体时代用户的阅读心理，主要有以下几种：
- 我要知道得比别人快
- 我要知道得比别人多
- 我要知道点好玩的
- 我要更好的阅读体验
- 我要更高效的阅读

了解用户的心理需求后，还需要掌握"爆文"操作方法。

官方发布的一手新闻，很多公众号是没有资源和权限去发布

的。但是我们可以在力所能及的范围内，围绕用户需求，结合过往"爆款"案例去做内容。

以下几种"爆文"操作法推荐给大家。

（1）时效热点

上一节已经和大家说过，2018年—2019年这两年以来，新闻方面的热点，基于热点的情绪和观点输出，转发率点击率会更高，成为刷屏"爆款"的概率也会更高。

但需要注意的是，时效性文章的生命周期短，传播能力在短时间内高，但一旦过了某个时间点，就很难继续发挥传播效力，所以你一定要手速快。比如"视觉志"的《川航机长，你太牛了！！！》。

这篇文章火了之后，隔天有些账号也尝试追加写了一篇相关话题的文章，但是不管是点击率还是转发数据，都非常平淡。

由此可见，热点内容就是为了满足用户想知道得更快、更多的需求。

（2）自我标签

很多人都在找自己的群体归属感，而标签表达和凸显了自己，通过建立标签可以完成自我表达，也可以快速、简单地找到群体归属感。因此，文章要表现出具体的群体属性，比如卓越、内向、孤独等这些"下定义"的词语，这些都是一种标签。

贴切的标签，会让人产生"说的就是我""我就是这样的"的感受，容易得到这类读者的认同，例如新世相的《第一批90后已经出家了》。

这篇文章主要是列举了 90 后群体的佛系表现，佛系大概的意思是：有也行，没有也行，不争不抢，不求输赢。比如，佛系朋友圈：随缘点赞；佛系恋爱：你看吧，我都行；佛系健身：跑步机上走一走；佛系食客：昨天的再来一遍……

后来，佛系这个词开始流行起来。大家把"无所谓"的处事态度形容为佛系，而佛系就是有这种行为表现的人的标签。90 后里佛系的人不在少数，因此这类话题很容易得到 90 后的认同。

地域类的文章其实也是一种标签化，如有趣青年的《广东人真是太太太太太好玩了！！！》。

这篇文章列举了广东人的一些特点，如懂吃、懂赚钱等。将某一个区域的人的特点高度概括，用文字引发这个群体的"地域认同感"。这种对标签的认同感就是导致这个特定群体刷屏一篇内容的关键。

（3）脑洞创意

简单举个例子，比如趣哥的《如果把中国 422 位皇帝放在一个群里，他们会聊些什么？》，这篇文章以条漫的形式，假设将中国古代皇帝放在一个群里群聊的场景。

文章通过大胆的想象、有趣的创意，在轻松的表达中，不仅让读者掌握了历史知识，还收获了乐趣。这对读者来说，十分的新奇有趣。

这种创意满足了读者的娱乐需求，甚至还有求新知的需求。

（4）从马斯洛生理需求、安全需求切入

你所挖掘到的点覆盖的人群越大，文章的传播能力就越强。例如，"没钱很苦"就是比"人生不设限"此类的点更能"扎"到更多的群体。因为不一定每个人都会思考如何让人生不设限，但是一定每个人都知晓没有钱的难处。

例如，"十点读书"《如果你不想上班，就到凌晨3点的街上走走》。这篇文章的痛点覆盖的群体足够多，毕竟谁不用为了钱努力工作啊？谁没有因为工作而产生厌倦的情绪？谁又不需要鼓励和安慰呢？这是一种底层需求。这篇文字就是捕捉到了千千万万辛苦工作挣钱的人的内心情绪，给"不想上班"的人以理解、鼓励和力量，因此引起了广泛的共鸣。

被理解、被鼓励对用户来说，就是阅读上的一种"好的体验"。很多数据也反映，有趣、感动、鼓舞等正面情绪有利于转发。

2018年的滴滴事件引发了整个社会的恐慌。试问，如果我们日常高频使用的出行工具都有安全问题，那我们的安全问题如何保障？所以这个新闻发出来后，引发了全社会的关注和讨论。

再比如《工作10年，年薪100W，被裁只用了10分钟：时代抛弃你，连声招呼都不会打》，这篇文章表达的是生存焦虑。焦虑是我们的通病，因此这篇文章得到大部分人的赞同。

大家要牢记马斯洛需求层次理论，它包含了5个方面，生理需求、安全需求、社会需求、尊重需求、自我实现需求。

理论中提出，生理需求主要包括水、食物、衣、住、行等方面的需求；安全需求指的是人类要求保障自身安全、摆脱事业和丧失财产威胁、避免职业病的侵袭等方面的需求；社交需求指的是爱和归属感的需求；尊重需求，希望自己有稳定的社会地位，要求个人的能力和成就得到社会的承认；而自我实现的需求，表现出的是人在努力挖掘自己的潜力，使自己越来越成为自己所期望成为的人物。

这些都是人性的刚需、人类的痛点。越是与底层的需求（生理、安全）相关的话题，越容易触及读者敏感的神经。

（5）引发高转发的情绪：敬畏

大量刷屏的文章多是传达爱国情绪。

此外，正义感的表达也容易引发转发。如末那大叔的《刘强东事件：世道变坏，都是从小人狂欢开始的》，每晚一卷书的《今天，赵丽颖赢了，崔永元输了》。

第四节 如何快速挖掘"爆款" ——采编方法论

如何清晰地给用户画像？

分析别人之前，肯定要先分析自己、分析自己的账户。

（1）查看后台用户数据

后台会有相对清晰的数据，这些数据会向你展示读者的地域、年龄、性别分布等情况。你可以从年龄和性别等，去判断他们的心态。比如，年龄 25~35 岁占比在 70% 以上的账号，这种账号的用户大部分都有家庭，如果再去发布年轻用户关注的校园爱情、网络"热梗"就不那么合适了。

（2）关注评论区的用户评论

借助评论区去观察用户偏好。关注的时间久了，你还能从中判断出忠实用户的职业。只有真爱你的人，才想和你说话。留意评论区的倾诉，那会给你惊喜。

关于评论，你需要注意以下几点。

首先，关注留言量最高的内容。

要横向比较，而不是纵向比较。除了特殊情况，支持头条（头条指的是发布内容中，位置排在当天内容最前面的那一条）和头条比较，第 2 条和第 2 条比较，3~8 条之间可以进行比较。

横向对比数据时，要做数值统计，找出评论数（读者在文章下面的评论数即为留言量）前 10% 的文章。

在不是利益诱导评论的情况下，基本上，点赞数最多的评论是读者们最有感触的。

其次，关注评论数占比超 1% 的内容。

这一点和账号的属性，以及用户活跃度有关。1% 不是一刀切的数值，是参考数值。

如果一篇文章的评论数超过阅读量的 1%，那就说明这个话题的关注度比较高。结合文章和评论综合分析，你就可以了解到读者的生活状态，这不仅有利于了解读者的阅读情况，更有利于你后续选题的开发。

再次，关注点赞数最多的评论。

每一篇文章下面的读者评论，如果有不同的方向、不同的立场，点赞数最多的评论内容，往往代表了大多数人对文章内容、观点的态度。

比如，当你发了不符合读者期待的内容，当你的价值观和他们相违背的时候，他们会疯狂评论以示反对。你后台精选出相关的评论，代表那个立场的评论就会得到很多赞，就会被自动推到显示的评论区前排。

评论区也是帮你去感受、理解、想象用户的一条路径。

好的作者、好的编辑，就是在这各种各样的接触中，不断累积经验，养成自己的职业嗅觉。因为与读者和内容接触久了，你会对他们的价值观了解得更透彻，然后形成个人的感觉和经验，脑中会有清晰的读者画像，知道他们喜欢什么，不喜欢什么，知道他们关注什么话题，对什么话题无感。

这些是更快、更准确地进行内容采编选择的决定性要素。你可以把这理解成职业惯性，这会让你在内容上选取的准确度不断得到提高。

编辑的采编流程

为了做好运营，在了解你的读者之后，你还要去了解别的账号。

账号一般都需要采编的，但也有以"授权转载"为内容来源的账号。其编辑每天的工作内容之一就是不断地翻找各个账号的内容，以挖掘到更多能够支撑起自己账号当天数据的优秀文章。

什么是授权转载？授权转载指的是，该作品获得版权人的授权同意。在微信公众号发布原创的文章时，声明原创，并且为了保护原创，增设了"授权转载"的功能。原创公众号可以给某些账号是否修改文章和显示转载来源的转载权限。

具体的操作，是在原创声明功能的原创文章管理中，通过添加"白名单"的方式来授权给指定的公众号。

初入编辑行业的时候，我懵懵懂懂，走过不少弯路，甚至还收到过侵权投诉。摔跤之后得到教训，我的版权意识尤为强烈，之后的每一次推送，我都会再三确认授权情况和版权来源。再者，就是要解决每天要找什么样的文章来发布的问题了。

当时的我，每天早上到工位上，习惯性地打开电脑，漫无目的地找文章。所挑选的文章，也多是从个人喜好出发，结果隔天得出的发布数据也是忽高忽低。

研究了几年，并累积了相关经验，终于找到门道。

如果你是新媒体小编，我建议你在采编时，可以从以下步骤执行：

第一步,建立"授权账号目录"。

要建立自己的"授权公众号名单"。这个名单主要是以生产优质原创内容的公众号为主。

那么,怎么找到内容优质,且满足自己内容转载需求的公众号呢?

第一个方法,充分利用新榜的榜单。新榜设有相关类别的榜单,假如你的账号是属于情感类的,你就关注情感榜单。这样一来,你的效率也会提高不少。

多看看这些榜单的文章,通过看文章,找到文章出处。如此一来,你也能通过这种办法收获一份"授权账号名单"。

第二个方法,利用微信的"搜索"功能。

你可以在搜索框输入关键词,例如读书、情感等。如果你是读书类账号,你可以输入"读书",搜索结果会出来"读书""读书365""十点读书"等一系列和读书相关的账号。

第三个方法,多看热文榜上的文章,如"新榜""搜狗""西瓜助手"等,通过文章关注原创来源的公众号。此外,一些行业微信号,比如"微果酱""巨土文化",这些公众号每日都会发布热文榜。即便热文榜上的文章不授权发布,但把它们作为观察行业动态的数据也是很有必要的。

第二步,分析目标账号数据。

整理好这份"授权公众号名单"后,你要找到数据高出平均水平,且内容、风格和你想要的相匹配的那部分内容。

首先,你需要分析数据情况。比如,某公众号和你想要的风格大致一样，它的数据优秀水平应该是这样的：头条，过了"10万+"且在看量超过千，第2条的数据超过5万阅读量，第3~8条的内容的阅读量超过3万。

达到这个数据的文章，就可以作为你内容的参考。

比如，"捡书姑娘"和"捡书先生"、"洞见"和"慈怀读书会"，这些账号两两之间类型很像，两者之间就很有参考价值。

当你对公众号上的内容数据情况做到心中有数，那么采编这件事对你来说，也就没有那么难了。

采编，其实就是一个精细活。翻翻看看再算算，学会货比三家，通过数据说话，在追求"爆款"的道路上就会得心应手。

第三步，要到授权。

确定好你要发布的内容后，查看文章"作者简介处"关于出处的介绍。

将内容来源的公众号名称，在微信"搜一搜"进行搜索，就可以找到它。然后在后台的菜单栏里找到"授权转载"的说明，接下来你只需要按照流程的指示做就好。

有的原创账号会在菜单栏直接提供负责授权开白名单的编辑的微信，添加后，你告知你的账号名称、ID和用户数，对方会酌情给你开授权白名单。

有的原创账号会建立自己的授权群，将你拉入群后，会在固定的时间统一开白名单。

有的则是"佛系"开白名单，你只需要在后台或者留言区留下你的"开白"信息即可。

当你要到授权后，你才能在你的账号上发布这篇文章。否则，没经过授权的文章发布后，只会有一个跳转到对方账号的小窗口，你发布的内容是被"折叠"的，如图：

 十点读书

分享一篇文章。

 育才家园

教育路上，最不该偷懒的是家长，最不该放养的是孩子！ 原创

[图片]
[图片]来源：微信公众号：育才家园（ID：YuCai_JiaYuan）一位作家说过：做父母是有"有效期"的。童年时，父母对孩子而言是万能的，是唯一的依靠。这是父母教育孩子的黄金时期。等到孩子长大了，独立了，就会和父母渐行渐远。教育的黄金时期，也许只有十年！孩子的教育是一...

最后，给大家推荐一份主要以授权形式，发布全网"爆文"的公众号名单吧，你可以关注以下账号：

十点读书　有书　洞见　师父曰　槽值　国学生活　儒风大家　京博国学　诗词天地

慈怀读书会　樊登读书　物道　极物　读者　精读　视觉志　围炉夜读

捡书姑娘　捡书博士　温书先生　知书先生　斜杠先生　七言先生

朱门大叔　不二大叔　不山大叔　南川大叔　末那大叔　陌言大叔　卡娅

微卡

一星期一本书 桌子的生活观 王耳朵先生 剑圣喵大师 明珠絮语

净物

小茶夜读 茶的故事 一读 365读书 麦子熟了 白兰花Michelia

凌九歌 我是艾小羊 凯紫 李月亮 格十三 摆渡人 思想聚焦

国馆 水木君说 意林 少女兔 睡前伴读 鲤伴 轻能量 正能量 夜听

渡兰

一心问禅 励志语录 读书有范

如何判断一篇文章是否为好文章

全网"爆款"放在你运营的账号上,是否也会成为"爆款"?

好文章阅读量高(指的是自媒体领域,评估标准基于是否满足大多数读者喜好),但阅读量高的不一定是好文章;阅读量高的文章是好文章,但不一定符合你这个号。

即:"数据要好"是一个方面,但"数据好"≠"好文章"≠"适合你"。

编辑的采编目标是找到"数据优秀"+"适合自己账号"+"好文章"的内容。

(1) 何谓好文章

想挖掘出一篇好文,你可以从文学的角度,用以下三个标准来判断:

第一个是语言,第二个是素材,第三个是内涵。

语言要求通顺,没有语病,灵活,且句式多变。

素材要很扎实，比如你在谈论一个观点时，你用的素材是否足够有吸引力，是否贴合主题，是否够新颖等。

比如你在写感恩的观点时，还在大讲特讲东郭先生与狼、农夫与蛇等陈年老故事，就会显得文章思考浅、没深度、没质感。

自媒体文章的内涵就是它所体现的价值，它能给读者带来什么？带来快乐？带来新知？带来启发？带来情绪鼓励？没有价值的内容，不能助力于"涨粉"，只能是作为消遣。

（2）何谓素材

说得再具体一点，素材就是你所用的故事、语录引用。自媒体文章的重点在"讲故事"。你所采用的例子，你所讲述的故事，这个就是文章的主要素材。

以《正能量的家庭，才能养出内心强大的孩子》这篇文章为例，我截取了一个段落：

一个正能量的爸爸，对一个孩子的人生有多重要？

电影《奇迹男孩》中，奥吉一出生就身患恶疾——特雷彻·柯林斯综合征。而后，他动了27次手术，才能像个正常人一样呼吸、看见东西和听见声音，但与此同时，也导致他面目有很多疤痕，畸形丑陋。

于是，从小奥吉记事起，敏感的他无论走到哪里都戴着一个头盔，不想让别人看到自己的脸。

为了给他更好的教育，在他十岁的时候，他的父母决定送他去学校。

在校门口，他的爸爸温柔地鼓励他摘下头盔，鼓励他勇敢地跨出自己的第一步。

紧接着，为了让奥吉敢于以真面目示人，他后来把头盔藏进了办公室，直到后来奥吉适应后，他才说出真相：

或许你讨厌自己的这张脸，但是我很喜欢，因为这是我儿子的脸。

在这样充满爱和正能量的家庭里，在父亲和母亲的鼓励下，奥吉慢慢战胜了自己的脆弱，找到自己的自信和阳光。

一个正能量的父亲，能给予孩子最初的生命，以及最鲜亮美好的底色。

在这个片段里，《奇迹男孩》的故事就是"素材"。

你有没有把这个故事说清楚讲明白，有没有落入俗套重复"老掉牙"的故事？有没有贴合你想表达的主旨观点？这个故事能不能给读者带来启发？

如果这几点你都做到了，那就是素材用得好。

（3）何谓内涵

这个例子能证明什么？故事的表达能带来什么价值？这就是文章的意蕴。

理清楚了判断一篇文章好坏的方法，你再去观察它在账号上所表现出的数据。

我的角度是，好文章是会有好数据的。它不一定是全网"爆款"、传播度很高。因为数据和平台的用户基数关系很大。但是好的文章，在作者自己的平台上的数据，是会有一个高于同平台其他文章的数据的。

有的人会来争论有的文章写得好,但是流量不吃香,所以数据不能判断它的好坏。

在这里,我们讨论的是"新媒体写作",这也就是和传统媒体主张"个人表达"不同的地方。从某种角度来讲,一个不被大众接受的内容,无法引起共鸣的文字,你可以理解为"自娱自乐的自我表达",你可以从个人审美的角度去看它。但在新媒体领域,大家更看重读者的体验,以数据和"涨粉"作为目标。编辑要帮助公众号走上良性的发展道路,不去关注数据是不理智的。

如何判断文章是否符合你的账号

(1) 观察来源账号和你的账号内容风格是否一致

判断一篇文章是否适合一个账号,主要是观察它原创来源的账号风格是否和你的账号调性一致、风格趋同。比如说,"儒风大家"和"国学文化"就都趋向于国学、文化、哲思,这两者之间就有很大的借鉴意义。

你的内容,决定了你会吸引什么样的用户。内容相似,读者群大体相同。

排除掉账号之前可能是迁移或者改号等原因,如果它在现阶段的内容、风格、传递的价值观和你的大致趋同,那么该账号的数据对你选取内容来说更具有参考性。

(2) 通过用户画像,判断内容是否适合

重要的是,你还是要依托于自己账号的用户数据做判断,如粉丝年龄、职业、性别等。

我在前文就已经和大家介绍过如何分析自己的用户画像了，同时我也提到，在与用户和内容接触久了，你会形成自己的感觉和经验，脑中会有清晰的"用户画像"，知道他们喜欢什么，不喜欢什么，知道他们关注什么话题，对什么话题无感。

对他们的喜好了解得更透彻了，你的内容也会写得更快、更准确。

什么样的数据才能算是好数据

你可以把 3 倍、10%、1% 这几个数据作为参数，从阅读量、转发量、在看量这 3 个数据去评估。

通常来说，一篇好文章的数据在它的原创账号上，阅读量会是其他同位置内容的 3 倍或者 5 倍，甚至是几十倍乃至更多。所以，综合来看，我认为 3 倍是一个比较合理的判断。

如果转发量高，称得上有传播力的话，那么数据应该是 10%。也就是说，阅读量 50000 的文章，如果有 5000+ 的转发量，那么这就是一个优秀的数据。

在看量优秀线建议为 1%。如果超过 3%，那就是超过绝大多数公众号了。夜听的音频内容，其"在看率"（在看率 = 在看量 / 阅读量）很多都高达 50% 以上，这是一个很了不起的数据。

影响在看量的因素是什么

判断一篇文章的数据情况时，在看量是一个很重要的依据。

在观察不出对方账号的阅读量、转发率（因为大号的数据通常都是"10 万 +"，而且转发数据也只有后台可见）的情况下，你可以通过观察在看量进行推测。

一般情况下,阅读量和在看量是一个正比的关系。在看量数据越高的文章,相应来说阅读量会更高。但这不是绝对的,有些阅读量不高的账号或者文章,在看量数据很高。因为在看量也会受很多因素的影响,下面我将对此进行具体说明。

(1)文末是否有直接引导点"在看"

在图文的右下角,或是文章结束后,很多账号会做引导点赞的动图,引导用户看完后点"在看"。

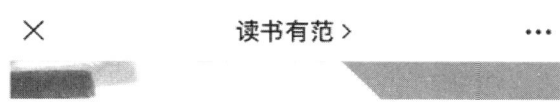

其实,微信文章的点赞符号经过了很多

账号"读书有范"的文末有点"在看"引导

次的改版,从最初的大拇指符号、心形符号,到星星符号,再到现在的大拇指符号。虽然一直在变化,但设置的位置没有变化。

从 2019 年开始,在看开始链接到微信的"看一看"上,尔点了"在看"的文章会出现在你微信上的"看一看"里,你的好友能在"看一看"上看到这篇文章。这是微信为了提升微信公众号的流量所做的努力之一。

此外，文末也可以引导在看。举个例子，基本上，"水木君说"每篇原创文章的末尾，都会紧密贴合内容，自然地引导读者点"在看"。

> ✕　　　　水木君说 〉　　　　···
>
> 如今，他们老了，你也不该嫌弃他的臭烘烘，不该嘲笑他的傻乎乎。
>
> 父母之爱子女，则为之计深远，子女之爱父母，则是做人之根本，身为子女，一辈子都亏欠的人，就是父母，怎么做，都不够，怎么爱，都不过。
>
> 高亚麟说：
>
> "父母是我们和死神之间的一堵墙，父母不在，我们直面死神。"
>
> 点个**"在看"**，谁都会老，谁都会死，趁父母尚在，趁时光正好，好好爱他们。
>
> 资料来源：微博信息、网络信息
> 未标注图片来源：网络

账号"水木君说"结合文章内容，引导读者点"在看"

（2）留言置顶是否有直接引导"在看"

看完文章后，拉到文末去看留言是很多用户的习惯。因此，如果置顶了让大家帮忙点"在看"的相关留言，是可以帮助文章提高在看量的。

比如,"慈怀读书会"在留言区置顶一条引导点"在看"的评论。

账号"慈怀读书会"置顶留言引导读者点"在看"

(3) 引导点"在看"的话术

相较于干巴巴的"请点'在看'","你的一个在看,小编一个鸡腿""点个'在看',说一句晚安"等有实质性所指的话术,更具有引导的作用。

因为你要给读者一个点"在看"的理由,而更有人情味、更接地气的说法会让他们更愿意点"在看"。以"末那大叔"为例,"末那大叔"每篇文章引导"在看"的话术都不一样。

这篇文章的主题是"适龄未婚女性的困境",文末提醒大家"你的人生你说了算"。

讲述"PUA"话题的文章时,文末提醒大家"保护好自己和你爱的人"。

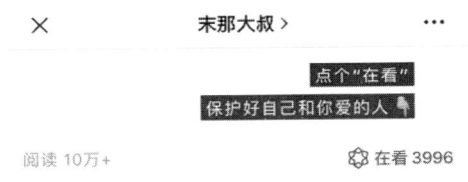

沟通要有技巧,提醒点"在看"也要讲究方法。

(4)文末有没有福利引导

在文末提示读者点"在看"会有相关福利,如"赠礼"等,有利于用户随手帮忙点"在看"。

比如公众号"十点读书"的留言置顶:

第九章 新媒体小编的加薪秘诀

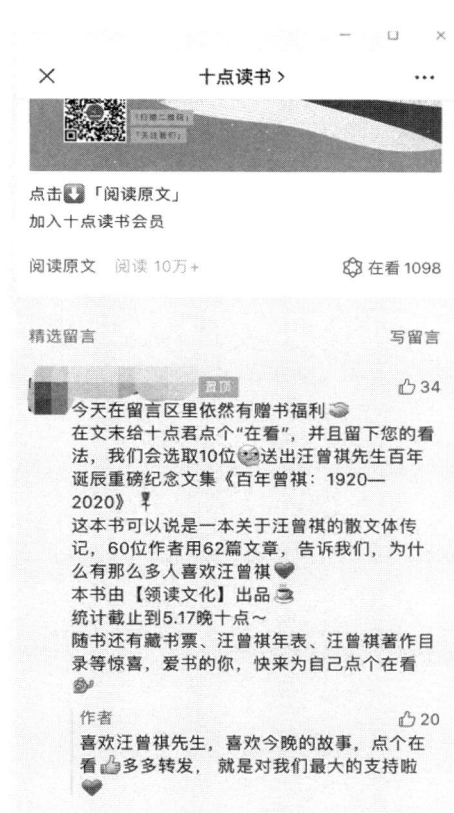

账号"十点读书"借福利点"在看"的引导

这种借助福利引导点"在看"的文章，在看量相较于同账号其他条的内容，总是会高 1~2 倍。

（5）文末排版上的用户体验

所谓排版上的用户体验，也就是文章最后一句话距离点"在看"的位置的远近。文末带的信息越多，用户的关注点就越容易被冲散。

看完文章后被激发的"冲动想点赞"的情绪，很可能因为文末有太多的不相关信息（如广告），刹那间就索然无味，失去了点赞的兴趣。也存在这样一种情况，很多人因为点"在看"路径长而懒得点。

比如，"洞见"的在看率就比"慈怀读书会"要高，哪怕是同一篇文章。我发现，"洞见"的文末只有一个二维码和一个引导置顶账号的动图，占的篇幅总共不到一个屏幕，用户点"在看"的路径是很短的。所以，如果想提升账号的在看率，除了调整内容，排版设计也很重要，即缩短或删除文末无效信息的排布。

（6）文章的篇幅长短

很多短小精悍、痛点干脆直接、金句扎堆的文章，在看量都是比较高的。

文章内容短，观点清晰，那么它的阅读完成率就会高。很多读者有这样的习惯，只有文章读完、看完，才点"在看"。据此，在写作时，你要把握好文章的篇幅。

（7）文章的情绪刺激

如果所阐述的痛点能引起很大共鸣，在看量也会惊人。文章收尾的时候，如果读者的情绪达到高潮，那么点击"在看"的成功率也会很高。

比如，文章讲了一件不公平的事，引起读者愤怒、伸张正义的情绪时，相关数据会很高，正常的在看率水平是 1% 左右，而这类文章的在看率可能会超过 3%。比如，作者梅也的《韩红被举报贪污 3 亿，真相来了：人不能欺负善良的人！》一文，文章讲述韩红被冤枉贪污，但其实为人慷慨、善良的故事，文章引起了很多人的愤慨和正义感——"不能欺负善良的人，我们要保护她"。最后，这篇文章的点赞数和在看量都很高。

此外，如果文章讲了让大家忍不住为其点赞的正面人物或正能量事件，那么点击在看的人只会多不会少。比如，"视觉志"在疫情期间介绍火神山医院建设过程的文章《火神山医院 10 天竣工，背后藏着许多你不知道的事》，这篇文章即使在第 3 条的位置，也收获了"10 万 +"的在看量。

最后，提醒大家三点。

一是，在内容不是很适合转发的情况下，大家会倾向于只点击"在看"而不转发，这类文章就会表现出在看率很高，但阅读量不高的情况。其背后的原因无非就是个人朋友圈形象打造的顾虑。

比如，有的男士看了一篇讲述两性情感的文章，即使他觉得文章很有道理，但是不会转发到朋友圈，以免使自己显得"小家子气"，这种情况下，他就会倾向于点在看。

上述情况，还是要依靠作者或编辑的职业嗅觉，以及对人性的理解来判断。

二是，在判断一篇文章的在看率高不高的时候，要坚持"和本号数据横向对比"的原则，因为每个账号的用户点"在看"的习惯不同，所以大多数账号的在看率数据并不一致。

对某些账号而言，0.5%就算好的了；而对某些账号而言，2%只是一般数据。拿自己账号同位置的文章的在看数据对比，"数据是好是坏"的判断才更有参考价值。阅读量、转发量也同理。

三是，分析数据时不要片面只看数据多少，还要去伪存真，具体方法可以参考前文。

综合各个方面的情况分析，你得出来的信息才会更准确。

第五节　如何利用"爆款""涨粉"

我们把一篇文章能够吸引用户关注账号的能力，称为内容的"涨粉力"。"涨粉"是所有新媒体作者、编辑的重要考核指标。那么，写出了"爆款"，就一定会"涨粉"吗？

答案是否定的。

事实上，内容的"涨粉力"与阅读量并不一定成正比。作为每天蹲守数据的自媒体从业者，能清晰感受到，有时候一条500万阅读量的文章，甚至比不上一条100万阅读量文章的"涨粉"能力。

通常，我们用"涨粉"率来衡量一篇文章的"涨粉"能力，其计算公式为："涨粉"率 = "涨粉"数 / 阅读数。有数据显示，不同"爆文"的"涨粉"率存在很大的差距，0.4%~20% 不等。

2017年，新榜做过相关统计：

视觉志：《谢谢你爱我》，阅读量5000万，涨粉65万，涨粉率1.3%；

樱桃画报：《如何假装成一个好妈妈？》，阅读量1400万，张粉37万，涨粉率2.64%；

张先生说：《我那些从不买单的公务员同学》，阅读量800万，涨粉25万，涨粉率3.12%；

乌鸦电影：《她们在等待道歉，日本政府在等待她们死去……》，阅读量740万，涨粉18万，涨粉率2.43%；

丁香医生：《被乳房按摩害惨的中国女人》，阅读量690万，涨粉15万，涨粉率2.17%；

十元君：《为什么奚梦瑶不值得同情》，阅读量620万，涨粉9万，涨粉率1.45%；

靡音：《这可能是至今为止听过最为癫狂的翻唱》，阅读量570万，涨粉18万，涨粉率3.16%；

成都商报：《微博上爆红的一个奇葩游戏，我看了20遍，笑到瘫痪……》，阅读量504万，涨粉4万，涨粉率0.79%；

4A广告门：《百雀羚神广告又来了！》，阅读量400万，涨粉5万，涨粉率1.25%；

广州印象：《我们把一箱硬币放在广州街头，供路人自取，结果出乎意料……》，阅读量546万，涨粉4万，涨粉率0.73%；

潮人小罗：《刷保时捷开豪车，约会女主播，结果却……》，阅读量260万，涨粉55万，涨粉率21.2%；

小多酱：《"杰伦，我前男友也在现场"：镜头走开，你会不会鼻酸》，阅读量 143 万，涨粉 2.5 万，涨粉率 1.75%；

新世相：《我买好了 30 张机票在机场等你：4 小时后逃离北上广》，阅读量 116 万，涨粉 11 万，涨粉率 9.48%；

……

以上数据选自新榜的"爆文""涨粉"案例，数据选取时间以 3 天内"涨粉"为主，包含日均"涨粉"数。我提取的样本是一些传播较为突出的账号的文章。

想起刚从事这一行时，我负责运营两个百万级的女性情感账号，我旁边坐着的是一位运营读书文化号的同事，我们每天的工作内容，就是在全网搜索适合自己账号风格的内容。

对她来说，靠内容"涨粉"是件很轻松的事。因为她发现，对文化类账号而言，如果发布的文章是具有明确观点、有精彩论述的观点文，那么"涨粉"数据是最优秀的，即便有时候阅读量平平。

而我当时运营的女性情感账号，很多阅读量过了"10 万 +"的情感热文，次日带来的"涨粉"数常常只有两位数。

当时，文化类账号和女性情感账号的粉丝量是相近的，在 2017 年的时候，都是 150 万上下。但有的时候，同样的阅读量，一篇观点文的"涨粉力"却是情感热点文的 20~100 倍，当时我的内心十分焦虑。

虽然你很不愿意相信，但又不得不承认这是事实。我当时十分困惑：为什么同样的运营方式，差不多的粉丝量级，设计出自同一个设计师，"涨粉力"怎么会不同呢？

这里我想说明的一点是，这个"涨粉力"的差距，我是基于当时两个账号的情况得出来的数据，没有大量的样本佐证，所以不能断定是否所有的情感类文章和观点型文章的"涨粉力"差距都是20~100倍。

后来，我在工作中发现，通过对多个账号的次日"涨粉"情况分析，可以证实：不同的内容，它的"涨粉力"是有差别的，在阅读量不是几十万或者几百万的差距面前，并非阅读量越高，"涨粉"就会越多。

公众号的内容的品类、内容的观点、内容的形式、内容更新频率、运营策略以及账号的风格等，都是影响"涨粉"的关键因素。

高"涨粉力"的内容特点

基于文章内容，我总结出以下几个"涨粉力"比较高的文章的特点。

（1）含有信息增量

"涨粉力"高的文章一定有深度思考或者干货，是大多数人不知道的东西，也就是说，能够给读者带来新知，帮助其成长。典型的如知乎，知乎上，如果一篇干货帖成为"爆款"，那么其"涨粉力"是远高于微信公众号的。

至于微信公众号，比如"丁香医生"，丁香医生致力于为大众提供可信赖的健康资讯，以减少医患之间的信息不对等，创造了非常多的刷屏级别的"爆款"。

微信公众号所有的"爆款"，其实带有信息增量。

不管它是什么样的形式,都是你"第一次见到的"。不管是观点、策划的活动,还是谈论的对象。它的"新",于读者而言就是一种"信息增量",即我看到了以往没见过的东西,它很新奇,比如"假装成为一个好妈妈"的内容形式。

总的来说,你的文章必须有价值。

如果没有价值的话,我为什么要关注你呢?你给我带来了新的快乐了吗?你给我带来新的知识了吗?你在观点上让我有了新的启发吗?

想"涨粉",就多做有长尾效应的高品质内容,这样才能让一个账号保持良性增长。

你的内容有价值,读者才会认可你,这一个个的认可最终会化为"涨粉"数字。

(2)具有思考力

有深度,有独立思考的能力,才是具有长尾效应的内容,才更能提高用户黏性。数次刷屏、一再重复、毫无营养的内容不可能带来持续的"涨粉"。

比如,"乌鸦电影"的《她们在等待道歉,日本政府在等待她们死去……》,这篇文章阅读量740万,涨粉18万,涨粉率2.43%。

这篇文章讲的是电影《二十二》,电影刚上映的时候,排片率只有1%,"乌鸦电影"就发表了这篇文章为其发声。

我觉得这篇文章之所以能火,不仅在于它给了读者不一样的感触,也在于这篇文章正确的价值观,读者也不是傻子,他们能看到真正有内涵的东西。这篇文章提出的观点发人深省,这是它成功的原因。

大多数的刷屏"爆款"都和热点有关,但是为什么有的热点文可以刷屏,而更多的则沉寂了呢?因为角度很重要——你的文章是否能给读者带来新的启发。

很多人为了追热点,不打磨内容就匆忙发布。这样的文章,如果读者没有被你的思考征服,那么下一个动作就是关掉页面,看另一篇热点文章。这一点是我们在做用户调研时,谈及对热点文章的看法时,读者亲口告诉我们的。

所以,你抢夺读者的注意力后,要将注意力转化为新关注。这就需要作者们、编辑们认真修炼了。

(3)内容有共鸣

用户只选择他们认可的账号和内容,要想引起共鸣,首先文章的三观不能出现偏差。

正向的、积极的观点和情绪能引起读者的共鸣,大多数人读完之后都会点头。比如《杭州保姆纵火案:贫穷不是错,贪婪才是恶》《"杰伦,我前男友也在现场":镜头走开,你会不会鼻酸》等文章。

文章能够刷屏,除了借热点之势,主要还是在观点上能引起多数人的共鸣。

(4)匹配账号风格基调的

这一点是很多人一直忽略的。他们会疑惑,为什么同是一篇文章,有的账号转载了之后就带来大量的"涨粉",但在自己的账号上却是波澜不惊呢？究其原因，你账号的大部分读者，不喜欢这篇文章。

我之前写过一篇《老师真是太太太太太难了！！》，企图用趣味调侃的方式来收获读者的认可。

当时我和同部门的一个电影号一起合作写脚本，电影号的编辑为了让调侃意味更强点，于是在文末加了一张图（如下图所示），埋了个"梗"。我觉得这非常有意思，于是当天就按照这个版本发布了。

26岁的黄老师如是说。

本文图片来源于网络

最后——

　　祝老师们，教师节快乐！

但是，那一天的结果有些意外，我发现评论区里，很大一部分读者都没有理解这个"梗"。

评论是这么说的，"最后的图片，那老师是 26 岁？""最后一张图：26 岁教师？太毁三观了吧？而且现在的女教师也不会形象这么随便吧?""只有我发现最后一张照片的老师真的只有26岁吗?"

但是,同时发布的电影账号,同一篇内容的评论里,读者却从来没有这样的疑问。

这篇文章最后的数据当然就很不理想,更谈不上"涨粉"。这也就是为什么我要说,要重视内容和账号的匹配。

内容和账号用户喜好不符合,和群体的阅读能力不匹配,都会在数据上出现南辕北辙的情况。比如,在"十点读书"上发科技论文,在"我要WhatYouNeed"上发佛系"鸡汤",在"洞见"上大谈"网络梗"等,这都是非常不合适的。

(5)满足用户的需求

什么叫"满足用户的需求"呢?比如,年龄在30岁以上的女性用户更关注教育,你会发现,以这部分用户为主的账号上,教育类的文章"涨粉"能力很优秀。因此,你写的文章、转载的文章,要满足这类用户在教育类文章方面的需求。

与之相反,如果美妆类账号发"鸡汤",就会让人觉得很违和。关注美妆类账号的用户就是想看美妆类的文章,你发的"鸡汤'就算再好,与用户的需求不符合,用户只会觉得奇怪。

所以,发现他们的需求,明确他们的需求,思考如何满足他们的需求,才是你写文章之前应该考虑的问题,而不是只想着怎样才能"爆"。

微信后台现在更新了"引导关注"这一项功能,你可以用这个功能清晰地看到，不同文章能够引导关注的具体用户量。通过对比分析，找到你账号单篇引导关注量最高的那几篇文章，然后归纳总结，你要对"什么内容最'涨粉'"做到心里有数。

慢工出细活是有道理的，新媒体虽然讲究快，但有些事还是需要一头扎进去，慢慢看，细细总结的。

账号"涨粉"的运营方式

从账号的运营层面来讲，什么样的运营方式更有利于"涨粉"呢？以下这几点我想和大家分享。

（1）"爆款"前：账号品类的选择

要想把账号做大，在建号初期就应该想好账号的内容和定位，依照"内容'涨粉力'差异"的思路去找内容、去做号，这样胜算才会大。

因为越到"涨粉"疲软的当下，不同品类的账号在"涨粉力"上的差距就越明显。比如，美妆类、娱乐类、情感类的账号"涨粉力"相对较弱；以"硬核内容"为主，走大众阅读路线的，传播生活思考、哲学观点的文化类账号，在"涨粉"上会比较有优势。

其他过于垂直的小众账号，比如汽车、股票金融类的账号，虽然会"涨粉"，但受制于受众面窄、黏粉度比较小、天花板比较低，因而"涨粉力"较弱。毕竟自媒体内容和用户需求是强挂钩的，越是满足大众的需求，"涨粉"就越有优势。

（2）"爆款"时：内容和账号的匹配度

账号爆了一篇文，用户点进账号翻看之前的文章，发现整体平平，甚至敷衍，他们会更多地倾向于收藏下这篇就好，或者转发个朋友圈便罢。

内容和账号风格不匹配，和用户的期待不符合，是不会异军突起的。所以，账号要有自己固定的风格和方向，所发布的内容，在总体方向上要保持一致。不能今天是枯燥专业的科普，明天是趣味新潮的网络"火星文"，也不能看什么火了就发什么，这样往往会留不住读者，并且也大多出不来"爆款"。

因为，所有"出圈"的"爆款"大多是通过"买通"原本已有的用户、种子用户来实现的。如果他们不帮你迈出转发的第一步，就无从谈数据增长了。

（3）"爆款"后：用更多的好内容留住用户

用户是会"瞻前顾后"的，这篇满足了他们的期待，他们就会进一步期待接下来还有好文章，如果只是偶然出现一篇好文章，那他们即使关注了也还会取消关注。

还有一点需要提醒大家，用户是很健忘的，他们在后期会忘了当时为什么关注你。

所以，不要妄想靠一篇"爆文"吃几年，如果你在"爆文"之后没有再持续产出同种类型、同种风格的优质文章，那么后台的"取关率"上升，也是一件很正常的事。尤其是现在微信把"取关"入口做得这么浅，内容从业者怎么能不小心翼翼呢。

"涨粉"不易，且涨且珍惜。

第十章

一个优秀自媒体人的修养

第一节 条漫"爆款"秘诀

我始终认为，新媒体不管是以什么载体去做内容，底层逻辑是不变的，即用户思维。要站在用户的角度发现需求，然后再反推到内容上。

相较于图文，条漫更丰富有趣，它用图片的形式表达内容、传递内容，将场景具象化，它所包含的信息量更大。因此，新媒体人需要掌握条漫的规律。

下面我将简要分析几点。

条漫的"爆款"秘诀

（1）切合用户痛点

"爆款"的共性都是抓住了用户的痛点。

内容和用户之间应该建立联系。很多"自嗨式"内容，花了很多精力却毫无痛点，最后连自己都没有打动。所以，如果一个话题从始至终都没有让自己产生痛感，建议三思而行。

（2）故事的流畅度和清晰度

有些条漫看完了却依旧不知道它到底要说什么，这个和脚本的设计以及漫画师的表现力有很大的关系。因此，在画面设计上，要保证画面的流畅度，并且要在画面完成之后，多问身边的人是否看懂了在讲什么。

画面展现的内容一定要让读者一目了然，他们注意力能集中在画面上的时间短，千万不能让他们去猜内容。毕竟在画面里，文字的功能被弱化，图像是主要的表现对象。

（3）足够大的信息增量

在内容上，要展现更多的信息量。比如2020年疫情期间，一篇"蝙蝠自述"的条漫大火，该条漫站在蝙蝠的角度，以第一人称介绍病毒传播的原因。再比如，《武汉自诉火了：很抱歉，以这样的方式出名》，这篇文章也是以第一人称，主要介绍了武汉的历史人文，其内容非常丰富。

这样的带有科普性质、信息量极大的内容，如果以图文的形式展现，其最后的阅读完成率肯定不及条漫高，因此也就更谈不上读者的自主传播了。

（4）要建立自己的风格

很多账号的条漫，是一看上去就能知道是哪个账号生产的。很多账号都有自己鲜明的特色，比如"匡扶摇"的画风、"不会画出版社"讲故事的方式、"GQ"的创意恶搞等。

建立你个人讲故事的风格或者绘画的风格，让你的内容具有辨识度，如此才更有利于你的作品成为内容品牌。

（5）保证一定量的持续产出

漫画的生产周期是比较长的，一条 50 张图的条漫，一个条漫师需要花两周左右的时间才能完成。再加上找选题、写脚本，以及后期的调整和修改，一套程序走下来，创作成本是比图文高很多的。

想通过条漫追热点，几乎就不太可能了，因为时间不允许啊。但不乏一些通过画面的简化设计来提高条漫效率的账号。很多的内容公司，例如条漫，他们团队的人员配置就很高，效率也因此高了很多。

这一切都是为了能保持稳定的发布频率，比如至少一周一条，以维护好用户体验。

短视频创作背后的底层逻辑

到了 2020 年，也就是我现在撰写这本书的时候，几乎所有的自媒体公司都开始紧跟潮流，投入到短视频的领域中去。

抖音、快手，甚至连微信也开放了视频号，不久前，我相信你应该和我一样都收到了微信视频号内测的邀请。

我还没有创造过视频"爆款"，所以不敢轻易谈经验，但就我了解到的，很多短视频做得好的人，最初都是运营公众号的。比如抖音上的账号"青岛大姨张大霞"，70 天"涨粉"1000 万。该账号的负责人王浩认为，这个成绩与公众号运营经验密不可分。在做短视频之前，他曾运营过公众号，公众号运营过程中培养的能力,依然可以迁移到短视频运营中来。

看过一篇采访他的报道,其中有个回答让我印象深刻:

这个帮助来自,如何基于用户思维去考虑问题。做过微信公众号的人往往有灵敏的选题和流量的嗅觉,他们从用户角度思考选题、内容、文案是否有机会带来更多流量。

第二节 如何做用户调研

在运营上遇到问题,除了从数据上找答案,找用户确认也是一种好的方法。

清楚自己的用户画像,是做公众号的第一步。一定要清楚年龄、性别占比、城市归属地、职业等信息,并且善于利用这些信息。其实,用户调研要细化下去,就会是一个大工程。但请不要急躁,它一定会给你惊喜的。

之前我做用户调研,是因为有时候我们的编辑也会在选题上有所疑惑,大家想知道对于读者来说,新开的栏目、新定的选题是不是他们喜欢的。所以我们通过社群、评论区留言置顶、私聊忠实用户的方式,发布"见面局"的消息,通过面对面沟通了解情况。当然,真正喜欢你的用户,是真的会赶来见你的。

用户画像

你可以以采访的方式进行画像。在此之前，你需要设置用户个人以及账号的相关信息（有选择性地问）。

以下是基于我的实战经验总结出来的一些问题：

- 自我介绍，职业、年龄、住址、爱好、婚姻、养育状况？
- 介绍一下自己一天的安排？
- 形容一下自己的性格？
- 每天几点睡觉，睡前是怎么安排的？
- 职业状况？
- 读书频率如何？喜欢看什么类别的书？
- 关注的公众号都有哪些？常打开的公众号有哪些？
- 聊聊孩子？
- 聊聊自己和朋友的相处？
- 聊聊和老公的相处？聊聊和婆婆、亲戚的相处？
- 在"十点读书"买过什么东西？课程／电商？
- 常用的 App 是什么？
- 生活中，大多数时候的心情是怎么样的？
- 负面情绪主要是什么，难过、失望、焦虑、煎熬？

用户和账号相关

下面，我列举一些用户和账号之间相关的问题，供大家参考使用。

- 什么时候开始关注这个账号的？
- 通过什么途径关注的？

第十章 一个优秀自媒体人的修养

- 现在脑海里印象比较深刻的文章是哪一篇？记得主题吗？
- 习惯以什么方式阅读，看？听？
- 你知道账号有哪些栏目吗？
- 最近一次看/听是什么时候？
- 在什么样的情景下，会想到打开公众号？什么样的标题会常常打开？
- 有哪些地方让你觉得不喜欢？
- 有比较喜欢或不喜欢的音频主播吗？
- 会注意到开头和结尾的卡片吗？
- 文章中间增加的卡片会留意到吗？
- 会看留言区吗？有留言过吗？在什么场景下会留言，通常会说什么？
- 你觉得目前账号的图片风格如何？
- 你喜欢什么样风格的图片，举个例子？
- 更倾向于从账号里获得什么？知识？舒缓心情？助眠？发朋友圈？
- 会向朋友推荐账号吗？
- 账号给你带来的最大帮助或者改变是什么？
- 对账号有什么建议吗？
- 其他相关

进行这种深度访谈，对编辑个人而言，会对用户有更深、更清晰的认识。

需要注意的是，要提前设计好你要访谈的用户群体。如果调研的群体中包含不同属性或者类别的人群，则需要提前进行分类。在个别问题的设置上，根据人群的不同切换提问的角度。

在采访用户这件事上，即便每一次碰到的人都不同，他们的审美、风格、喜好也都不相同，但是你总能得到一些最直接、最真实的反馈。包括账号哪些地方做得好，或者哪些地方需要改进，这些问题都有利于你接下来的工作。

采访还有这样一个好处，那就是唤起编辑的职业责任感。隔着屏幕，大家可能都是没有感情的工作机器，当我们看到我们所做的事能给这么多人带来正面影响，内心一定是很受鼓舞的，这个鼓舞会让你不断走得更高、更远。

在深度采访的时候，我们得到了很多的用户故事。当我们把他们的故事剪辑成视频放映给编辑们看的时候，很多人都被感动哭了。

我们做的事情看起来微不足道，但其实它很有意义。就像一位同事调侃时说的：写下一篇"鸡汤"，播撒一片福泽。由此，大家对自己手中握的笔会有越来越多的敬畏之心。

用户调研基本流程

访谈的流程应该根据你的具体情况提前策划，我这里有个流程可供大家参考：

- 明确调研目的（梳理研究内容）
- 确认人群分类（如果已知调研中有不同属性的人群，则需先进行人群分类）；拟定访谈问题的提纲
- 用户访谈

- 访谈纪要，过程记录
- 复盘总结访谈内容

深度访谈注意事项

在访谈过程中，有几个注意事项需要大家留意。

- 邀请真实用户或潜在用户，在采访的过程中，仔细观察、记录，充分了解用户对账户的需求和使用习惯
- 在访谈前，提前准备好问题
- 选取安静的谈话场地
- 准备好拍摄器材，以便随时记录，后期制作有可能会用到
- 采访的录音、录像以及后期使用的素材，都要事先征得用户的同意
- 倾听为主，不要随意打断
- 要多追问，对优质的问题多进行深度挖掘
- 要同步记录文字，后期及时进行内容梳理
- 尊重用户，尊重用户隐私，对方不愿意回答时表示理解与尊重
- 访谈时，最好一个人记录，一个人负责问，两个人相互配合

用户调研的用处很大，并不仅仅只是了解用户对账号的感受，很多时候，很多问题都可以通过用户调研来寻求答案、得到帮助。"新世相"的很多内容就是通过做用户深度访谈获得的。

比如，开发新产品，用户作为体验官，你可以通过他们获得最直接的反馈；撰写内容，你需要素材的时候，你的用户就是你

征集内容的对象，这个过程中你肯定需要进行深度访谈。

对我而言，做用户深度访谈，除了让我对内容的判断更加准确外，它更像是我在一点点挖掘信念的力量——你会惊讶于文字居然可以给人带来这样大的改变。

有的人，在重病的时候靠文字坚持；有的人，隔着千里相爱，靠文字沟通感情；有的人，身处深渊，靠文字重拾信心；有的人，在混沌迷茫时，用文字将自己一步步带出，用文字遇见星辰大海……这些发现，也在坚定着我的信念。

第三节　学写文，先做人

人们常说，文如其人，什么样的人就会写出什么样的文字。所以，想让你的作品打动更多的人，唯一"善"字耳。

笔是一个工具，更是一个武器。好的工具，成就人；坏的工具，伤害人。特别是在这个时代，如果一个缺乏善念的观点煽动不明真相的群众，基本上那就是犯罪了。

保持严谨

不论写哪一类的文章，一定要让自己保持严谨和客观。

首先，你的观点要具有不可辩驳性，即在道德的层面上不可以有漏洞，不可以让别人质疑你的人品。

例如,有的作者讨论两性关系时,说出支持"女性要依附于男性"这类不正确、不合时宜的话,即使文章列的观点看上去有理有据,但你还是会发自内心地排斥这个观点及这个作者。

其次,要"让子弹飞一会儿"。虽然新媒体看重出文速度,但是,很多没有被证实过的新闻,太急于发表评论或站队,如果一不小心遇上反转,容易被打脸。

我们应该少安毋躁,不要急于求成,学会"蹲守",等官方、权威的发声,再提笔。

尊重他人

不久前,热搜上爆出李晨在打官司,因为《渣男李晨现形记》这篇文章,李晨把微信公众号"今夜九零后"以及几个转载的大号一并告了。

这篇文章运用大量"渣男""插刀"等词语定义李晨,把他以往流传于网络的一些负面绯闻整理成文。这篇文章发布后引起轩然大波,在微博、微信上引起了大量的传播,可想而知,李晨作为被评判的主人公,被定义为彻底的"渣男"时,他的内心该有多么愤怒。

从尊重事实的角度来说,因为你不是李晨,也不是他身边的人,事情的全貌你并不清楚,在没有切实证据的前提下,用这样犀利的、负面的词来批判一个人,是违背媒体的职业道德的。

很多时候,大众对公众人物的认知就是通过媒体,所以,作为执笔的人,不管你是官媒还是自媒体,都要对自己的言论负责。

在没有明确定论的事情面前,不要妄下定义。流量越大,责任越大。因为你会写、你能写，一定程度上，你比别人多了表达的权利，但我们不能为了流量而滥用能力，失去了本心。

每个人都不容易，尊重他人，笔下留人，善待他人，这个世界才会善待你。

保持理性

我在前面多次提过，在自媒体写作里，情绪在传播中的重要作用，可谓"成也萧何，败也萧何"。

我们向流量靠近，但是我们不能刻意煽动情绪，也不能轻易让自己的情绪被煽动。我们应该站在热点之外，保持理性，保持思考。

咪蒙擅长撰写引发读者愤怒的情绪的文字，尽管因此"收割"了流量，但也是因为发了太多煽动社会负面情绪的内容，最终引起众怒，最后被封号。

热爱世间万物

和"视觉志"的楠瓜交流写作心得时，她形容自己是一个对生活观察入微、热爱世间万物的人。提到创作"爆款"的秘诀是什么时，她引用了杨绛先生的一句话，"唯有身处卑微的人，最有机缘看到世态人情的真相"。

这也就是说，当你关注身边人的喜怒哀乐时，当你对这个世界有更多的观察、更多的体验时，才能真正懂得他们的需要，才能把文字写进他们的心里。

上善若水

你要做一个善良的人。

我记得余秀华有个很有意思的说法,她说,"名人多是善良人"。

我说,也有坏的人啊,她说,"真正高到一定境界的人,他们的心都是很善的"。

人有正念,才能成为中心,才能吸引更多的人,机遇才会靠近你。对一个创作者来说也是如此。你表达的背后是你的价值观,有人格魅力的人,写出来的东西才是有魅力的。

所以无论何时,我都告诉自己要有自己的坚守,对世间万物多一点仁慈,多一点热爱,凡事多几分自省。

作者应该多为社会传播一些正能量,去温暖更多的人;多传播知识,帮助更多的人收获,帮助更多的人成长。我们不应该陷在流量的狂欢里,全然不顾伦理道德,不应该埋头炼术而摒弃道义。你要让你的正念成为你的力量,成为无数读者的力量。

第四节　能让你坚持到最后的,只有热爱

我,

从一个迷茫的本科毕业生到笃定的新媒体人;

从一个投稿无门的写作新手到头部公众号的内容负责人;

从一个文字爱好者到出版自己书籍的作家;

从月薪 2500 元到稿酬上万，

这些蜕变，我只花了 3 年的时间。

我人生的第一本书

2013 年，我还是个工商管理专业大二的学生，那时候的我，还不知道新媒体是什么。

作为一个表达欲很旺盛的年轻人，我坚持在 QQ 空间更新日志。主要是谈一些"我的故事"和"我有一个朋友"，聊聊人生，聊聊生活。日志是开放的，而后，越来越多的朋友在空间看了，给我点赞、评论，鼓励我去做自媒体。

写了大概 3 年，已经有厚厚的一沓稿子了。找不到出版社，也不敢奢求有出版社帮我出书。

后来，通过别人的介绍，我联系上了一家印刷厂。我看着印刷厂的老板在办公室里，对着各种类型的纸来来回回比画，拿着计算机噼里啪啦算了半天。

最后他告诉我，如果按照我想做出的图书的样子，一本书的成本大概是 10 元，加上排版等七七八八的费用，印 1000 本大概需要 1 万元，需要先交 3000 元定金！

行吧……

然后，我在网上发起一个众筹：付 12 块钱，1 个月后就能得到一本价值 25 元的书。好在我当时在学校参加的活动比较多，还小有人气，加上很多朋友都很仗义，很快就众筹到了定金。

我自己做的校对，我的一帮朋友，帮我仔仔细细、认认真真审核稿子，忙活了几天，来回校对了 5 遍后，才交给印刷厂设计排版。

样书从草稿到印出来，前后花了不到 1 个月时间。

当时，印刷厂老板打电话夸我说简直是神速，书也印得很漂亮。那天我去印厂看完成书后回来的路上，幸福得眼泪都要掉下来了。

对当时的我来说，它能不能出版，能卖多少钱，都不重要，重要的是，我把一个东西从无到有创造出来了，我触摸到梦想的影子了。

这种感觉让我瞬间觉得自己充满力量，无所畏惧。这段青涩的过往，也成了我往后坚持下去的力量。

从工商管理到新媒体

2016 年毕业之后，我就扛着行李直接来了厦门。没有任何新媒体经验的我，从智联招聘上搜了一圈，抱着试一试的心态就入职了一家广告公司。最初我做的是微博营销，工作内容是做微博营销物料，我觉得这和我想做的相去甚远。

当时的我，不知道如何去找那条属于自己的对的路。那时候每天最快乐的事，大抵就是下班后窝在角落里写一写东西，发到公众号上。

我从来不会在朋友圈推荐自己的文章，害怕领导觉得我工作不尽力。

但我最后还是辞职了。

那时候，是真的很穷啊。

有一次，为了 200 元和房东吵架。当时住在一个民宿里，住了不到 8 天的时间，电费却收我 200 元。

我去和房东理论，她的态度淡漠极了，我说着说着就哭了。我恨极了自己一吵架就哭的坏毛病，直至工作几年后才慢慢好一点。

后来，愤而写差评，房东才打电话过来跟我"交易"，我删差评，她退还我多扣的钱。

月初发薪水，那一个月的薪水也只发了2500元，我的眼泪当即就掉下来了。

我自我怀疑，我那时候想的最多的便是，以前瞧不上的平庸的生活，现在的我正在过着。我公众号文章的阅读量依然平平，像极了一汪深水，毫无波澜。但我没有停止写，没人看就没人看吧，人活着总要有一件可以不计回报、愿意为热爱而坚持的事。

几个月后，一次偶然的机会，有个公司在招公众号编辑，薪水高了不少。又能写东西，又能养活自己，有这么好的事情？于是我便应招前往。

因为长期坚持写作，以及运营自己公众号的经历，我成功入职了新单位。也是从那时候开始，我才正式接触公众号。

所以，当很多刚毕业的新人和我说起现在很穷很难的时候，我都让他们稍微坚持一下。绝大多数人在一开始都会有一样的迷茫、窘迫和无助。但那又怎样，在普通人的生活里，这些不过是很正常的"成长的疼痛"。

心中若是有所爱，盯着远方坚持就好了。冥冥之中，会有力量指引你找到对的位置。只是有时候，这个过程可能会慢一点罢了。

不要急，慢慢来。

从"小白"到主编

2017 年，我才正式成为一个公众号内容从业者。

刚做公众号的时候，现在已经退场的很多原创号号主，那时都还在专心致志地追热点、拉团队。那时候，靠着早期流量红利做起来的账号，还如鱼得水地生存着。也是从那一年开始，很多"腰部"账号不像一开始那么好生存了。

微信的规则开始完善，约束也增多了，用户越来越聪明，"涨粉"分水岭越来越清晰可见，大量的营销账号开始陆续遇到"涨粉"瓶颈。

那一年，我的好朋友从我当时的公司离职。他是一个 93 年的直男，运营着一个情感女性号的内容。他离职面谈时，和人力部说希望我来接手他的账号，他说我这个人够努力、够用心。我后来知道了，真的很感动。

当然，人力部门和我第一时间都犹豫了，她害怕只有 3 个月经验的我不能经营好账号，而我是害怕工作量已经饱和了还要不要做吃力不讨好的事。但我们很快达成了共识：公司招人需要时间，我也愿意去做。

接下来，我几乎是每天加班到 22 点以后，全年无休。

不会累到崩溃大哭，更多的时候，是焦虑吧。我几乎把我所有的喜怒哀乐绑在账号上，为内容愁，为数据忧。这是一种"技不如人"的焦虑，也是一种想要被看到的"渴望"。

两个账号每天要发 10 条内容，主要是转载。我一个人包揽了所有运营工作，以及各种商业变现对接。那时候的营销号已经没有"涨粉"优势了，尤其是依托转载的情感账号，已经没有多少竞争力了。

因为数据和"涨粉"的压力,我每天都在研究各种"爆款"内容的写法,做账号数据分析,学习运营,我做互推、做社群运营,能想的办法都用上了,但也依然陷入数据的焦虑中。

这种状态持续了1年,也就是直到1年后我才开始有力量去掌控这种焦虑。

即便这样,我也没有停止过写作。能挤出时间来写作,大抵是那时候最幸福的事了。

在这个挤时间写作的时期,我在简书注册了账号用来练笔,内容常常被推到首页。有越来越多的公众号大号开始邀请我成为他们的签约作者。并且,有出版社在我公众号下留言要帮我出书,于是,我出版了工作后的第一本书《不做盗版的别人,只做限量版的自己》,该书收录了我毕业以来,那些挤时间断断续续写出来的作品。

2018年初,我来到了"十点读书"。因为之前残酷的训练而积攒下来的运营经验,让我很快就取得不错的成绩。

我是乐于分享的人,在工作上喜欢分享自己的想法,也勇于尝试新的事物,和同事们配合得很好。这是我那段时间以来最快乐的时光,因为在专注做内容的环境里,目标和我的兴趣一致,所以这一年里,我写了很多作品。

三两句话轻飘飘带过的,是我这几年的摸索、实践、总结、突破。比如,新文章的数据怎么刷新账号原来的数据?怎么写出高流量的作品?怎么让自己的稿件成为模板?怎么让自己的作品被各大账号争相转载?怎么让广告文案创数据新高等。

与此同时，我负责了签约、拓展作者团队的工作，一点点地挖掘优秀的创作者，基于品牌的影响力，扩大团队之事是相对容易的。在这个过程中，我将自己的经验和他们交流，并且不断地分享我多年工作所获得的技能，让他们通过学习我的经验和技能提升自己。

1年后，我开始成为这个账号的内容负责人。

其间，我还争取到了采访林清玄、刘德华、余秀华、刘同、须一瓜等知名作家和艺人的机会，这些经历不断丰富了我。

采访刘德华现场

采访林清玄现场

我每年都会做一次工作总结。我发现，随着时间的推移，总结出来的东西越来越多。第一年，一两万字就可以说完；第二年，我撰写了"十点读书"几万字的内容手册；到了第三年，也就是2020年，半年的时间我就写了几万字。机缘巧合，在最近一次和出版社闲聊时，他们很看好我的总结，并鼓励我写成书出版，这才有了现在这本书。

2020年，为了吸纳更多的人才加入我们的作者团队中来，我开始负责"十点读书"的写作营项目，作为主讲导师，通过线上、线下的方式给学员授课，短短几个月内，我帮助很多人成功成为大号的签约作者。

线下课现场

一直做总结这件事有什么意义呢？其实意义外人是看不到的，最受益的就是我自己。通过一次次的复盘，我能看到自己的进步和不足，然后及时改进。

变优秀有什么技巧或者捷径吗？大概就是埋头过坎，莫问前程吧。不计付出、不谈回报地去研究、去学习,你付出越多,回报才会越多。

我常常会说,不要在乎一城一池的得失。加一点班就斤斤计较的人,未来的上限大概就是那么一点儿薪水。在自己能做的事上专注,并且拼尽全力,不要用对待一份工作的心态看待你的职业,而是始终以对自己的人生负责的态度去工作,这才是你进步的关键所在。

打工其实是为自己的未来打工。你是在用经验验证你的判断,你是在用你的判断指引你成就自我。所以,我一直向自驱力强的人看齐,他们知道自己要什么,以及为什么这么做。

此外,在成长的过程中,找对平台也很关键,所以我很感激"十点读书"给我这样的机会。当然,也离不开他人的帮助,对于一直以来,我身边诸多家人、朋友、老师的支持和帮助,我心怀感恩。

谁都不是一开始就站在高处的,你不必急于否定自己,你有你的光,没有发光不过是时机没到。在你想走的路上坚持下去,时间会给你答案。

热爱有光

那个93年的直男依然是我的好朋友。他很早就去做短视频了,但还是会来和我抱怨资本对他的压榨和剥削,"拆二代"的他不想做号了,想转业或者回家收租,想回老家开奶茶店做老板。他其实就是无数新媒体从业者的状态:这只是一份工作,恰巧是时代选择了我,所以总会萌生出倦意和疲惫。

相比之下,我想我不曾有过这种动摇或者疲倦,这大概就是热爱吧，是热爱生出了坚定。

做广告、媒体行业的人，喜欢在朋友圈里"吐槽"，喜欢调侃脱发、熬夜、加班、焦虑……但又不可否认，这是一个充满辛酸但同时又拥有无限可能的行业。这个行业随时随地充满变化，伴随着变化的，是那层出不穷的机遇。而这，正是它的魅力所在。

公众号诞生至今8年，很多人因为公众号改变了命运。不管是南林北沙、刘筱、张伟，还是千千万万个和我一样对新媒体充满热爱、寄托了梦想的人。

我知道这个世界变化速度很快，未来的几年里我可能会跳到其他战场，但是，只要我还能写，我就会一直写下去。

找到你自己的光源

回看这几年，不管发生什么，我唯一坚持下来的就是写作。

专业、职业、境遇上的困难都不会成为我停下来的理由，因为文字创作是我不如意的时候宽慰自己的一颗糖。它让我得以喘息，得以找到自我，并在更长的时光里，让我找到自己的价值。

回望来路，经历让我越发坚信：

有时候"知道自己要什么"真的是人生一个重大的命题。你若是足够笃定，命运那根若有若无的牵引绳，会指引你走向你想走的路。

最后一点，要找到你人生的使命感，找到真正属于你的光源。

 农民培训精品系列教材

农民学法用法手册

王玉杰 曹国涛 张天津 李世华 主编

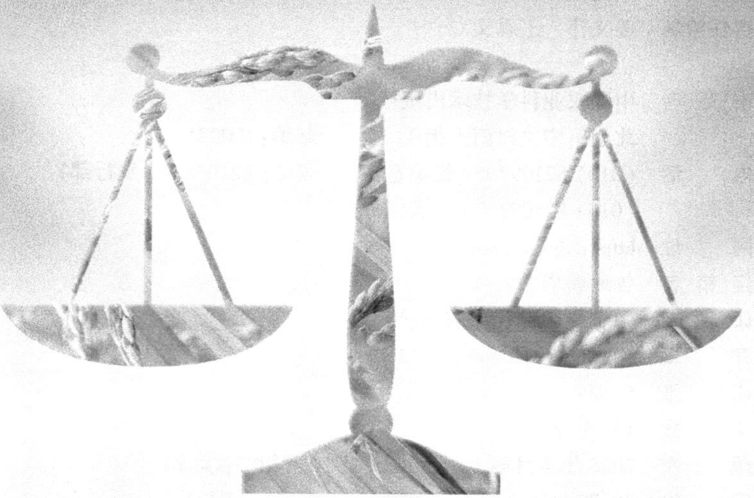

中国农业科学技术出版社

图书在版编目(CIP)数据

农民学法用法手册 / 王玉杰等主编 . ---北京：中国农业科学技术出版社，2025.4（2025.12重印）.
ISBN 978-7-5116-7307-7

Ⅰ. D920.4

中国国家版本馆 CIP 数据核字第 2025PN3941 号

责任编辑　张国锋
责任校对　李向荣
责任印制　姜义伟　王思文

出 版 者	中国农业科学技术出版社
	北京市中关村南大街 12 号　邮编：100081
电　　话	（010）82109705（编辑室）　（010）82106624（发行部）
	（010）82109709（读者服务部）
网　　址	https://castp.caas.cn
经 销 者	各地新华书店
印 刷 者	中煤(北京)印务有限公司
开　　本	148 mm×210 mm　1/32
印　　张	5.625
字　　数	150 千字
版　　次	2025 年 4 月第 1 版　2025 年 12 月第 2 次印刷
定　　价	39.80 元

版权所有·翻印必究

《农民学法用法手册》编委会

主　编： 王玉杰　曹国涛　张天津　李世华
副主编： 李　甜　冯　岩　周雪蕾　王伟东
　　　　　丁玉梅　郝玉莲　刘　茵　王祖发
　　　　　新吉勒图　陈建军　廖燕霖　郭春莲
　　　　　马芙蓉　王学慧　李文生　李　南
　　　　　李运宝　吴学智　杨礼惠　甘小丽
　　　　　李伟华　马志坚　宋三涛　刘青云
　　　　　陈兵兵　方桂香　窦如意　沈黎铭
　　　　　杨燕铭　徐青蓉　孟文慧
编　委： 董素琴　周圣兴　王拴梅　伊博力
　　　　　何　芳　刘树林　罗兆珍　王新兵
　　　　　常　永　胡忠明　张晓霞　高志强
　　　　　席　蕊

前　言

　　法律是维护社会秩序、保障公民权益的重要工具，是推进国家治理体系和治理能力现代化的根本保障。在全面推进依法治国的背景下，通过法治思维和法治方式推动乡村振兴、维护农民权益、保障农村社会稳定，是建设社会主义现代化强国的重要任务。为帮助广大农民、基层干部和社会各界深入了解与乡村发展密切相关的法律知识，本书结合我国现行法律体系，从多个角度系统梳理了农业农村领域的重要法律法规，力求成为乡村发展实践中的普法指南和法律工具书。

　　本书围绕农业农村和乡村振兴战略的法律问题展开，系统介绍法律基础知识，解读宪法在保护农民权益和乡村治理中的作用，聚焦民法典中的婚姻、财产与继承问题，解析农村土地承包法以保障农民土地权益。针对农民专业合作社法，提供合作社设立与治理指导；通过农产品质量安全法强调食品安全和检疫管理；农业机械化促进法则聚焦农机补贴和操作规范，提升生产效率。环境保护相关法律强调生态保护与污染治理，农民工权益维护法律保障劳动合同与工资清偿。通过乡村振兴促进法，全面解读乡村发展的法律保障措施，为农民和基层干部提供法律指导，助力乡村振兴。

　　本书的编写以实用性为原则，力求通过具体问题的深入解答，帮助农民和基层干部掌握法律知识，提高依法办事能力，推动依法治村和乡村振兴战略的实施。希望本书能够成为广大读者在工作和生活中的法律助手，助力乡村发展和治理的现代化进程。

作　者
2024 年 9 月

目　　录

第一部分　法律基础知识 …………………………………… 1
1. 什么是法？ ………………………………………………… 1
2. 我国的法律有哪些种类？ ………………………………… 1
3. 什么是"打官司"？ ……………………………………… 1
4. 什么是公诉案件？公诉案件能私了吗？ ………………… 2
5. 怎样写民事起诉状？ ……………………………………… 2
6. 怎样写答辩状？ …………………………………………… 4
7. 怎样写民事上诉状？ ……………………………………… 5
8. 什么是有效的民事法律行为？ …………………………… 5
9. 什么样的民事法律行为无效？ …………………………… 6
10. 什么是农村承包经营户？ ………………………………… 6
11. 农村集体经济组织是法人吗？ …………………………… 7
12. 什么样的人可以独立地进行民事活动？ ………………… 7
13. 什么是不当得利？应当怎样处理？ ……………………… 7
14. 什么是无因管理？应当怎样处理？ ……………………… 8

第二部分　宪法 ………………………………………………… 9
1. 《中华人民共和国宪法》是什么及其核心地位如何？ …………………………………………………… 9
2. 《中华人民共和国宪法》的主要作用和基本原则有哪些？ ………………………………………………… 9
3. 《中华人民共和国宪法》与其他法律法规之间的关系是怎样的？ ……………………………………… 10
4. 《中华人民共和国宪法》的主要内容包括哪些方面？ ………………………………………………… 11

5. 《中华人民共和国宪法》是如何保障农民的
   权益的？ ………………………………………… 11
6. 社会主义公有制和经济制度基础在宪法中的
   规定 ……………………………………………… 12
7. 宪法是如何规定按劳分配为主体、多种分配方式
   并存的？ ………………………………………… 13
8. 农村集体所有制经济在《中华人民共和国宪法》
   中是如何被理解和实践的？ …………………… 14
9. 《中华人民共和国宪法》中关于自然资源和土地
   所有权的规定是什么？ ………………………… 15
10. 《中华人民共和国宪法》如何保护公民的合法
    私有财产权？ …………………………………… 16
11. 《中华人民共和国宪法》是如何规定关于生活
    环境和生态环境的保护与改善的？ …………… 16
12. 《中华人民共和国宪法》中"公民在法律面前
    一律平等"这一原则如何理解？ ……………… 17
13. 《中华人民共和国宪法》是如何规定公民的
    选举权和被选举权的？ ………………………… 18
14. 《中华人民共和国宪法》中公民的人身自由权
    和人格尊严的保障有哪些？ …………………… 18
15. 《中华人民共和国宪法》中对公民社会经济权利
    的规定包括哪些？ ……………………………… 19
16. 《中华人民共和国宪法》是如何保护妇女、儿童
    和老人的权利的？ ……………………………… 20
17. 村民委员会的组成、职责和选举程序在《中华
    人民共和国宪法》中是如何规定的？ ………… 21

第三部分 民法典 ………………………………………… 23
1. 《中华人民共和国民法典》的颁布背景和意义
   是什么？ ………………………………………… 23

2. 以夫妻名义同居但未登记的婚姻具有法律效力吗？ …… 24
3. 仅举办了仪式但未登记的婚姻是否有效？ …… 24
4. 对于包办婚姻，当事人可以要求离婚吗？ …… 25
5. 已婚者又与他人登记结婚的，婚姻关系有效吗？ …… 25
6. 因受胁迫结婚而向法院申请离婚的，法院会支持吗？ …… 25
7. 配偶一方婚前隐瞒重大疾病的，对方是否能请求法院撤销婚姻？ …… 26
8. 一方在婚前买的住房，会因结婚而转化为夫妻共同财产吗？ …… 27
9. 夫妻双方离婚时，一方生活困难有权要求另一方给予适当帮助吗？ …… 27
10. 夫妻一方能否在协议离婚后提出损害赔偿请求？ …… 27
11. 一方如何应对另一方在离婚时转移财产的情况？ …… 28
12. 当事人在法院判决不准离婚后又提出了损害赔偿的请求，法院会支持吗？ …… 28
13. 法院不准离婚后，分居多久法院应当判离？ …… 29
14. 分手时，男方有权要求女方返还婚前送给女方的彩礼吗？ …… 29
15. 妻子有义务在丈夫死亡后对共同债务承担偿还责任吗？ …… 30
16. 夫妻一方有权擅自将大额财产赠予他人吗？ …… 30
17. 丈夫应当对失去劳动能力的妻子承担扶养义务吗？ …… 30
18. 如何处理情节较轻的家庭暴力？ …… 30
19. 人身安全保护令是指什么？他人有权代为申请吗？ …… 31
20. 人身安全保护令一直有效吗？ …… 32

21. 离婚时，女方能否以绝育为由而得到孩子的
    抚养权？ ··· 32
22. 离婚后，一方有权擅自更改孩子的姓名吗？ ········ 33
23. 夫妻离婚后，和孩子共同生活的一方有权不让
    另一方见孩子吗？ ··· 33
24. 养子女被养父母虐待，难道就真的谁都管
    不着吗？ ··· 34
25. 父母离婚后，未和子女生活的一方与子女之间
    就没有关系了吗？ ··· 35
26. 孩子在学校将人打伤，责任该由谁承担？ ············ 35
27. 两人离婚时在离婚协议中约定轮流抚养孩子
    的做法合法吗？ ·· 36
28. 父母双亡，爷爷奶奶有义务抚养孙子女吗？ ········ 36
29. 当爷爷奶奶看到孙子女遭受家暴时，该怎么做？ ··· 36
30. 自己的孩子被别人收养后与自己就没有
    关系了吗？ ·· 37
31. 帮亲友抚养子女，算收养行为吗？ ······················ 37
32. 子女有权干涉父母再婚吗？ ································ 38
33. 父母与子女断绝关系后，子女还需要履行
    赡养义务吗？ ··· 38
34. 成年子女对生病的父母不管不问，父母该
    怎么办？ ··· 38
35. 子女骗取父母钱财，需要承担法律责任吗？ ········ 39
36. 父母的地由子女帮忙耕种，收成就应该
    归子女吗？ ·· 40
37. 为了结婚就可以让父母搬走吗？ ························· 40
38. 没有履行赡养义务的子女还享有继承权吗？ ········ 40
39. 在法定继承中，继承人顺序是如何规定的？ ········ 41
40. 互有继承权的几个人同时死亡，应如何继承？ ····· 41

41. 外甥可以继承舅舅的遗产吗？ …………………… 42
42. 继子女享有继承权吗？ ………………………… 42
43. 非法定继承人主动赡养孤寡老人的，可以适当
    分得遗产吗？ …………………………………… 43
44. 遗嘱继承是否优于法定继承？ ………………… 43
45. 临终前的口头遗嘱是否具有法律效力？ ……… 43
46. 订立录像遗嘱需要具备哪些条件？ …………… 44
47. 受欺骗而设立的遗嘱有效吗？ ………………… 44
48. 篡改遗嘱内容的行为有效吗？ ………………… 44
49. 私自销毁遗嘱，是否还能继承遗产？ ………… 45
50. 继承人在继承遗产时，需要清偿被继承人依法
    应当缴纳的税款和债务吗？ …………………… 45
51. 分割遗产时，是否需要为年迈的父母保留必要
    份额？ …………………………………………… 46
52. 已经出嫁的女儿，还享有继承权吗？ ………… 46

第四部分　农村土地承包法 …………………… 47

1. 什么是农村土地？ ……………………………… 47
2. 农民的土地承包经营权包括哪些内容？ ……… 47
3. 农村土地承包期是多少年？ …………………… 48
4. 农村土地能买卖吗？ …………………………… 48
5. 农村妇女在土地承包中的权利如何保护？ …… 48
6. 什么是农村土地的"三权分置"？ ……………… 49
7. 发包方有哪些权利和义务？ …………………… 50
8. 承包方有哪些权利和义务？ …………………… 50
9. 土地承包的原则有哪些？ ……………………… 51
10. 土地承包的程序是怎样规定的？ ……………… 52
11. 如何签订承包合同？承包合同应包括哪些内容？ … 52
12. 承包合同什么时间生效？ ……………………… 53
13. 承包期内可以调整承包地吗？ ………………… 54

14. 农民如何依法开垦新地？ …………………… 55
15. 承包期内承包方交回承包地可以获得补偿吗？ …… 56
16. 土地承包经营权互换、转让的，是否必须登记？ … 57
17. 土地经营权流转有哪些形式？ ………………… 58
18. 土地经营权流转应当遵循哪些原则？ ………… 59
19. 土地流转合同应当包括哪些内容？ …………… 61
20. 承包方在什么情况下可以单方解除土地经营权流转合同？ ……………………………………… 61
21. 工商企业等社会资本进入农业应注意什么？ … 62
22. 可以用土地经营权向金融机构融资担保吗？ … 63
23. 其他方式承包的农村土地如何签订承包合同？ … 63
24. 农村"四荒"地有哪些承包方式？ …………… 63
25. 将"四荒"地发包给村集体经济组织以外的单位和个人承包，有什么程序要求？ ………… 65
26. 违法将承包地用于非农建设或给承包地造成永久性损害的，应当承担哪些责任？ ………… 65
27. 农村土地预留机动地应当符合哪些规定？ …… 66
28. 法律对农村土地所有权是如何规定的？ ……… 67
29. 农民承包经营集体的土地的法律依据是什么？ … 67
30. 农民入了城镇户口后，原承包的土地是否应当交出？ ……………………………………………… 68
31. 已婚未迁出户口的农村妇女的承包土地，是否应当收归集体？ ……………………………………… 68
32. 外出打工经商人员的承包地应如何处理？ …… 69
33. 农村土地承包合同纠纷应当如何处理？ ……… 70
34. 农民怎样依法开垦荒地？ ……………………… 70

第五部分 农民专业合作社法 …………………… 72

1. 什么是农民专业合作社？ ……………………… 72
2. 农民专业合作社的设立条件有哪些？ ………… 73

3. 农民专业合作社的法人地位和法律责任是什么？…… 75
4. 农民专业合作社的成员资格和权利义务有哪些？…… 76
5. 农民专业合作社的组织结构和管理模式是什么？…… 78
6. 如何制定和修改农民专业合作社的章程？………… 81
7. 农民专业合作社的经营范围和经营活动有哪些
   限制？……………………………………………………… 83
8. 农民专业合作社如何进行利润分配？………………… 84
9. 农民专业合作社如何进行资金筹集？………………… 85
10. 农民专业合作社如何加入合作社联合组织？……… 87
11. 农民专业合作社如何解决成员之间的纠纷？……… 90
12. 农民专业合作社的决策程序和表决机制
    是什么？…………………………………………… 91

第六部分　农产品质量安全法 …………………………… **93**

1. 什么是农产品？什么是农产品质量安全？…………… 93
2. 什么是食品？什么是食品安全？……………………… 93
3. 什么是食品添加剂？…………………………………… 93
4. 农产品质量标志包括哪些？…………………………… 93
5. 关于农产品包装和标识有什么规定？………………… 94
6. 什么是有机农产品？…………………………………… 95
7. 什么是绿色食品？……………………………………… 95
8. 什么是标准？标准有哪些层次？……………………… 96
9. 什么是强制性标准？什么是推荐性标准？…………… 97
10. 如何申请使用绿色食品标志？……………………… 97
11. 为什么要实施动植物检疫？………………………… 98
12. 哪些农产品不得销售？……………………………… 99
13. 哪些食品不得生产经营？…………………………… 99
14. 法律关于农产品生产档案（记录）有什么
    规定？…………………………………………… 100
15. 畜禽养殖中禁用的兽药或添加剂有哪些？………… 100

16. 水产养殖中禁用药物有哪些？ ………………………… 103
17. 《中华人民共和国动物防疫法》对动物、动物
    产品检疫有哪些主要规定？ ………………………… 109
18. 什么是植物检疫？ …………………………………… 110
19. 运输、邮寄、出售植物及其产品如何办理检疫
    手续？ ………………………………………………… 111
20. 什么是高致病性禽流感？发生后如何控制其
    传播蔓延？ …………………………………………… 112
21. 什么是农业转基因生物？什么是农业转基因
    生物安全？ …………………………………………… 112
22. 生产与加工农业转基因生物产品应注意什么？ …… 113
23. 经营农业转基因生物产品应注意什么？ …………… 114
24. 违法生产、加工农业转基因生物应受何处罚？ …… 115
25. 违法进口农业转基因生物应受何处罚？ …………… 115

第七部分　农业机械化促进法 ………………………… 116

1. 什么是农业机械化？ ………………………………… 116
2. 农业机械生产者、销售者对其产品质量负有
   哪些责任和义务？ …………………………………… 116
3. 从事农业机械维修，应具备什么条件？ …………… 117
4. 农业机械的驾驶、操作人员应具备哪些条件？
   应遵守哪些规定？ …………………………………… 117
5. 买了不合格农机具怎么办？ ………………………… 118
6. 农业机械化的主要领域和应用范围有哪些？ ……… 118
7. 购买二手农机或小厂家生产的农机，可以享受
   补贴吗？ ……………………………………………… 120
8. 农用拖拉机、联合收割机等大型机械需要驾驶
   证吗？没有驾驶证或者证件过期会怎么处理？ …… 120
9. 没有购买农机，但想使用机械化服务，怎么办？
   作业过程中发生机器损坏或经济纠纷怎么办？ …… 121

10. 农机质量有问题，或经销商、生产企业不履行
三包义务，如何维权？ ………………………… 122
11. 小型农用车、微耕机、割草机等是否需要
登记？ …………………………………………… 123

第八部分　环境保护相关法律 …………………… 124
1. 发生农业污染事故该找什么部门进行处理？ … 124
2. 有关部门对哪些地块进行重点监测？ ………… 124
3. 土壤污染重点监管单位应履行哪些义务？ …… 125
4. 农业环境包括哪些方面？农业环境保护应当
坚持什么原则？ ………………………………… 125
5. 农业环境的主要污染物及其危害有哪些？ …… 126
6. 影响农产品质量安全问题的污染途径可分为
哪几种类型？ …………………………………… 126
7. 土壤污染责任人应承担哪些义务？ …………… 127
8. 按照土壤污染程度，农用地分为哪几类？如何
分类治理？ ……………………………………… 128
9. 法律对建设和运行污水集中处理设施和固体
废物处理设施是怎样规定的？ ………………… 129
10. 法律对向土壤排放污染物是怎样规定的？ … 129
11. 法律对建设项目剥离的表土的处理是怎样
规定的？ ………………………………………… 129
12. 向农用地排放污染物的，应受何处罚？ …… 130
13. 未按规定及时回收农业投入品废弃物的，
应受何处罚？ …………………………………… 130
14. 法律关于畜禽遗传资源保护是如何规定的？ … 130
15. 法律关于农作物种质资源保护是怎样规定的？ … 132
16. 畜禽养殖场、养殖小区在资源利用和污染
防治方面应注意什么？ ………………………… 133

第九部分　农民工权益维护相关法律 …………………… 135
1. 外出务工的农民还享有原来的土地承包经营权吗？ …………………………………… 135
2. 挂靠公司拖欠农民工工资的，被挂靠的公司是否需要承担责任？ ………………… 135
3. 法律如何保障从事建筑行业的农民工的工资？ …… 136
4. 建筑工程项目分包单位或转包单位拖欠农民工工资的，施工总单位是否需要承担清偿责任？ … 137
5. 农民工能够以用人单位的工资欠条为证据直接向人民法院起诉吗？ ………………………… 137
6. 经济困难的农民工在维护自己的劳动权益时能够申请法律援助吗？在哪些情形下可以申请？ … 137
7. 农民工从什么时候起与用人单位建立了劳动关系？ ……………………………………… 138
8. 用人单位可以擅自变更劳动合同的内容吗？ …… 138
9. 劳务派遣单位有权向农民工收取服务费吗？ …… 138
10. 用工单位对在岗被派遣劳动者有进行培训的义务吗？ …………………………………… 139
11. 劳务派遣人员是否有与用工单位的员工同工同酬的权利？ …………………………… 139
12. 用工单位可以将连续用工期限分割订立数个短期劳务派遣协议吗？ …………………… 140
13. 劳动者能够要求违法解除劳动合同的用人单位同时支付经济补偿金与赔偿金吗？ ………… 140
14. 因公负伤的农民工在没有与用人单位签订劳动合同的情况下还可以被认定为工伤吗？ …… 141
15. 劳动者在用人单位被违章指挥、强令冒险作业时可以不事先告知用人单位就解除劳动合同吗？ … 141

第十部分 乡村振兴促进法 …… **143**

1. 乡村振兴促进法的目标是什么？ …… 143
2. "乡村"定义是什么？ …… 144
3. 乡村振兴促进法对农民的基本要求有哪些？ …… 145
4. "产业兴旺、生态宜居、乡风文明、治理有效、生活富裕"的五个总要求具体指什么？ …… 146
5. 如何促进农村一二三产业融合发展？ …… 147
6. 如何理解农业供给侧结构性改革？这对农民意味着什么？ …… 149
7. 乡村振兴促进法对耕地保护有哪些具体要求？ …… 150
8. 如何推动农业科技创新和应用？ …… 151
9. 如何促进乡村人才队伍建设？ …… 152
10. 如何加强乡村传统文化的保护与传承？ …… 153
11. 乡村振兴促进法对农民文化活动和文艺创作有什么支持？ …… 155
12. 乡村振兴促进法如何推动农村生态环境保护，改善乡村人居环境？ …… 156
13. 乡村发展过程中，如何防止返贫和新致贫现象？ …… 157
14. 农村集体经济组织是否可以自主决定集体资产的使用？ …… 158

参考文献 …… **160**

第一部分 法律基础知识

1. 什么是法？

法是由国家制定或认可的并由国家强制力保证实施的行为规范的总称。法具有以下特征：①法是调整人们行为的社会规范；②法是由公共权力机构制定或认可的具有特定形式的社会规范；③在国家权力所及的范围内，法具有普遍效力和约束力；④法是以权利和义务为内容的社会规范；⑤法是以国家强制力为后盾，通过法律程序保证实现的社会规范。

2. 我国的法律有哪些种类？

按照规定内容的不同，法可以分为实体法和程序法。实体法是规定具体权利和义务的法，如民法、刑法等；程序法是指为保障权利和义务的实现而规定程序的法，如民事诉讼法、刑事诉讼法等。

当代中国法律体系通常包括：①宪法，是国家的根本大法；②民法；③刑法；④行政法；⑤经济法；⑥诉讼程序法；⑦劳动与社会保障法；⑧自然资源与环境保护法；⑨军事法。

3. 什么是"打官司"？

"打官司"是我们老百姓对法院解决各种矛盾和纠纷的一种通俗说法，准确地说应当是"诉讼"。根据我国有关法律规定，个人或者单位到法院进行诉讼，按照其诉讼的标的和内容，可以分为刑事诉讼、民事诉讼和行政诉讼 3 种。其中，因为刑事犯罪引起的诉讼是刑事诉讼；因为平等主体的公民、法人之间的财产和人身关系引起的诉讼是民事诉讼；因为不服行政机关作出的决定或者要求行政机关作出某种行为而提起的诉讼是行政诉讼。

4. 什么是公诉案件？公诉案件能私了吗？

公诉案件，是指检察机关以国家名义向人民法院提起诉讼，追究被告人刑事责任的案件。根据我国《中华人民共和国刑事诉讼法》第二百一十条的规定，由人民法院直接受理的刑事案件只能是告诉才处理的案件、被害人有证据证明的轻微刑事案件和被害人有证据证明对被告人侵犯自己人身、财产权利的行为应当依法追究刑事责任，而公安机关或者人民检察院不予追究被告人刑事责任的案件。除上述3类案件以外，其他刑事案件都属于公诉案件，即使犯罪人认罪、悔罪，甚至已经向被害人赔偿了经济损失，司法机关仍然会追究犯罪人的刑事责任。

根据我国《中华人民共和国刑事诉讼法》的规定，对刑事案件的侦查、拘留、执行逮捕、预审，由公安机关负责。检察、批准逮捕、检察机关直接受理的案件的侦查、提起公诉，由人民检察院负责。审判由人民法院负责。除法律特别规定的以外，其他任何机关、团体和个人都无权行使这些权力。

因此，公诉案件不可以私了。

5. 怎样写民事起诉状？

民事起诉状是公民、法人或其他组织在其合法权益受到侵害，或因与他人发生争议需要解决时，依据事实与法律向人民法院提起民事诉讼所提交的书面请求文件。它是诉讼活动的起点，也是人民法院启动审理程序的重要依据。民事起诉状作为法律文书，不仅体现了当事人寻求司法保护的意图，也为人民法院审理案件提供了基本的信息和法律依据。

根据《中华人民共和国民事诉讼法》第一百二十四条的规定，民事起诉状必须包含以下事项。

（1）原告的基本信息。起诉状应详细记载原告的姓名、性别、年龄、民族、职业、工作单位、住所和联系方式。如果原告是法人或其他组织，则需要明确其名称、住所及法定代表人或者主要负责人的姓名、职务和联系方式。这些信息是法院确认诉讼主体是否具有诉讼资格的重要依据。

（2）被告的基本信息。起诉状还应注明被告的姓名、性别、工作单位、住所等信息。如果被告是法人或其他组织，则需要写明其名称、住所等信息。这些内容不仅是法院通知被告参加诉讼的依据，也是明确诉讼对方的必要信息。

（3）诉讼请求和事实理由。起诉状中必须清晰表达诉讼请求，即原告希望通过诉讼实现的具体目标，例如，要求支付债务、确认权利、赔偿损失等。诉讼请求必须具体、明确，便于法院裁决。此外，还需要简要陈述事实和理由，说明诉讼请求的依据和支持的事实材料。这是法院了解案情、审查诉讼是否成立的重要部分。

（4）证据及其来源。起诉状还需列明支持诉讼请求的证据及其来源，以及证人的姓名和住址。这些信息为法院调查和核实案件事实提供了线索，方便后续审理的开展。

（5）起诉状的递交方式及相关注意事项。根据《中华人民共和国民事诉讼法》第一百二十三条的规定，起诉时，应当向人民法院递交起诉状，并按照被告人数提交相应数量的副本，以便法院在受理案件后将起诉状副本送达被告。这一规定旨在保障被告的知情权，确保诉讼双方在程序上的平等。

对于书写起诉状确有困难的当事人，法律还提供了便利措施。可以向人民法院口头起诉，由法院工作人员将起诉内容记录在案，并告知被告相关事项。这项规定特别考虑到一些文化水平较低或书写能力有限的当事人，确保他们能够平等地行使诉讼权利。

（6）民事起诉状的重要性。民事起诉状作为启动诉讼程序的关键文件，其内容的完整性和规范性直接影响案件的受理和审理。首先，起诉状是原告表达诉求和提供法律依据的主要文书，其内容的清晰、准确不仅有助于法院快速了解案件背景，也为后续审理奠定了基础。其次，起诉状为被告提供了了解案情和准备应诉的机会，保障了程序的公平性。最后，规范的起诉状有助于减少诉讼中的程序性争议，提高审理效率。

（7）起诉状书写的注意事项

①语言规范。起诉状应使用法律语言，语言表达要准确、简洁，避免使用模糊不清的词汇或情绪化的表达。

②结构完整。按照法律规定逐条写明各项必要内容，确保诉讼主体、诉讼请求、事实依据等信息清楚明了。

③证据清晰。列举证据时，应标注每份证据的具体来源和用途，方便法院查证和归类。

④副本数量。根据被告人数准备相应数量的起诉状副本，以确保法院能够依法送达。

6. 怎样写答辩状？

答辩状是指被告用书面形式对原告提出诉讼请求的事实和依据进行的答复和辩解。答辩状写法上与起诉状基本相同，其格式和内容如下。

（1）标题部分。写明"民事答辩状"。

（2）答辩人的基本情况部分。写明答辩人的姓名、性别、年龄、民族、职业、工作单位和住所。如果是法人或其他组织，则应写明单位的全称、地址以及法定代表人或者主要负责人的姓名和职务。

（3）答辩的案由和理由部分。应分别写明为什么人提起的什么样的诉讼而提出答辩，以及答辩人对原告的诉讼请求予以反驳的事实、理由和依据，同时阐明自己对案件的主张和要求。在这部分内容中，答辩人还可以行使反诉权，提出反诉请求。

（4）结尾部分。写明答辩状所提交的人民法院名称、本答辩状副本的份数，最后由答辩人签名或盖章并注明年、月、日。

7. 怎样写民事上诉状？

上诉状，是指当事人不服第一审人民法院的裁判，而请求第二审人民法院变更原裁判的诉讼文书。依据《中华人民共和国民事诉讼法》第一百七十二条的规定，民事上诉状的内容，应当包括当事人的姓名，法人的名称及其法定代表人的姓名或者其他组织的名称及其主要负责人的姓名；原审人民法院名称、案件的编号和案由；上诉的请求和理由。在具体书写上诉状时，应当写明以下几方面内容。

（1）标题。应写明"民事上诉状"或"上诉状"字样。

（2）上诉人和被上诉人的基本情况。

（3）被提起上诉的原审人民法院及案由。应写明上诉人因不服何法院于何时以何字号作出的判决或裁定而提起上诉。

（4）上诉的请求和理由。这是民事上诉状的核心内容。①上诉的请求应具体明确地写明上诉的目的，即上诉人不服原审人民法院判决（或者裁定）而要求第二审人民法院撤销、变更原审裁定，或者请求重新审理。②上诉的理由应针对原审裁定在认定事实、适用法律以及诉讼程序方面有错误或不合法之处进行反驳，并提出事实和充分、确实的证据加以证明。既要反驳原审裁定的不当之处，又要证明自己请求的正确。

（5）结尾。应写明上诉状所提交的人民法院、上诉状副本的份数，上诉人签名或盖章并写明提交上述状的年、月、日。

8. 什么是有效的民事法律行为？

民事法律行为必须具备有效条件，才能发生法律效力。根据《中华人民共和国民法典》第一百四十三条的规定，有效的民事法律行为必须具备以下3个条件。

（1）行为人具有相应的民事行为能力。也就是说，实施民事行为的人必须具有与所实施的民事行为相适应的能力和资格。

（2）意思表示真实。即行为人实施的民事行为是其真实意愿的反映，而没有被欺骗或者发生重大误解的情况。

（3）不违反法律、行政法规的强制性规定，不违背公序良俗。也就是说，行为人实施的民事行为，是法律和社会公序良俗所允许的，否则就不是有效的民事法律行为。

9. 什么样的民事法律行为无效？

不具备民事法律行为有效条件的民事行为，属于无效的民事法律行为。根据《中华人民共和国民法典》关于民事法律行为效力的规定，以下行为都属于无效的民事法律行为。

（1）无民事行为能力人实施的民事法律行为。

（2）行为人与相对人以虚假的意思表示实施的民事法律行为。

（3）违反法律、行政法规的强制性规定的民事法律行为。但是，该强制性规定不导致该民事法律行为无效的除外。

（4）违背公序良俗的民事法律行为。

（5）行为人与相对人恶意串通，损害他人合法权益的民事法律行为。

上述5种无效的民事行为，从行为开始起就没有法律效力。

10. 什么是农村承包经营户？

《中华人民共和国民法典》第五十五条规定，农村集体经济组织的成员，依法取得农村土地承包经营权，从事家庭承包经营的，为农村承包经营户。

11. 农村集体经济组织是法人吗？

根据《中华人民共和国民法典》第九十六条的规定，机关法人、农村集体经济组织法人、城镇农村的合作经济组织法人、基层群众性自治组织法人，为特别法人。

12. 什么样的人可以独立地进行民事活动？

这个问题涉及自然人的民事行为能力问题。这里所说的民事行为能力，是指民事主体以自己独立的行为取得民事权利、承担民事责任的能力和资格。根据《中华人民共和国民法典》第十七、十八条规定，可以独立进行民事活动的完全民事行为能力人包括以下两种情形。

（1）18周岁以上的自然人是成年人，具有完全的民事行为能力，可以独立实施民事法律行为，是完全民事行为能力人。这部分公民，只要精神、智力正常，就是完全民事行为能力人，可以独立进行民事活动。

（2）16周岁以上不满18周岁的自然人，以自己的劳动收入为主要生活来源的，视为完全民事行为能力人。这部分人视为完全民事行为能力人的条件是必须以自己的劳动收入作为生活的主要来源。具备这一条件，即可以独立进行民事法律行为。

13. 什么是不当得利？应当怎样处理？

不当得利，是指无法律上的根据而得到利益，使他人受损失。构成不当得利应当具备4个条件：①一方取得财产利益；②一方有损失；③取得利益与所受损失间有因果关系；④没有法律上的根据。

对于不当得利行为的处理，根据《中华人民共和国民法典》第九百八十五条，得利人没有法律根据取得不当利益的，受损失的人可以请求得利人返还其取得的利益，但是有下列情形之一的除外：①为履行道德义务进行的给付；②债务到期之前的清偿；③明知无给付义务而进行的债务清偿。《中华人民共和国民法典》第九百八十六条规定：得利人不知道且不应当知道取得的利益没有法律根据，取得的利益已经不存在的，不承担返还该利益的义务。第九百八十七、九百八十八条规定：得利人知道或者应当知道取得的利益没有法律根据的，受损失的人可以请求得利人返还其取得的利益并依法赔偿损失。得利人已经将取得的利益无偿转让给第三人的，受损失的人可以请求第三人在相应范围内承担返还义务。

14. 什么是无因管理？应当怎样处理？

无因管理，是指没有法律规定或约定的义务，为避免他人利益受损失而管理他人事务。构成无因管理应具备以下3个条件：①管理他人事务；②管理人知道他所管理的是他人的事务，并有通过自己的管理行为增加被管理者的利益或避免被管理者发生损失的主观意思；③没有法律上的原因。

根据《中华人民共和国民法典》第九百七十九条的规定，管理人没有法定的或者约定的义务，为避免他人利益受损失而管理他人事务的，可以请求受益人偿还因管理事务而支付的必要费用；管理人因管理事务受到损失的，可以请求受益人给予适当补偿。管理事务不符合受益人真实意思的，管理人不享有前款规定的权利；但是，受益人的真实意思违反法律或者违背公序良俗的除外。

第二部分 宪法

1. 《中华人民共和国宪法》是什么及其核心地位如何？

宪法是国家的根本大法，具有最高的法律效力。

宪法规定了国家的根本制度、根本任务，规定了国家的权力结构、公民的基本权利和义务等最根本、最重要的内容。

宪法在国家法律体系中居于核心地位，这体现在多个方面。

首先，宪法是其他法律的立法基础和立法依据，其他法律是根据宪法制定的，不得与宪法的原则和精神相违背，否则就会因违反宪法而无效。

其次，宪法具有最高的法律效力，一切法律、行政法规和地方性法规都不得同宪法相抵触。

再次，宪法是治国安邦的总章程，是党和人民意志的集中体现，是国家各项制度和法律法规的总依据。

最后，宪法的制定和修改程序比普通法律更为严格，以保障宪法的权威性和稳定性。

总之，宪法在国家法律体系中处于核心地位，是国家法制的基础和核心。

2. 《中华人民共和国宪法》的主要作用和基本原则有哪些？

宪法具有多方面的重要作用。

（1）确认和巩固作用。确认国家的政治、经济、文化等方面的基本制度，巩固统治阶级的地位。

（2）限制和规范作用。限制国家权力的行使，规范国家权力的运行，防止权力滥用。

（3）指引和协调作用。为国家的发展指明方向，协调不同群体、不同地区之间的利益关系。

（4）保障公民权利。确立公民的基本权利和自由，并为其实现提供保障。

宪法的基本原则包括以下6点。

（1）党的领导原则。中国共产党是中国特色社会主义事业的领导核心，党的领导是人民当家作主的根本保证。

（2）人民主权原则。国家的权力属于人民，人民通过各种途径和形式管理国家事务。

（3）尊重和保障人权原则。确认和保障公民的基本权利和自由。

（4）权力监督和制约原则。对国家权力进行合理的分工和制约，以防止权力滥用。

（5）法治原则。法律面前人人平等，国家的治理依照法律进行。

（6）民主集中制原则。在民主基础上的集中和在集中指导下的民主相结合。

3.《中华人民共和国宪法》与其他法律法规之间的关系是怎样的？

宪法与其他法律法规之间存在着密切的关系，主要体现在以下几个方面。

（1）宪法是母法，其他法律法规是子法。宪法是其他法律的立法基础和依据，其他法律的制定必须以宪法为依据，不得与宪法的原则和精神相违背。

（2）宪法具有最高的法律效力。其他法律法规的内容和效力都源自宪法，且不能超越宪法所规定的范围。如果其他法律法规与宪法相冲突，就会因违反宪法而无效。

（3）宪法规定了国家的根本制度和根本任务，为其他法律法规确定了基本的框架和方向。其他法律法规则是在宪法的基础上，对具体的社会关系和行为进行规范和调整。

（4）宪法的修改程序比其他法律法规更为严格，这也体现了宪法的权威性和稳定性。

总之，宪法在整个法律体系中居于最高地位，其他法律法规是对宪法原则和规定的具体化和细化，它们共同构成了一个有机统一的法律体系，保障着国家的法治秩序和公民的权利。

4. 《中华人民共和国宪法》的主要内容包括哪些方面？

（1）总纲。规定了国家的政治、经济、文化等方面的基本制度和基本原则。

（2）公民的基本权利和义务。明确公民享有的平等权、政治权利、宗教信仰自由、人身自由、社会经济权利等，以及公民应履行的基本义务，如维护民族团结和国家统一、遵守宪法和法律等。

（3）国家机构。对国家权力的分配和运行进行规定，包括全国人民代表大会、国务院、人民法院、人民检察院等国家机关的性质、地位、产生方式、职权等。

（4）国旗、国歌、国徽、首都。确定国家的象征和标志。

5. 《中华人民共和国宪法》是如何保障农民的权益的？

宪法通过多种方式全方位保障农民的权益，为农民的生存与发展提供了坚实的法律基础。

平等权方面，宪法明确规定公民在法律面前一律平等。这意味着农民享有与其他公民毫无差别的权利和机会，无论是在政治参与、经济活动还是社会生活中，都不应受到任何形式的歧视。这种平等权为农民在社会中追求公平正义、平等竞争提供了根本保障。

财产权的保障至关重要。宪法确保农民对土地等合法财产拥有所有权和使用权。农村的土地，除由法律规定属于国家所有的以外，属于集体所有，而农民依法享有承包经营权。这一规定使农民能够安心从事农业生产，稳定地利用土地资源创造财富，是农民生活和农村发展的重要基石。

劳动权利是农民权益的重要组成部分。农民享有平等的劳动就业权利，有权通过自己的辛勤劳动获得公正合理的报酬和福利。这保障了农民在城乡就业市场中的公平地位，使他们能够凭借自身努力改善生活状况。

在社会保障权利方面，国家致力于建立健全同经济发展水平相适应的社会保障制度。农民在养老、医疗、失业等方面应当享有相应的保障，以应对生活中的各种风险和困难，从而提高农民的生活安全感和幸福感。

教育权利同样不容忽视。农民享有接受教育的权利，国家努力保障农村地区的教育资源和教育条件。这有助于提升农民的文化素质和技能水平，为他们创造更多发展机会，促进农村社会的进步。

民主权利方面，农民作为公民，有权参与基层民主管理。通过村民自治等形式，农民能够行使民主选举、民主决策、民主管理和民主监督的权利。这使得农村事务能够充分反映农民的意愿和需求，保障农民在农村治理中的主体地位。

发展权利方面，国家采取一系列措施促进农村经济和社会的发展。积极推动农业现代化，加大对农村基础设施建设、农业科技创新等方面的投入，提高农业生产效率和质量，从而不断提高农民的生活水平，缩小城乡差距，实现城乡共同发展。

6. 社会主义公有制和经济制度基础在宪法中的规定

《中华人民共和国宪法》第六条规定："中华人民共和国的社会主义经济制度的基础是生产资料的社会主义公有制，即全

第二部分 宪法

民所有制和劳动群众集体所有制。社会主义公有制消灭人剥削人的制度，实行各尽所能、按劳分配的原则。

国家在社会主义初级阶段，坚持公有制为主体、多种所有制经济共同发展的基本经济制度，坚持按劳分配为主体、多种分配方式并存的分配制度。"

这一规定明确了社会主义公有制在我国经济制度中的基础地位，确立了我国以公有制为主体、多种所有制经济共同发展的基本经济制度。这为我国经济的发展和社会的进步提供了根本的制度保障，有利于调动各方面的积极性，促进生产力的发展和社会的全面进步。

7. 宪法是如何规定按劳分配为主体、多种分配方式并存的？

按劳分配为主体、多种分配方式并存的制度在宪法中的规定具有以下重要意义和内涵。

按劳分配为主体，强调了在公有制经济中，按照劳动者提供的劳动数量和质量进行分配。这是由社会主义公有制的性质和生产力发展水平决定的。劳动者通过自己的劳动，为社会创造价值，应当按照其劳动贡献获得相应的报酬，从而激励劳动者的积极性和创造性，促进社会生产的发展。

多种分配方式并存，是指在社会主义市场经济条件下，除按劳分配外，还存在着多种分配方式。例如，按生产要素分配，包括按劳动要素、资本要素、技术要素、管理要素等进行分配。这是因为在市场经济中，各种生产要素都参与了生产过程，对生产的贡献不可或缺，应当按照其贡献获得相应的回报。这种多种分配方式并存的制度，有利于充分调动各种生产要素的积极性，促进资源的优化配置和经济的快速发展。

宪法对按劳分配为主体、多种分配方式并存的制度的规定，适应了我国社会主义初级阶段生产力发展不平衡、多层次的状况，体现了社会主义的本质要求，即解放和发展生产力，消灭剥削，消除两极分化，最终达到共同富裕。这一制度为我国经济社会的持续健康发展提供了重要的制度保障，有利于激发社会活力，促进经济繁荣和社会公平正义。

8. 农村集体所有制经济在《中华人民共和国宪法》中是如何被理解和实践的？

《中华人民共和国宪法》第八条规定："农村集体经济组织实行家庭承包经营为基础、统分结合的双层经营体制。农村中的生产、供销、信用、消费等各种形式的合作经济，是社会主义劳动群众集体所有制经济。参加农村集体经济组织的劳动者，有权在法律规定的范围内经营自留地、自留山、家庭副业和饲养自留畜。

城镇中的手工业、工业、建筑业、运输业、商业、服务业等行业的各种形式的合作经济，都是社会主义劳动群众集体所有制经济。

国家保护城乡集体经济组织的合法的权利和利益，鼓励、指导和帮助集体经济的发展。"

对于农村集体所有制经济，在理解和实践中具有以下要点：

（1）理解方面

①强调家庭承包经营的基础地位：家庭承包经营是农村集体所有制经济的重要实现形式，保障了农民的生产经营自主权，激发了农民的生产积极性。

②统分结合的双层经营体制："统"是指集体统一经营，"分"是指家庭分散经营。这种体制既发挥了集体的优势，又调动了农民个体的积极性。

③合作经济的性质：农村中的各种合作经济属于集体所有制经济，体现了农民的互助合作，共同发展。

（2）实践方面

①土地承包经营：依法保障农民对集体土地的承包经营权，

稳定土地承包关系，促进农业生产的稳定和发展。

②集体资产的管理和运营：农村集体经济组织负责管理和运营集体资产，通过合理的经营和投资，实现集体资产的增值，为农民创造更多的收益。

③发展农村合作经济：鼓励和支持农民发展各种形式的合作经济，如农民专业合作社等，提高农业生产的组织化程度和市场竞争力。

④政策支持和引导：国家通过出台相关政策，如财政支持、税收优惠、技术指导等，鼓励、指导和帮助农村集体经济的发展，促进农村产业升级和农民增收。

⑤权益保护：依法保护农村集体经济组织及其成员的合法权益，防止集体资产的流失和侵害农民利益的行为发生。

9.《中华人民共和国宪法》中关于自然资源和土地所有权的规定是什么？

《中华人民共和国宪法》中关于自然资源和土地所有权的规定主要包括以下内容。

第九条规定："矿藏、水流、森林、山岭、草原、荒地、滩涂等自然资源，都属于国家所有，即全民所有；由法律规定属于集体所有的森林和山岭、草原、荒地、滩涂除外。国家保障自然资源的合理利用，保护珍贵的动物和植物。禁止任何组织或者个人用任何手段侵占或者破坏自然资源。"

第十条规定："城市的土地属于国家所有。农村和城市郊区的土地，除由法律规定属于国家所有的以外，属于集体所有；宅基地和自留地、自留山，也属于集体所有。国家为了公共利益的需要，可以依照法律规定对土地实行征收或者征用。任何组织或者个人不得侵占、买卖或者以其他形式非法转让土地。土地的使用权可以依照法律的规定转让。一切使用土地的组织和个人必须合理地利用土地。"

这些规定明确了我国自然资源和土地的所有权归属，以及使用和保护的原则，旨在保障资源的合理利用和保护，维护国家和集体的利益。

10.《中华人民共和国宪法》如何保护公民的合法私有财产权？

《中华人民共和国宪法》第十三条规定："公民的合法的私有财产不受侵犯。国家依照法律规定保护公民的私有财产权和继承权。

国家为了公共利益的需要，可以依照法律规定对公民的私有财产实行征收或者征用并给予补偿。"

这一规定从以下几个方面保护公民的合法私有财产权：

首先，明确公民合法的私有财产不受侵犯，确立了保护私有财产权的基本原则，给予公民的私有财产以明确的法律地位和保护。

其次，强调国家依照法律规定保护公民的私有财产权和继承权，为具体法律制度的建立和完善提供了宪法依据，使得相关法律在保护公民私有财产权方面有了根本遵循。

最后，规定国家为公共利益对公民私有财产实行征收或者征用须给予补偿。这在一定程度上防止了国家权力对公民私有财产的不当侵犯，保障了公民在特殊情况下私有财产的合法权益。

11.《中华人民共和国宪法》是如何规定关于生活环境和生态环境的保护与改善的？

《中华人民共和国宪法》第二十六条规定："国家保护和改善生活环境和生态环境，防治污染和其他公害。国家组织和鼓励植树造林，保护林木。"

这一规定明确了国家在保护和改善环境方面的责任和义务。

"保护和改善"表明国家不仅要防止环境恶化，还要积极采取措施提升环境质量。"防治污染和其他公害"强调了对各种污染源和有害因素的治理和控制。"国家组织和鼓励植树造林，保护林木"则突出了国家在推动生态建设、增加绿色植被方面的作用，以促进生态平衡和环境保护。

这一宪法规定为我国制定环境保护相关的法律法规、政策措施以及开展环境保护工作提供了根本的法律依据和指导原则。

12.《中华人民共和国宪法》中"公民在法律面前一律平等"这一原则如何理解？

"公民在法律面前一律平等"这一原则在《中华人民共和国宪法》中具有重要意义，其理解主要包含以下几个方面：

首先，意味着公民平等地享有宪法和法律规定的权利。无论是政治权利、经济权利、文化权利还是其他权利，不分民族、种族、性别、职业、家庭出身、宗教信仰、教育程度、财产状况、居住期限等，每个公民都平等地享有。

其次，公民平等地履行宪法和法律规定的义务。所有公民都必须按照法律的要求，履行应尽的义务，没有任何特殊或例外。

再次，任何公民的合法权益都一律平等地受到保护，不受任何歧视。当公民的权利受到侵犯时，法律会给予平等的救济和保障。

最后，任何公民的违法犯罪行为都应平等地依法予以追究和制裁，不允许任何人有超越法律的特权。无论身份地位、财富多寡，只要违反了法律，都要接受法律的惩处。

总之，"公民在法律面前一律平等"是法治的基本原则之一，体现了法律的公正性和权威性，保障了公民的基本权利和自由，促进了社会的公平正义。

13.《中华人民共和国宪法》是如何规定公民的选举权和被选举权的？

《中华人民共和国宪法》第三十四条规定："中华人民共和国年满十八周岁的公民，不分民族、种族、性别、职业、家庭出身、宗教信仰、教育程度、财产状况、居住期限，都有选举权和被选举权；但是依照法律被剥夺政治权利的人除外。"

这一规定明确了公民享有选举权和被选举权的条件。

年龄条件：必须年满十八周岁。

国籍条件：必须是中华人民共和国公民。

同时，也指出了例外情况，即依照法律被剥夺政治权利的人不享有选举权和被选举权。

选举权和被选举权是公民的基本政治权利之一，这一规定保障了公民参与国家政治生活、管理国家事务的权利。

14.《中华人民共和国宪法》中公民的人身自由权和人格尊严的保障有哪些？

《中华人民共和国宪法》中对公民人身自由权和人格尊严的保障内容丰富且具体。

（1）人身自由权方面

①明确禁止任何国家机关、社会团体和个人非法拘禁公民。非法拘禁是指没有合法依据和程序，限制他人的人身行动自由。这一禁止确保了公民能够自由地在社会中活动，不受非法的人身限制。

②禁止以其他方法非法剥夺或者限制公民的人身自由。这涵盖了诸如非法管制、非法禁闭等其他非法限制人身自由的行为，强调了对人身自由保护的全面性。

③禁止非法搜查公民的身体。这意味着除法律规定的特定情况和遵循法定程序外，任何人不得随意对公民的身体进行搜

查，保障了公民身体的隐私和尊严。

（2）人格尊严方面

①宪法明确规定公民的人格尊严不受侵犯，这一原则性的宣告确立了人格尊严保护的根本地位。

②禁止用任何方法对公民进行侮辱。侮辱行为通常表现为使用言语、文字或者动作对他人的名誉、声誉进行损害，比如恶意谩骂、诋毁等。

③禁止对公民进行诽谤。诽谤是指故意捏造并散布虚构的事实，破坏他人名誉的行为。

④禁止对公民进行诬告陷害。诬告陷害是指捏造事实，作虚假告发，意图陷害他人，使他人受到刑事追究或者治安管理处罚等。

15.《中华人民共和国宪法》中对公民社会经济权利的规定包括哪些？

《中华人民共和国宪法》中对公民社会经济权利的规定主要包括以下方面。

（1）劳动权。《中华人民共和国宪法》规定，公民有劳动的权利和义务。国家通过各种途径，创造劳动就业条件，加强劳动保护，改善劳动条件，并在发展生产的基础上，提高劳动报酬和福利待遇。国家对就业前的公民进行必要的劳动就业训练。劳动权是公民赖以生存的基础，是行使其他权利的物质上的保障。

（2）休息权。劳动者有休息的权利。国家发展劳动者休息和休养的设施，规定职工的工作时间和休假制度。休息权是劳动权存在和发展的基础，保障劳动者的休息权，使其能够恢复体力、脑力，更好地投入工作和创造。

（3）获得物质帮助权。公民在年老、疾病或者丧失劳动能力的情况下，有从国家和社会获得物质帮助的权利。国家发展为公民享受这些权利所需要的社会保险、社会救济和医疗卫生事业。获得物质帮助权是保障公民在特殊情况下的基本生活需求，体现了国家对公民的关怀和保障。

（4）财产权。公民的合法的私有财产不受侵犯。国家依照法律规定保护公民的私有财产权和继承权。国家为了公共利益的需要，可以依照法律规定对公民的私有财产实行征收或者征用并给予补偿。这一规定明确了公民对合法私有财产的权利，以及在特定情况下国家对私有财产的处理原则。

（5）社会保障权。国家建立健全同经济发展水平相适应的社会保障制度，保障公民在退休、失业、疾病、工伤等情况下依法从国家和社会获得物质帮助的权利。

16.《中华人民共和国宪法》是如何保护妇女、儿童和老人的权利的?

（1）妇女权利保护方面

①宪法明确强调妇女在政治领域享有平等的选举权和被选举权，能够参与国家事务和社会事务的管理，有平等的机会担任公职。

②在经济领域，保障妇女享有与男子同等的劳动就业机会、同工同酬，以及平等的职业培训和晋升机会，消除职场中的性别歧视。

③在文化教育方面，确保妇女拥有平等接受教育的权利，包括获得各级各类教育资源，不受性别因素的限制。

④在社会生活中，妇女享有与男子平等地参与社会活动、享受社会福利和社会保障的权利。

（2）儿童权利保护方面

①明确规定婚姻、家庭、母亲和儿童受国家的保护，为儿童的成长提供了宏观的保障环境。

②强调父母有抚养教育未成年子女的义务，要求父母为儿

童提供必要的生活条件、关爱和教育，保障儿童的身心健康发展。

③禁止虐待儿童，从法律上严格禁止任何对儿童身心健康造成伤害的行为，为儿童的安全提供法律防线。

④国家通过制定相关法律法规和政策，保障儿童接受义务教育的权利，促进儿童全面发展。

（3）老年人权利保护方面

①规定成年子女有赡养扶助父母的义务，要求子女在经济上供养、生活上照料、精神上慰藉老人，确保老人的生活质量。

②禁止遗弃老人，对不履行赡养义务、遗弃老人的行为予以法律制裁，维护老人的合法权益。

③国家建立健全社会养老保障制度，为老人提供养老金、医疗保障等福利，减轻子女的赡养负担，提高老人的生活保障水平。

17. 村民委员会的组成、职责和选举程序在《中华人民共和国宪法》中是如何规定的？

《中华人民共和国宪法》第一百一十一条规定："城市和农村按居民居住地区设立的居民委员会或者村民委员会是基层群众性自治组织。居民委员会、村民委员会的主任、副主任和委员由居民选举。居民委员会、村民委员会同基层政权的相互关系由法律规定。

居民委员会、村民委员会设人民调解、治安保卫、公共卫生等委员会，办理本居住地区的公共事务和公益事业，调解民间纠纷，协助维护社会治安，并且向人民政府反映群众的意见、要求和提出建议。"

村民委员会的组成：村民委员会由主任、副主任和委员组成，其成员由村民选举产生。

（1）村民委员会的职责

①办理本村的公共事务和公益事业，如村庄的基础设施建设、公共服务设施的维护等。

②调解民间纠纷，促进村民之间的和谐相处。

③协助维护社会治安，保障村庄的安全和稳定。

④向人民政府反映群众的意见、要求和提出建议，发挥桥梁和纽带作用。

（2）村民委员会的选举程序

《中华人民共和国宪法》并未对村民委员会的选举程序作出具体规定。但依据相关法律及实践，村民委员会成员的选举通常按照以下大致程序进行。

①成立选举工作机构，负责选举的组织和筹备工作。

②进行选民登记，确定有选举权的村民名单。

③提名候选人，村民可以以联名提名或者个人自荐等方式产生候选人。

④组织选举投票，通过召开选举大会或者设立投票站等方式，让选民进行无记名投票。

⑤计票并公布选举结果，按照得票多少确定当选人员，并进行公布。

第三部分　民法典

1.《中华人民共和国民法典》的颁布背景和意义是什么？

《中华人民共和国民法典》的颁布有着深刻的背景和重大意义。

（1）背景

①社会经济的快速发展。我国经济持续高速增长，社会结构和利益格局发生了深刻变化，新的经济形式和交易模式不断涌现，原有的民事法律规范难以满足现实需求。

②人民群众对权利保护的需求增加。随着法治意识的提高，人民群众对自身民事权利的保护有了更高的期待和要求，需要一部系统、全面的法典来保障其合法权益。

③整合民事法律规范的需要。此前我国民事法律规范分散在众多单行法中，存在规定不一致、衔接不顺畅等问题，需要进行整合和统一。

（2）意义

①法治建设的重大成果。是我国法治建设的里程碑，标志着我国民事法律制度的成熟和完善，为全面依法治国奠定了坚实基础。

②权利保障的有力武器。系统全面地规定了公民的各项民事权利，如物权、合同权、人格权、婚姻家庭权、继承权等，为公民权利的实现和保护提供了更充分的法律依据。

③市场经济的法律基石。为市场经济中的各类主体提供了统一的行为规则，保障了市场交易的安全和效率，促进了资源

的合理配置和市场经济的健康发展。

④社会治理的重要工具。有助于解决社会矛盾和纠纷，维护社会公平正义和社会秩序，促进社会和谐稳定。

⑤文化传承与价值引领。弘扬了平等、自愿、公平、诚信等法治理念和社会主义核心价值观，传承了中华民族优秀的法律文化传统。

⑥国际法治交流的重要成果。在国际上展示了我国法治建设的成就，为其他国家和地区的民事立法提供了有益借鉴。

2. 以夫妻名义同居但未登记的婚姻具有法律效力吗？

事实婚姻，通常定义为没有配偶的男女，未进行结婚登记，便以夫妻关系同居生活，群众也认为他们是夫妻关系的两性结合。在事实婚姻中，男女已经具备了婚姻关系存续的实质要件，但是缺少婚姻关系成立的形式要件。为了更好地保护男女双方的合法权益，规范实践中存在的"事实婚姻"现象，我国法律对事实婚姻的法律效力认定是有区别的。根据《最高人民法院关于适用〈中华人民共和国民法典〉婚姻家庭编的解释（一）》（以下简称《民法典婚姻家庭编解释（一）》）第七条的规定，1994年2月1日以前，男女双方已经符合结婚实质要件的，按事实婚姻处理。从1994年2月1日起，男女双方符合结婚实质要件的，人民法院应当告知其补办结婚登记；未补办结婚登记的，按该司法解释第三条规定处理，即按解除同居关系处理。因此，法院在受理时会查明男女双方事实婚姻存在的起始时间，如果双方依法补办了结婚登记，法院则可以按照离婚诉讼立案受理；如果双方没有补办结婚登记，那么法院将按解除同居关系处理。

3. 仅举办了仪式但未登记的婚姻是否有效？

我国传统的结婚形式是举行婚礼仪式，很多人便认为只要男女双方举办了婚礼就是结婚，就存在婚姻关系了，但法律对结婚是否一定要举行婚礼未作规定。根据《中华人民共和国民法典》第一千零四十九条的规定，婚姻实行登记制度，进行登记是使婚姻合法有效的必经程序，因此，结婚必须依法办理结婚登记，不能以是否举行仪式作为婚姻成立与否的标志，更不能以仪式代替登记。在此需要提醒广大民众的是，对于符合法定的结婚条件，举行结婚仪式而未办理结婚登记的，应当按照《中华人民共和国民法典》的要求补办结婚登记，否则并不会得到法律上的承认和保护，在日常生活中也可能产生许多麻烦。

4. 对于包办婚姻，当事人可以要求离婚吗？

我国法律坚持婚姻自主的基本原则，男女双方均有权决定自己的结婚自由和离婚自由，其他任何人都无权干涉。根据《中华人民共和国民法典》第一千零四十二条的规定，包办、买卖婚姻和其他干涉婚姻自由的行为以及借婚姻索取财物都是被法律所禁止的行为。

5. 已婚者又与他人登记结婚的，婚姻关系有效吗？

《中华人民共和国民法典》第一千零五十一条对婚姻无效的情形作了列举性规定，其中第一项就是重婚。所谓重婚是指，有配偶而又与他人结婚或明知他人有配偶而与之结婚的行为。无论是通过登记而构成的法律上的重婚，还是通过与他人以夫妻名义关系同居生活而构成的事实婚姻，这种婚姻关系均属无效。

6. 因受胁迫结婚而向法院申请离婚的，法院会支持吗？

《中华人民共和国民法典》第一千零五十二条规定："因胁迫结婚的，受胁迫的一方可以向人民法院请求撤销婚姻。请求撤销婚姻的，应当自胁迫行为终止之日起一年内提出。被非法限制人身自由的当事人请求撤销婚姻的，应当自恢复人身自由之日起一年内提出。"同时，《民法典婚姻家庭编解释（一）》第十八条还规定，《中华人民共和国民法典》第一千零五十二条所称的"胁迫"，是指行为人以给另一方当事人或者其近亲属的生命、身体、健康、名誉、财产等方面造成损害为要挟，迫使另一方当事人违背真实意愿结婚的情况。

如发生受胁迫结婚的情况，符合我国法律规定的情节，法院会受理，并会支持当事人的请求，作出撤销婚姻判决。但是，需要注意的是，可撤销婚姻申请的提出时间有一定的限制，受胁迫一方要求撤销婚姻的，应当自胁迫行为终止之日起一年内提出。被非法限制人身自由的当事人请求撤销婚姻的，应当自恢复人身自由之日起一年内提出。如果超出了上述期限，申请人可向人民法院起诉离婚。

7. 配偶一方婚前隐瞒重大疾病的，对方是否能请求法院撤销婚姻？

《中华人民共和国民法典》第一千零五十三条规定："一方患有重大疾病的，应当在结婚登记前如实告知另一方；不如实告知的，另一方可以向人民法院请求撤销婚姻。请求撤销婚姻的，应当自知道或者应当知道撤销事由之日起一年内提出。"因此，《中华人民共和国民法典》该条规定保护了配偶的知情权，要求大家在婚姻关系中要做到最基本的坦诚。如果为了结婚而向对方隐瞒自己的身体状况，这样是不道德的也是违法的，也将为婚姻关系埋下很大的隐患。

因受到人身伤害而得到的赔偿是否属于夫妻共同财产？

根据《中华人民共和国民法典》第一千零六十三条的规定，人身损害赔偿属于夫妻一方的个人财产。这是因为，该部分赔偿的关键目的是用于治疗受害人所受到的人身伤害，因此与受害人具有紧密的人身关系，将该部分财产作为个人财产更有益

第三部分 民法典

于保护受害人的人身健康。

8. 一方在婚前买的住房，会因结婚而转化为夫妻共同财产吗？

《中华人民共和国民法典》及相关司法解释明确规定，如无特别约定，一方的婚前财产属于夫妻个人所有的财产。属于夫妻一方所有的财产，不因婚姻关系的延续而转化为夫妻共同财产。据此，夫妻一方在婚前购买住房并且取得了所有权，如果当事人间没有关于该财产为双方共同所有的特殊约定，则该财产并不会因结婚而转化为夫妻共同财产，仍是属于一方所有的财产，离婚时不能作为共同财产进行分割。

9. 夫妻双方离婚时，一方生活困难有权要求另一方给予适当帮助吗？

《中华人民共和国民法典》规定，离婚时，如一方生活困难，有负担能力的另一方应给予适当帮助。该规定是夫妻之间互相扶养的法律义务在离婚时的一种延伸和表现，也是扶弱济贫的社会主义道德的要求。《中华人民共和国民法典》同时规定，夫妻一方因抚育子女、照料老人、协助另一方工作等付出较多义务的，离婚时有权要求另一方给予补偿。

10. 夫妻一方能否在协议离婚后提出损害赔偿请求？

为了保护婚姻生活中的弱势群体，我国相关法律特别作出了规定，即使采用协议离婚的方式结束婚姻关系的，无过错的一方仍然有权要求损害赔偿。《民法典婚姻家庭编解释（一）》第八十九条规定："当事人在婚姻登记机关办理离婚登记手续后，以民法典第一千零九十一条规定为由向人民法院提出损害赔偿请求的，人民法院应当受理。但当事人在协议离婚时已经明确表示放弃该项请求的，人民法院不予支持。"

由此可知，在协议离婚后，可以向人民法院提起离婚损害赔偿诉讼，但应当在办理离婚登记手续后一年内提出，否则将得不到人民法院的支持。需要注意的是，如果当事人在协议离婚时已经明确表示放弃损害赔偿的，即使提起了诉讼，也得不到法院的支持。

11. 一方如何应对另一方在离婚时转移财产的情况？

为了保护婚姻生活中弱势群体的利益，法律规定了一些在紧急情况下适用的保护条款。根据《民法典婚姻家庭编解释（一）》的规定，夫妻一方申请对配偶的个人财产或者夫妻共同财产采取保全措施的，人民法院可以在采取保全措施可能造成损失的范围内，根据实际情况，确定合理的财产担保数额。所谓财产保全，是指人民法院在利害关系人起诉前或者当事人起诉后，为保障将来的生效判决能够得到执行或者避免财产遭受损失，对当事人的财产或者争议的标的物，采取限制当事人处分的强制措施。

12. 当事人在法院判决不准离婚后又提出了损害赔偿的请求，法院会支持吗？

根据《中华人民共和国民法典》第一千零九十一条的规定，婚姻双方当事人其中一方具有重婚，与他人同居，实施家庭暴力，虐待、遗弃家庭成员等情形的，则应认定为该当事人一方存在过错，在离婚时，无过错的另一方可以请求过错方支付离婚损害赔偿金。如果婚姻当事人中一方存在《中华人民共和国民法典》第一千零九十一条规定的情形的，而双方当事人并不想离婚或者经法院判决不准离婚的，无过错的一方当事人无权请求离婚损害赔偿。对此，《民法典婚姻家庭编解释（一）》第八十七条第二款、第三款作出了明确规定："人民法院判决不准离婚的案件，对于当事人基于民法典第一千零九十一条提出的损害赔偿请求，不予支持。在婚姻关系存续期间，当事人不起诉离婚而单独依据民法典第一千零九十一条提起损害赔偿请求的，人民法院不予受理。"可见，婚姻关系存续期间及经人民法院判决不准离婚的案件，当事人基于《中华人民共和国民法典》第一千零九十一条提出损害赔偿请求，人民法院是不予受理和不予支持的。

13. 法院不准离婚后，分居多久法院应当判离？

在法院不准离婚后，分居又满一年的，法律应当判离。由于中国一直以来有着"宁拆十座庙，不拆一门亲"的传统观念，因此在司法实践中，法院也会十分注重调解夫妻之间的矛盾。《中华人民共和国民法典》第一千零七十九条第三款已经规定了4种具体的感情破裂情形和一个兜底情形，如果在感情未破裂的情况下，法院会更加倾向于判决不准离婚。在这种情况下，根据《中华人民共和国民法典》第一千零七十九条第五款的规定，如果双方在此之后分居又满一年，再次诉讼离婚则法院应当判离。

14. 分手时，男方有权要求女方返还婚前送给女方的彩礼吗？

在我国广大农村地区，男女双方婚嫁时，男方通常会给付女方一定数额的彩礼。双方登记结婚后，自然不存在彩礼返还的问题，但是，当双方因为某种原因未能登记结婚时，女方是否应当返还已经收受的彩礼呢？对此，《民法典婚姻家庭编解释（一）》明确规定，如果婚姻当事人一方给付了另一方彩礼，在以下情况下当事人要求返还的，人民法院应予支持：（一）双方没有办理结婚登记手续的；（二）虽然办理了结婚登记手续但确实没在一起生活的；（三）婚前给付彩礼导致给付人生活困难的。适用前款第二项、第三项的规定，应当以双方离婚为条件。

农民学法用法手册

15. 妻子有义务在丈夫死亡后对共同债务承担偿还责任吗?

《中华人民共和国民法典》第一千零六十四条规定:"夫妻双方共同签名或者夫妻一方事后追认等共同意思表示所负的债务,以及夫妻一方在婚姻关系存续期间以个人名义为家庭日常生活需要所负的债务,属于夫妻共同债务。夫妻一方在婚姻关系存续期间以个人名义超出家庭日常生活需要所负的债务,不属于夫妻共同债务;但是,债权人能够证明该债务用于夫妻共同生活、共同生产经营或者基于夫妻双方共同意思表示的除外。"第一千零六十五条第三款规定:"夫妻对婚姻关系存续期间所得的财产约定归各自所有,夫或者妻一方对外所负的债务,相对人知道该约定的,以夫或者妻一方的个人财产清偿。"

16. 夫妻一方有权擅自将大额财产赠予他人吗?

《中华人民共和国民法典》规定,夫妻对共同所有的财产有平等的处理权。换言之,夫或妻非因日常生活需要对夫妻共同财产做重要处理决定,夫妻双方应当平等协商,取得一致意见。他人有理由相信其为夫妻双方共同意思表示的,另一方不得以不同意或不知道为由对抗善意第三人。

17. 丈夫应当对失去劳动能力的妻子承担扶养义务吗?

《中华人民共和国民法典》规定,夫妻双方有相互扶养的义务。所谓夫妻之间的扶养义务,主要是夫妻之间相互为对方提供经济上的供养和生活上的扶助,以此来维持日常的生活。一方不履行扶养义务时,需要扶养的一方,有要求对方付给扶养费的权利。

18. 如何处理情节较轻的家庭暴力?

在我国,对于情节较轻的家庭暴力,处理方式主要依据

《中华人民共和国反家庭暴力法》等相关法律法规。

（1）告诫制度。公安机关可以对加害人给予批评教育或者出具告诫书。告诫书应当包括加害人的身份信息、家庭暴力的事实陈述、禁止加害人实施家庭暴力等内容。告诫书可以成为人民法院审理涉及家庭暴力案件认定家庭暴力事实的证据。

（2）调解。居民委员会、村民委员会、妇女联合会等单位应当对实施家庭暴力的加害人与受害人进行调解，化解矛盾，促使家庭关系的改善。

（3）庇护救助。县级或者设区的市级人民政府可以单独或者依托救助管理机构设立临时庇护场所，为受害人提供临时生活帮助。

（4）人身安全保护令。受害人可以向人民法院申请人身安全保护令。人民法院受理申请后，应当在七十二小时内作出人身安全保护令或者驳回申请；情况紧急的，应当在二十四小时内作出。人身安全保护令可以包括禁止被申请人实施家庭暴力、禁止被申请人骚扰、跟踪、接触申请人及其相关近亲属、责令被申请人迁出申请人住所等措施。

（5）社区干预。社区组织应当加强对家庭暴力的监测和预防工作，对存在家庭暴力隐患的家庭进行早期干预和教育。

（6）心理辅导和咨询。相关部门可以为受害人提供心理辅导和咨询服务，帮助其克服心理创伤，重建生活信心。

（7）法律教育。对加害人进行法律教育，使其明确家庭暴力行为的违法性和法律后果，防止家庭暴力再次发生。

19. 人身安全保护令是指什么？他人有权代为申请吗？

人身安全保护令是人民法院为了保护家庭暴力中的受害人及其子女和特定亲属的人身安全、确保婚姻案件诉讼程序的正常进行而作出的民事裁定，是一种民事强制措施。根据《中华人民共和国反家庭暴力法》第二十三条第一款的规定，当事人因遭受家庭暴力或者面临家庭暴力的现实危险，向人民法院申请人身安全保护令的，人民法院应当受理。

20. 人身安全保护令一直有效吗？

人身安全保护令并非一直有效，而是有明确的有效期。《中华人民共和国反家庭暴力法》第三十条规定："人身安全保护令的有效期不超过六个月，自作出之日起生效。人身安全保护令失效前，人民法院可以根据申请人的申请撤销、变更或者延长。"

21. 离婚时，女方能否以绝育为由而得到孩子的抚养权？

离婚时，子女抚养权问题往往非常难以决断，无论是跟随父亲一方还是跟随母亲一方，对子女的成长都是既有利又有弊的，父母双方和法院都应该慎重考虑。《中华人民共和国民法典》第一千零八十四条明确规定，离婚时关于子女抚养权问题，男女双方可以协议确定，对于两周岁以上的子女，如双方因抚养问题发生争执不能达成协议时，由人民法院根据子女的权益和双方的具体情况判决。因此，离婚后，子女抚养权的问题取决于双方的协商，协商不成时由法院自由裁量。

但是，实践中也存在一些特殊的情况，如女方在生育后做了绝育手术，此时，我国法律基于对女性权益的保护，对子女抚养权的确定作出了特别规定。《中华人民共和国妇女权益保障法》明确规定，离婚时，女方因实施绝育手术或者其他原因丧失生育能力的，处理子女抚养问题，应在有利于子女权益的条件下，照顾女方的合理要求。当然，也存在一些男方做绝育手术的情况。因此，《民法典婚姻家庭编解释（一）》明确指出，双方对抚养子女发生争议的，可以优先考虑已做绝育手术或因其他原因丧失生育能力一方的合理要求。也就是说，如果夫妻双方都想让孩子跟随自己生活，法院可以本着照顾不能生育一方的原则，在不影响孩子身心健康的前提下，将孩子的抚养权交给不能生育的一方。

22. 离婚后，一方有权擅自更改孩子的姓名吗？

《中华人民共和国民法典》明确规定，若无特殊情形，自然人应当随父姓或者母姓。由此可见，父母有决定子女姓名的权利，子女既可以跟随父亲姓氏，也可以跟随母亲姓氏。但是，当父母双方离婚时，子女的姓名问题也就成了双方争议的一个焦点，很难再达成一致。为了避免实践中存在的男女双方离婚后，一方擅自更改子女姓名而引发的争议，《公安部关于父母离婚后子女姓名变更有关问题的批复》（公治〔2002〕74号）明确指出："对于离婚双方未经协商或协商未达成一致意见而其中一方要求变更子女姓名的，公安机关可以拒绝受理；对一方因向公安机关隐瞒离婚事实，而取得子女姓名变更的，若另一方要求恢复子女原姓名且离婚双方协商不成，公安机关应予以恢复。"由此可见，父母虽然可以对孩子的姓名进行更改，但是任何更改姓名的行为均不得违反法律的相关规定，父母双方必须达成一致意见。如果一方擅自变更子女姓名的，另一方有权要求恢复子女的原姓名。

23. 夫妻离婚后，和孩子共同生活的一方有权不让另一方见孩子吗？

《中华人民共和国民法典》第一千零八十六条规定："离婚后，不直接抚养子女的父或者母，有探望子女的权利，另一方有协助的义务。行使探望权利的方式、时间由当事人协议；协议不成的，由人民法院判决。父或者母探望子女，不利于子女身心健康的，由人民法院依法中止探望；中止的事由消失后，应当恢复探望。"由此可见，父母离婚后，不直接抚养子女的一方享有探望权，任何人不得剥夺其探望权。享有探望权一方的行为有损子女的权利和成长时，直接抚养子女的一方可以申请人民法院中止探望权，但该事由消除后，即应当恢复其探望权。

父母婚姻关系的终结并不改变父母与子女的血缘身份关系，子女仍是父母双方的子女，双方都有抚养的权利和义务。而在发生探望权纠纷时，首要的解决方式是双方当事人协商。当双方无法就诸上事宜达成一致时，可以请求人民法院作出判决。如果享有探望权的一方探望子女并不利于子女健康成长的，直接抚养子女的一方可以请求人民法院中止对方的探望权。如果直接抚养子女的一方不配合对方行使探望权的，享有探望权的一方可以就子女的探望权提起诉讼，请求人民法院的保护与协助。

24. 养子女被养父母虐待，难道就真的谁都管不着吗？

收养是一方当事人领养他人子女作为自己子女的行为。通过收养，收养人和被收养人之间形成了一种拟制的血亲关系，我国法律是保护这种合法的收养关系的。根据《中华人民共和国民法典》第一千一百一十一条第一款的规定，养父母收养子女以后，收养人与被收养人之间形成了法律拟制的父母子女关系，适用法律关于父母子女关系的规定。也就是说，养父母与养子女之间建立收养关系后，就等同于亲生父母子女之间的关系，养父母就应该按照法律规定尽到监护和教育的义务，不能对养子女实施家庭暴力等行为。

《中华人民共和国反家庭暴力法》第十四条规定，学校、幼儿园、医疗机构、居民委员会、村民委员会、社会工作服务机构、救助管理机构、福利机构及其工作人员在工作中发现无民事行为能力人、限制民事行为能力人遭受或者疑似遭受家庭暴力的，应当及时向公安机关报案。

25. 父母离婚后，未和子女生活的一方与子女之间就没有关系了吗？

《中华人民共和国民法典》第一千零八十四条第一款和第二款规定："父母与子女间的关系，不因父母离婚而消除。离婚后，子女无论由父或者母直接抚养，仍是父母双方的子女。离婚后，父母对于子女仍有抚养、教育、保护的权利和义务。"由此，我们可以得知，父母子女关系是基于出生事实而形成的自然血亲关系，父母离婚后婚姻关系的解除，并不影响父母与子女之间存有的血亲关系。离婚后，子女无论随父母哪一方生活，仍是父母双方的子女。没有直接抚养子女的一方，仍有抚养和教育、保护子女的权利和义务。

26. 孩子在学校将人打伤，责任该由谁承担？

考虑到未成年人天性好动、喜欢冒险，但同时身心方面的发展远未成熟，缺少自我保护的知识和能力，在日常学习和生活中极有可能造成自身或者他人的损害。尤其是在学校期间，未成年人远离父母的视线，老师就成了他们的临时监护人，代为教育、管理，负有保护未成年人安全的义务。按照我国法律规定，父母是未成年人的法定监护人，在未成年人侵权造成他人损害时，理应承担相应的赔偿责任，但是，当未成年人进入学校等教育机构后，父母的监护权就无法实行，而教育机构的人员便承担起了监护的责任。在此期间，未成年人受到伤害的，教育机构应当承担赔偿责任。对此，《中华人民共和国民法典》明确规定，对于无民事行为能力人在学校期间受到人身损害的，学校除能证明自身尽到教育、管理职责外，均应承担责任；而对于限制民事行为能力人在学校期间受到人身损害的，只要学校未尽到教育、管理职责，就应当承担责任。

27. 两人离婚时在离婚协议中约定轮流抚养孩子的做法合法吗？

根据《中华人民共和国民法典》第一千零七十六条规定："夫妻双方自愿离婚的，应当签订书面离婚协议，并亲自到婚姻登记机关申请离婚登记。离婚协议应当载明双方自愿离婚的意思表示和对子女抚养、财产以及债务处理等事项协商一致的意见。"根据该规定可知，夫妻可以协议离婚，但要对子女抚养、财产以及债务处理等事项达成一致意见。在处理孩子的抚养问题上，只要有利于保护子女利益，能使子女的身心健康成长，法律并不禁止离婚父母协商轮流抚养子女。诉讼离婚时，父母双方轮流抚养子女的，一般需要由双方当事人达成协议，由人民法院认可。采用这种抚养方式，需要一定的客观条件，要有利于子女的健康成长和保护其合法权益。

28. 父母双亡，爷爷奶奶有义务抚养孙子女吗？

《中华人民共和国民法典》第一千零七十四条规定："有负担能力的祖父母、外祖父母，对于父母已经死亡或者父母无力抚养的未成年孙子女、外孙子女，有抚养的义务。有负担能力的孙子女、外孙子女，对于子女已经死亡或者子女无力赡养的祖父母、外祖父母，有赡养的义务。"由此可见，父母已经死亡或父母无力抚养子女时，祖父母和外祖父母如有负担能力，应履行抚养的义务。

29. 当爷爷奶奶看到孙子女遭受家暴时，该怎么做？

《中华人民共和国反家庭暴力法》第十二条规定："未成年人的监护人应当以文明的方式进行家庭教育，依法履行监护和教育职责，不得实施家庭暴力。"《中华人民共和国反家庭暴力法》第二十一条规定："监护人实施家庭暴力严重侵害被监护人合法权益的，人民法院可以根据被监护人的近亲属、居民委员会、村民委员会、县级人民政府民政部门等有关人员或者单位的申请，依法撤销其监护人资格，另行指定监护人。"因此，当爷爷奶奶发现这一情况以后，应该及时制止暴力行为，并且爷爷作为孙子女的近亲属，有权根据该法第二十一条的规定，向法院申请依法撤销孙子女父母的监护人资格，由法院另行指定监护人。如果法院另行指定了其他的监护人，孙子女的父母应该继续负担相应的抚养费用。

30. 自己的孩子被别人收养后与自己就没有关系了吗？

子女与生父母之间的权利和义务关系随着收养关系的建立而消失，生父母单方面认领孩子的行为不能够得到法律的支持。对此，《中华人民共和国民法典》第一千一百一十一条作出了明确的规定，即自收养关系成立之日起，养子女与生父母及其他近亲属间的权利义务关系，因收养关系的成立而消除。《中华人民共和国民法典》第一千一百一十四条第一款规定："收养人在被收养人成年以前，不得解除收养关系，但收养人、送养人双方协议解除的除外，养子女八周岁以上的，应当征得本人同意。"也就是说，收养关系成立后，子女与生父母之间就不存在亲子关系了，而要想恢复这种亲子关系，必须经收养人的同意，解除收养关系。

31. 帮亲友抚养子女，算收养行为吗？

收养和抚养是不同的法律行为，收养关系反映的是收养人与被收养人之间的父母子女关系，而抚养关系基于的是抚养人与被抚养人父母之间的亲属、朋友关系。并非任何帮他人照顾孩子的行为都能构成收养行为，收养关系的成立必须符合法律规定的条件，并依法办理收养登记。对此，《中华人民共和国民法典》第一千一百零七条作出了明确规定，即抚养亲属、朋友

农民学法用法手册

的孩子不属于收养行为，他们之间不适用收养关系。

32. 子女有权干涉父母再婚吗？

根据《中华人民共和国民法典》第一千零六十九条规定："子女应当尊重父母的婚姻权利，不得干涉父母离婚、再婚以及婚后的生活。子女对父母的赡养义务，不因父母的婚姻关系变化而终止。"婚姻自由是每个公民都应该享有的权利，只要是达到法定年龄的完全民事行为能力人都有选择自己结婚与否以及结婚对象的权利，不受任何人的干涉。受我国传统思想的影响，很多子女都反对自己父母年老时再婚，更有甚者以不尽赡养义务相威胁。因此，我国法律明确规定，子女不得干涉父母再婚及婚后的生活，更不得因此拒绝赡养父母。

33. 父母与子女断绝关系后，子女还需要履行赡养义务吗？

《中华人民共和国民法典》第一千零六十七条规定："父母不履行抚养义务的，未成年子女或者不能独立生活的成年子女，有要求父母给付抚养费的权利。成年子女不履行赡养义务的，缺乏劳动能力或者生活困难的父母，有要求成年子女给付赡养费的权利。"也就是说，虽然父母与子女断绝关系，但是这在法律上并没有任何效力，将来父母年老后，子女若具有赡养扶助的能力，仍然应该履行对其父母的赡养扶助义务。父母有权利要求子女赡养他们或给付赡养费，子女拒绝履行赡养义务时，父母可以请村民委员会调解，或者直接向人民法院起诉。

34. 成年子女对生病的父母不管不问，父母该怎么办？

"老有所养，老有所依"不仅是我国社会倡导的美德，也是成年子女对父母应尽的赡养义务。为了保护老年人的权益，国家专门出台了法律，至此，子女不尽赡养义务违反的不仅仅是道德层面的义务，更是上升到了法律层面。《中华人民共和国老年人权益保障法》规定，赡养人履行赡养义务时，不但需要对老年人尽到物质方面的照顾，也应当关注其精神生活。老年人患病时，赡养人应当使患病的老年人及时得到治疗和护理；对经济困难的老年人，应当提供医疗费用。对生活不能自理的老年人，赡养人应当承担照料责任；不能亲自照料的，可以按照老年人的意愿委托他人或者养老机构等照料。因此，成年子女有义务支付老年人的医疗费用，并对其生活起居进行照顾。如果其子女们加以拒绝，不仅违反了道德，也违反了我国的法律规定，情节严重的，可能还会受到刑事法律的制裁。

35. 子女骗取父母钱财，需要承担法律责任吗？

欺骗行为是为法律和道德所禁止的，无论这种欺骗行为发生在何种关系之中，当事人都应当承担相应的法律责任。针对子女骗取父母钱财的情况，《中华人民共和国老年人权益保障法》第二十二条作出了具体规定："老年人对属于自己的私人财产，依法享有占有、使用、收益和处分的权利，子女或者其他亲属不得干涉，不得以窃取、骗取、强行索取等方式侵犯老年人的财产权益。"同时该法第七十七条规定："家庭成员盗窃、诈骗、抢夺、侵占、勒索、故意损毁老年人财物，构成违反治安管理行为的，依法给予治安管理处罚；构成犯罪的，依法追究刑事责任。"

其实，家庭成员之间互相帮助是理所当然的，一个家庭的和睦必须建立在互相帮助、互相信任、互相包容的基础之上。子女遇到困难父母会尽其所能地帮助解决，但如果子女向父母骗钱，这种行为是非常恶劣的，不但背离了家庭成员之间互帮互助的基本道德，也违反了我国法律的禁止性规定，将会受到法律的制裁。

农民学法用法手册

36. 父母的地由子女帮忙耕种，收成就应该归子女吗？

每个公民对自己合法的财产均享有独立的所有权，任何人都不得干涉，老年人对自己的财产当然也享有该权利。子女虽然应当履行赡养义务，但是，子女在对老人尽赡养义务时也应该明白，赡养义务和老人的财产权利是两个不同的法律关系，并非子女履行赡养义务就可以取得老人的不动产及其收益。

对于老人的土地管理和收益的归属问题，《中华人民共和国老年人权益保障法》规定，赡养人有义务耕种或者委托他人耕种老年人承包的田地，照管或者委托他人照管老年人的林木和牲畜等，收益归老年人所有。也就是说，代替老人管理土地是成年子女的义务，但是，该土地上的收益仍归老人享有。

37. 为了结婚就可以让父母搬走吗？

按照我国传统观念，父母养育儿女是希望自己年老体衰后能有一个依靠。而子女赡养父母，最起码也应该为其提供基本的生活条件，也就是要保障其基本的衣食住行。这是赡养义务的体现，也是法律层面的要求。

有关老人住房方面，《中华人民共和国老年人权益保障法》明确规定，赡养人应当妥善安排老年人的住房，不得强迫老年人居住或者迁居条件低劣的房屋。

38. 没有履行赡养义务的子女还享有继承权吗？

没有履行赡养义务的子女，还能否享有继承权的问题。答案是否定的。首先，从道德上讲，百善孝为先，作为子女赡养自己的父母是天经地义的事情，是我国千百年来的一项传统，如果这点都做不到，就会受到道德的谴责，更何谈作为子女所享有的继承权问题。其次，从法律上讲，在我国，权利与义务是相对的，作为子女要想享有自己作为子女的继承权，就要履行自己作为子女所应该履行的赡养父母的义务。当没有履行赡养义务时，法律就会相应地剥夺限制作为子女所享有的继承权利。《中华人民共和国民法典》第一千一百二十五条遗弃被继承人，或者虐待被继承人情节严重的继承人丧失继承权。如果情节极为恶劣的，还可以根据《中华人民共和国刑法》的规定追究其刑事责任。

39. 在法定继承中，继承人顺序是如何规定的？

《中华人民共和国民法典》第一千一百二十七条对法定继承的继承人范围和继承顺序有明确的规定：第一顺序继承人为配偶、子女、父母，第二顺序继承人为兄弟姐妹、祖父母、外祖父母。继承开始后，由第一顺序继承人继承，没有第一顺序继承人的，由第二顺序继承人继承。这一规定基本上是按照家庭生活中，家庭成员之间的关系确定的，反映了家庭成员间亲疏远近的程度，按照亲密至疏远的顺序排列。为了进一步明确各顺序继承人的具体范围，该法条第三款至第五款对子女、父母、兄弟姐妹的范围作出了更清晰的界定。其中，《中华人民共和国民法典》继承编中规定的子女，包括婚生子女、非婚生子女、养子女和有扶养关系的继子女。他们均享有平等的继承权，都是我国法律规定的第一顺序继承人。除此之外，依照法律规定，同一顺序法定继承人继承遗产的份额，一般应当均等，法律另有规定的除外。

40. 互有继承权的几个人同时死亡，应如何继承？

当互有继承权的几个人同时死亡时，如何确定死亡的先后顺序，如何进行继承，这是一个比较复杂并且关系到继承人切身利益的重要问题。我国法律根据保护继承人利益原则和自然法则确定该类事件的继承顺序，《中华人民共和国民法典》第一千一百二十一条明确规定，相互有继承关系的几个人在同一事件中死亡，如不能确定死亡先后时间的，推定没有继承人的人先死亡。死亡人各自都有继承人的，如几个死亡人辈分不同，推定长辈先死亡；几个死亡人辈份相同，推定同时死亡，彼此不发生继承，由他们各自的继承人分别继承。

41. 外甥可以继承舅舅的遗产吗？

我国法律规定了严格的遗产继承顺序，在没有订立遗嘱的情况下，应当按照法定的顺位继承遗产。一般来说，在法定继承下，外甥只有可能通过代位继承自己母亲或者父亲的遗产来继承舅舅的遗产。根据《中华人民共和国民法典》第一千一百二十七条的规定，在没有配偶、子女和父母的情况下，由兄弟姐妹来继承自己的遗产。另外，根据《中华人民共和国民法典》第一千一百二十八条第二款的规定，被继承人的兄弟姐妹先死亡的情况下，其兄弟姐妹的子女可以代位继承遗产。

42. 继子女享有继承权吗？

根据法律规定，继子女是指丈夫与前妻或妻子与前夫所生的子女。继子女与婚生子女一样，都享有法律上的继承权。但是，需要注意的是，依照我国法律规定，继子女与继父母继承关系的确定，需要符合两方面的条件：一方面，继子女受继父母经济上的供养，生活上的抚养、教育和保护；另一方面，继子女在经济上供养继父母，生活上扶助继父母。在此种情况下，有扶养关系的继子女与继父母之间形成了法律上的拟制血亲关系，继子女也就能像婚生子女一样继承继父母的遗产，成为继父母的法定继承人，继承他们的遗产。此外，《中华人民共和国民法典》第一千一百二十七条第三款也明确规定，法定继承中所指的子女，包括婚生子女、非婚生子女、养子女和有扶养关系的继子女。

第三部分 民法典

43. 非法定继承人主动赡养孤寡老人的，可以适当分得遗产吗？

根据《中华人民共和国民法典》的相关规定，非法定继承人在两种情况下可以分得遗产：①非法定继承人是继承人以外的依靠被继承人扶养的人。②非法定继承人属于对被继承人扶养较多的人，这类人对被继承人本来是没有法定扶养义务的，但由于某种原因，负有法定扶养义务的继承人对被继承人并未尽到全部赡养义务，而这类人对被继承人却提供了较多物质上和生活上的照顾，此时该类人可以分得遗产。

44. 遗嘱继承是否优于法定继承？

我国法律明确规定了法定继承和遗嘱继承这两种继承方式。其中，法定继承是指法律直接规定的继承方式、继承顺序。遗嘱继承是按照被继承人生前留有的遗嘱继承遗产的方式。遗嘱继承体现了民法上的当事人意思自治原则，是财产所有人对自己财产的自主处分。按照《中华人民共和国民法典》第一千一百二十三条的规定，遗嘱继承与遗赠抚养协议优先于法定继承。即继承开始后，有遗嘱的，按照遗嘱继承；有遗赠扶养协议的，按照协议办理；都没有的，按照法定继承办理。法律之所以规定遗嘱继承优先于法定继承，是尊重被继承人的意思自治，保护被继承人对自己的财产等方面的合法处分权，确保被继承人可按照自己的心愿处分自己的财产。

45. 临终前的口头遗嘱是否具有法律效力？

口头遗嘱是指在被继承人危急情况下所立的，以口头方式表述的遗嘱，口头遗嘱也具备遗嘱的效力，受法律保护，但在危急情况解除后，被继承人能够用书面或者录音录像形式立遗嘱的，所立的口头遗嘱无效。《中华人民共和国民法典》第一千

农民学法用法手册

一百三十八条规定，遗嘱人在危急情况下，在有两个以上见证人在场的情况下，可以立口头遗嘱。因此，从上述法律规定中可以看出，口头遗嘱的设立条件有两个：①须在危急情况下才可以立口头遗嘱。危急情况是指遗嘱人因疾病或战争随时都有生命危险，无法以其他形式立遗嘱的情形。②口头遗嘱应当有两个以上的见证人在场见证。只有满足这两个条件的口头遗嘱才符合有效遗嘱的要件，才能受到法律的保护。

46. 订立录像遗嘱需要具备哪些条件？

现代科技日益发达，人们也越来越追求效率与方便，因此，录音录像的遗嘱形式会越来越普遍。那么，在订立录音或者录像遗嘱时，就需要遵守法律对于其形式的要求。订立录像或者录音遗嘱需要有3个条件。根据《中华人民共和国民法典》第一千一百三十七条的规定，这3个条件为：立遗嘱要有两个以上的见证人见证，录音录像中要记录遗嘱人和见证人的姓名或者肖像，录音录像中要记录年、月、日。

47. 受欺骗而设立的遗嘱有效吗？

众所周知，遗嘱是遗嘱人对自己的财产进行处分的独立的民事行为。它是遗嘱人独立、自主、自愿作出的，是立遗嘱人真实意思的表示，没有反映遗嘱人真实意愿的遗嘱不具备法律效力。据此，遗嘱人在被欺骗情况下所立的遗嘱应属无效。同时，《中华人民共和国民法典》第一千一百四十三条第二款明确规定遗嘱必须表示遗嘱人的真实意思，受欺诈、胁迫所立的遗嘱无效。

48. 篡改遗嘱内容的行为有效吗？

依照我国相关法律规定，该种行为是无效的行为，不发生遗嘱的法律效力。遗嘱体现的是立遗嘱人意思自主的要求，反映的是立遗嘱人真实意思的表示，没有反映立遗嘱人真实意愿的遗嘱不发生法律效力。《中华人民共和国民法典》第一千一百四十三条第四款也明确规定："遗嘱被篡改的，篡改的内容无效。"因此，遗嘱一旦被设立后，除遗嘱人本人外，其他任何人无权修改遗嘱。篡改遗嘱的，篡改的内容无效。

49. 私自销毁遗嘱，是否还能继承遗产？

私自销毁遗嘱，情节严重的，会导致丧失继承权。根据《中华人民共和国民法典》第一千一百二十五条的规定，继承人可能会因为法条内明确列举的 5 项行为丧失继承权，不过该条同时也赋予了继承人悔过的机会，如果能够得到被继承人的宽恕，或者被继承人事后在遗嘱中将其列为继承人的，继承人仍然可以继续继承。在该条款中，法律为被继承人的合法权益进行考量，明确禁止了继承人的一些违反道德或法律的行为。

50. 继承人在继承遗产时，需要清偿被继承人依法应当缴纳的税款和债务吗？

按照我国法律规定，胡某的儿子如果继承遗产，对其父的债务及应当缴纳的税款也要一并继承。《中华人民共和国民法典》第一千一百五十九条、第一千一百六十一条明确规定，继承人在继承遗产时，应当清偿被继承人依法应当缴纳的税款和债务，缴纳税款和清偿债务以他的遗产实际价值为限，此外，还应当为缺乏劳动能力又没有生活来源的继承人保留必要的遗产。超过遗产实际价值部分，继承人自愿偿还的不在此限。继承人放弃继承的，对被继承人依法应当缴纳的税款和债务可以不负清偿责任。由此可见，除非继承人放弃继承，否则，继承人在继承遗产的同时，应当一并继承被继承人应当缴纳的税款和偿还的债务。当然，基于公平原则，继承人缴纳的税款和清偿的债务应当以其实际继承的遗产为限，超过的部分，由于继承人未继承相应的份额，也就不再负有缴纳和清偿的义务。

51. 分割遗产时，是否需要为年迈的父母保留必要份额？

在分割遗产时，应当用遗产还清税款和债务，这一点毋庸置疑。但根据《中华人民共和国民法典》第一千一百五十九条的规定，在分割遗产时，无论遗产是否足以清偿债务和税款，都应当为缺乏劳动能力又没有生活来源的继承人保留必要的份额。

52. 已经出嫁的女儿，还享有继承权吗？

《中华人民共和国民法典》第一千一百二十六条规定："继承权男女平等。"这就是说，子女对父母的遗产享有平等的继承权。不论是儿子或是女儿，也无论女儿是已婚还是未婚，在继承父母遗产方面，应享有平等的权利。农村的习俗认为出嫁的女儿不应该继承父母遗产，其实这种农村习俗并没有任何法律依据。当然出嫁的女儿自愿遵循农村习俗不主张继承权也是可以的，这是她对自己享有权利的放弃，但这并不等同于出嫁的女儿没有继承权。且《中华人民共和国民法典》规定，父母、子女、配偶均是第一顺序继承人，也就是说，儿子和女儿不但都享有继承权，而且继承顺序、地位、份额也是完全平等的。

第四部分　农村土地承包法

1. 什么是农村土地？

《中华人民共和国农村土地承包法》第二条规定："本法所称农村土地，是指农民集体所有和国家所有依法由农民集体使用的耕地、林地、草地，以及其他依法用于农业的土地。"

2. 农民的土地承包经营权包括哪些内容？

土地承包经营权主要包括如下7个方面的内容。

（1）优先承包权。本集体经济组织成员有在同等条件下优先承包集体所发包的土地的权利；不经法定程序，不得将本村的土地发包给本集体经济组织外的单位和个人承包。

（2）经营决策权。在生产经营过程中，农民有决定干什么、干多少、怎么干的权利。

（3）收益权。承包人可以利用承包地组织生产经营获取收益，也可以就土地经营权流转获取收益。

（4）产品处理权。承包者对承包地的产品有充分的处理权。

（5）互换权、转让权及流转土地经营权的权利。即承包方之间为方便耕种或者各自需要，可以对属于同一集体经济组织的土地的土地承包经营权进行互换；承包方可以将全部或者部分的土地承包经营权转让给本集体经济组织的其他农户，由该农户同发包方确立新的承包关系，原承包方与发包方在该土地上的承包关系即行终止；承包方可以自主决定依法采取出租（转包）、入股或者其他方式向他人流转土地经营权。

（6）承包地被征用、征收和占用时，依法获得补偿的权利。

（7）继承权。承包人死亡的，承包应得收益，依法继承；通过招标、拍卖、公开协商等方式取得土地经营权的，其继承人可以在承包期内继续承包；林地承包的承包人死亡，其继承人可以在承包期内继续承包。

3. 农村土地承包期是多少年？

《中华人民共和国农村土地承包法》第二十一条规定，耕地的承包期为三十年。草地的承包期为三十年至五十年。林地的承包期为三十年至七十年。前款规定的耕地承包期届满后再延长三十年，草地、林地承包期届满后依照前款规定相应延长。

4. 农村土地能买卖吗？

农村土地承包不是土地私有化。承包户依法获得的土地承包经营权，可以转让、互换或进行经营权流转，但承包户享有的只是承包地的土地承包经营权，承包户不能买卖承包地。我国土地所有权的主体只能是国家和农民集体，农民集体所有的土地需要转为国有土地的，必须按照《中华人民共和国土地管理法》规定的程序进行审批，由国家对土地进行征收、征用。任何组织和个人都不能买卖承包地。

5. 农村妇女在土地承包中的权利如何保护？

《中华人民共和国农村土地承包法》第六条规定："农村土地承包，妇女与男子享有平等的权利。承包中应当保护妇女的合法权益，任何组织和个人不得剥夺、侵害妇女应当享有的土地承包经营权。"第三十一条规定："承包期内，妇女结婚，在新居住地未取得承包地的，发包方不得收回其原承包地；妇女离婚或者丧偶，仍在原居住地生活或者不在原居住地生活但在新居住地未取得承包地的，发包方不得收回其原承包地。"根据

第五十七条第七项的规定，发包方剥夺、侵害妇女依法享有的土地承包经营权的，应当承担停止侵害、排除妨碍、消除危险、返还财产、恢复原状、赔偿损失等民事责任。

《中华人民共和国妇女权益保障法》第五十五条规定：妇女在农村土地承包经营、集体经济组织收益分配、土地征收或征用补偿费使用以及宅基地使用等方面，享有与男子平等的权利。第五十六条第一款规定：任何组织和个人不得以妇女未婚、结婚、离婚、丧偶等为由，侵害妇女在农村集体经济组织中的各项权益。

为防止村规民约侵害妇女的权益，《中华人民共和国村民委员会组织法》第二十七条第二款明确规定："村民自治章程、村规民约以及村民会议或者村民代表会议的决定不得与宪法、法律、法规和国家的政策相抵触，不得有侵犯村民的人身权利、民主权利和合法财产权利的内容。"

因此，如果以妇女未婚、结婚、离婚、丧偶等为由，或封建思想作怪，损害、限制妇女的承包经营的合法权益，应当依法予以纠正，情节严重的要依法追究有关组织和个人的责任。

6. 什么是农村土地的"三权分置"？

农村土地的"三权分置"，即农村土地的所有权、承包权、经营权分置并行。

农村土地集体所有是《中华人民共和国宪法》明确的基本经济制度。改革前，农村集体土地所有权和经营权合一，土地集体所有、集体统一经营。改革开放初期，根据当时的农业生产力实际，实行了家庭联产承包责任制，逐步确立了集体土地所有权和农户土地承包经营权"两权分离"的制度框架。现阶段，随着工业化、城镇化深入推进，农村劳动力大量进入城镇就业，相当一部分农户将承包土地流转给他人经营，承包主体与经营主体分离，从而使承包经营权进一步分解为相对独立的承包权和经营权。2016年,中共中央办公厅、国务院办公厅印发的《关于完善农村土地所有权承包权经营权分置办法的意见》,将农村土地产权中的土地承包经营权进一步划分为承包权和经营权,实行所有权、承包权、经营权分置并行,这是继家庭联产承包责任制后农村改革又一重大制度创新。2018年修订后的《中华人民共和国农村土地承包法》第九条规定:"承包方承包土地后,享有土地承包经营权,可以自己经营,也可以保留土地承包权,流转其承包地的土地经营权,由他人经营。"

7. 发包方有哪些权利和义务?

根据《中华人民共和国农村土地承包法》第十四条、第十五条的规定,发包方享有下列权利:①发包本集体所有的或者国家所有依法由本集体使用的农村土地;②监督承包方依照承包合同约定的用途合理利用和保护土地;③制止承包方损害承包地和农业资源的行为;④法律、行政法规规定的其他权利。

发包方承担下列义务:①维护承包方的土地承包经营权,不得非法变更、解除承包合同;②尊重承包方的生产经营自主权,不得干涉承包方依法进行正常的生产经营活动;③依照承包合同约定为承包方提供生产、技术、信息等服务;④执行县、乡(镇)土地利用总体规划,组织本集体经济组织内的农业基础设施建设;⑤法律、行政法规规定的其他义务。

8. 承包方有哪些权利和义务?

根据《中华人民共和国农村土地承包法》第十七条、第十八条的规定,承包方享有下列权利:①依法享有承包地使用、收益的权利,有权自主组织生产经营和处置产品;②依法互换、转让土地承包经营权;③依法流转土地经营权;④承包地依法征收、征用、占用的,有权依法获得相应的补偿;⑤法律、行政法规规定的其他权利。

承包方承担下列义务：①维持土地的农业用途，未经依法批准不得用于非农建设；②依法保护和合理利用土地，不得给土地造成永久性损害；③法律、行政法规规定的其他义务。

9. 土地承包的原则有哪些？

根据《中华人民共和国农村土地承包法》第十九条的规定，土地承包应遵循以下原则。

（1）按照规定统一组织承包时，本集体经济组织成员依法平等地行使承包土地的权利，也可以自愿放弃承包土地的权利。即：在按照法律和相关政策的规定组织承包时，本集体经济组织依法平等地行使承包土地的权利，不得受到歧视或不公平的对待。《中华人民共和国农村土地承包法》第五条规定，农村集体经济组织成员有权依法承包由本集体经济组织发包的农村土地。任何组织和个人不得剥夺和非法限制农村集体经济组织成员承包土地的权利。同时，集体经济组织成员也可以自愿放弃承包土地的权利。放弃承包土地的，应出于自愿，并且最好采取书面形式。放弃承包土地的成员，在下一次统一组织发包时，仍然可以行使承包土地的权利，依法承包土地。

（2）民主协商，公平合理。即：土地承包必须尊重集体经济组织成员的意愿，充分发扬民主，广泛协商，做到公平合理，保护每一个成员的利益。

（3）承包方案应当按照《中华人民共和国农村土地承包法》第十三条的规定，经本集体经济组织成员的村民会议三分之二以上成员或者三分之二以上村民代表同意。具体来说，承包方案一般应当经村民会议三分之二以上成员同意，方为通过；但村内有数个村民小组，人数较多或居住分散的，可以推选产生村民代表，经三分之二以上的村民代表同意，承包方案方为有效。由村集体经济组织发包的，应当取得村集体经济组织成员的村民会议三分之二以上成员或三分之二以上的村民代表同意；由村内各农村集体经济组织、村民小组发包的，应当取得该农村集体经济组织、村民小组的村民会议三分之二以上成员同意。

（4）承包程序合法。公正、合法的承包程序是承包工作顺利进行的重要保证，承包过程应符合《中华人民共和国农村土地承包法》第二十条规定的程序，不得随意简化，改变法律规定的程序。

10. 土地承包的程序是怎样规定的？

《中华人民共和国农村土地承包法》第二十条规定，土地承包应当按照以下程序进行：①本集体经济组织成员的村民会议选举产生承包工作小组；②承包工作小组依照法律法规的规定拟定并公布承包方案；③依法召开本集体经济组织成员的村民会议，讨论通过承包方案；④公开组织实施承包方案；⑤签订承包合同。

11. 如何签订承包合同？承包合同应包括哪些内容？

承包合同是明确发包方、承包方的权利义务关系并具有法律效力的文书，是承包方依法承包集体所有土地的合法依据，是约定当事人双方权利义务的重要凭证。土地承包到户后，应当签订书面承包合同，明确发包方、承包方的权利和义务。因为土地承包期较长，内容也比较复杂，若采取口头合同的形式，一旦出现争议，双方口说无凭，难以搜集证据、分清责任。签订书面承包合同，明确双方的权利义务，便于当事人认真履行合同和相互监督，也有利于解决可能出现的纠纷。发包方按照承包方案将集体土地承包到户后，应当与承包方签订承包合同，这是发包方的一项责任。家庭承包合同体现农村集体经济组织与其成员之间的经济关系，与一般的经济合同不完全相同，集体经济组织不能拒绝与承包方签订承包合同。

第四部分 农村土地承包法

承包合同应当包括下列内容。

（1）发包方的名称和发包方负责人（通常是集体经济组织负责人或者村民委员会主任）的姓名、住所，承包方的名称和承包方代表（通常是承包户的户主）的姓名、住所。发包方应当在承包合同上盖章，并由负责人签字；承包方代表应当在承包合同上签字、盖章或者画押（摁手印）。

（2）承包土地的名称、坐落、面积、质量等级。其中，承包土地的坐落应当尽可能标明土地的四至，质量等级可以是按照有关部门测定的质量分类，也可以是大体上的分类（如好、中、差）。

（3）承包期限和起止日期。即承包的期限多长，并具体写明从何年何月何日起，到何年何月何日止。

（4）承包土地的用途。承包地必须用于农业生产，按照国家有关规定和双方意愿，可以写明从事种植业、畜牧业、林业、渔业等。

（5）发包方和承包方的权利和义务。《中华人民共和国农村土地承包法》第十四条、第十五条规定了发包方的权利和义务，第十七条、第十八条规定了承包方的权利和义务，这是法律赋予承包双方当事人的法定权利和义务。

（6）违约责任。当事人违反承包合同约定应当承担的责任。

12. 承包合同什么时间生效？

《中华人民共和国农村土地承包法》第二十三条规定："承包合同自成立之日起生效。承包方自承包合同生效时取得土地承包经营权。"

因此，承包双方当事人均不得要求对承包合同的生效附加一定的条件或者期限；承包合同附有条件或期限的，所附条件或期限无效，合同仍自成立之日起生效。

同时，本条进一步明确，承包合同生效之时，承包方即取

农民学法用法手册

得土地承包经营权,无须办理其他批准、登记手续。既然承包方自承包合同生效时即取得土地承包经营权,那么,承包方在签订承包合同后,因种种原因未能取得土地承包经营权的,承包方可以向人民法院起诉,人民法院应当受理。相反,承包方或者集体经济组织成员因未签订承包合同而未取得土地承包经营权,并以此向人民法院起诉的,人民法院不予受理。当事人可以通过协商、调解解决,或者向有关部门申请解决。

13. 承包期内可以调整承包地吗?

《中华人民共和国农村土地承包法》第二十八条规定:承包期内,发包方不得调整承包地。承包期内,因自然灾害严重毁损承包地等特殊情形对个别农户之间承包的耕地和草地需要适当调整的,必须经本集体经济组织成员的村民会议三分之二以上成员或者三分之二以上村民代表的同意,并报乡(镇)人民政府和县级人民政府农业农村、林业和草原等主管部门批准。承包合同中约定不得调整的,按照其约定。

(1)承包期内发包方原则上不得调整承包地。如果发包方在承包期内通过行政手段频繁调整承包地,将会带来许多问题:一是影响农民对土地投入的积极性。农民的一些投入具有一次投入、多年受益的特性,频繁调整承包地,承包方就不愿意对土地进行长期投资,造成土地肥力下降。二是经常调整承包地进一步造成地块细碎化,不利于推广使用先进农业技术和机械化耕作。三是容易造成不公平,引发新的矛盾。因此,《中华人民共和国农村土地承包法》明确规定承包期内发包方不得调整承包地,从而赋予农民长期而有保障的土地使用权,维护承包人的合法权益。当出现因法定的特殊情形确需调整承包地及有新增人口等情形时,根据《中华人民共和国农村土地承包法》第二十九条的规定,应当使用下列土地调整承包土地或者承包给新增人口:①集体经济组织依法预留的机动地;②通过依法

第四部分 农村土地承包法

开垦等方式增加的;③发包方依法收回和承包方依法、自愿交回的。

(2)特殊情况下的个别调整必须依法进行。承包期内不得调整承包地是一项基本的原则规定。考虑到在现阶段,土地不仅是农民重要的生产资料,也是他们的生活保障,在几十年的承包期内,情况有可能会发生很大变化,可能遇到自然灾害等特殊情况使承包方丧失承包地,完全不允许调整承包地实际上难以做到。因此,在自然灾害等特殊情况下,允许按法定程序进行个别调整。①只有出现自然灾害等特殊情况,才允许进行个别调整。什么是特殊情况,必须严格依法解释,不得随意自行解释。②个别调整只限个别农户之间,不得扩大范围进行调整。③允许调整的承包地只限于耕地和草地,不包括林地。④个别调整必须严格遵循法律规定的程序,即必须先经本集体经济组织成员的村民会议三分之二以上成员或者三分之二以上村民代表的同意,报乡(镇)人民政府批准后,再报县级人民政府农业农村、林业和草原等主管部门批准。

(3)承包合同约定不调整的不得调整。为了真正将土地交给农民放心耕种,管好用好,有些地方在第二轮承包合同中已经明确约定,在三十年或五十年承包期内不得调整承包地。这是符合中央精神的,实践证明效果是好的,有利于稳定土地承包关系。因此,《中华人民共和国农村土地承包法》第二十八条第二款规定,凡是承包合同已经约定承包期内不得调整的,不得再以任何理由调整承包地,包括不得依该条第二款的规定进行个别调整。

14. 农民如何依法开垦新地?

有条件的地方可以开垦新地。开垦土地必须经过科学论证和评估,并依法获得批准。未经依法批准,不得擅自开垦土地。同时,按照建设生态文明的要求和生态优先、保护优先的原则,不得毁坏森林、草原开垦耕地，不得围湖造田和侵占江河滩地。

15. 承包期内承包方交回承包地可以获得补偿吗？

《中华人民共和国农村土地承包法》第三十条规定："承包期内，承包方可以自愿将承包地交回发包方。承包方自愿交回承包地的，可以获得合理补偿，但是应当提前半年以书面形式通知发包方。承包方在承包期内交回承包地的，在承包期内不得再要求承包土地。"对此条的理解如下。

依法承包土地是集体经济组织成员享有的一项权利。承包期内，部分农民将脱离农业，发展二、三产业，获得比较稳定的收入。他们可能愿意放弃承包地，从事非农产业。从长远看，工业化必然要求一部分农民加入工业劳动大军，这是不以人的意志为转移的发展趋势。在这些情况下，允许农民自愿交回承包地，不仅有利于促进农村富余劳动力转移，而且有利于农村土地适当集中，发展适度规模经营，提高农业生产率水平和国际竞争力。因此，本条规定，承包期内，承包方可以自愿将承包地（包括耕地、草地和林地）交回发包方。同时提出了两项要求。

（1）应当提前通知发包方。承包方自愿交回承包地的，应当提前半年以书面形式通知发包方。具体来说：①承包方应当提前半年通知发包方。因为土地的耕作有很强的季节性，为保证不误农时，不荒芜土地，承包方决定交回承包地时，应当给发包方留下一段合理的时间寻找其他承包人，及时将交回的承包地安排他人种植。考虑到我国大部分地区实行每年两季播种的耕作制度，因此规定，承包方应当提前半年发出通知。②承包方的通知必须采取书面形式。承包方交回承包地是一件非常重大的事情，应当慎重，必须采取书面形式，不能轻易用口头方式作出决定。表面看来，这似乎给承包方增加了麻烦，但实际上是为了保护承包方的利益。同时，为防止双方当事人今后

第四部分 农村土地承包法

就此出现争议时没有凭据,也宜采取书面形式。

(2)承包期内不得再要求承包土地。承包方一旦自愿将承包地交回发包方,在承包期内不应再向发包方要求承包土地。这是因为,有的农民在农产品价格低落时不愿意耕种土地,将承包地交回发包方;一旦在城市务工遇到困难或农产品价格高涨,又向发包方要求重新承包土地,但其承包地已交由其他农户承包,这样容易产生纠纷,也影响农业生产。因此,有必要明确,自愿交回土地的承包方,在承包期内不得再要求承包土地。这在客观上促使承包方慎重地作出交回承包地的决定,从事非农就业、收入尚不稳定的,可以选择将土地经营权依法流转给他人。

需要强调,一方面,承包方交回承包地是一件非常严肃、影响很大的事情,承包方一旦交回承包地,其在承包期内不仅丧失了土地承包经营权,同时也失去了另行承包土地的机会,因此,承包方应当十分慎重,不要轻率地交回承包地。另一方面,正因为交回承包地对承包方的土地承包权益和经济利益可能带来重要的不利影响,集体经济组织对此也应当从严把握,不宜轻易认定承包方的行为是交回承包地。实践中,有些承包农户由于种种原因将承包地交由集体经济组织管理,由于没有书面约定这种管理的性质和期限等,往往会就承包方是否因此交回了承包地产生争议。对此,《最高人民法院关于审理涉及农村土地承包纠纷案件适用法律问题的解释》第十条规定:"承包方交回承包地不符合农村土地承包法第三十条规定程序的,不得认定其为自愿交回。"按照这一规定,承包方交回承包地必须符合法定的程序,否则,人民法院不得认定承包方系自愿交回承包地。

16. 土地承包经营权互换、转让的,是否必须登记?

《中华人民共和国农村土地承包法》第三十五条规定:"土

地承包经营权互换、转让的，当事人可以向登记机构申请登记。未经登记，不得对抗善意第三人。"

（1）土地承包经营权互换、转让可以申请登记，也可以不登记。土地承包经营权流转的受让方大部分是附近的农户，甚至是亲朋好友，流转双方一般比较熟悉，而且，土地是不动产，必须按季节组织生产活动，如果必须经过登记才能生效，就会发生登记费用，不仅给农民增加程序上的麻烦，可能影响农业生产，还会增加农民的经济负担。因此，登记不是土地承包经营权互换、转让的必备程序。

（2）未登记的不得对抗善意第三人。土地承包经营权互换、转让的登记产生的法律效力是对抗第三人，也就是说，当事人未经登记的，受让人取得的土地承包经营权不能对抗善意第三人。举例来说，甲将土地承包经营权转让给乙，交易完成后，乙没有办理土地承包经营权变更登记。此后，甲又将同一块土地的承包经营权转让给丙，丙不知道甲已经将土地承包经营权转让给乙，也不应当知道这些情况，随后丙支付了价款并办理了土地承包经营权变更登记，那么，丙就属于善意第三人，依法取得土地承包经营权，乙不能取得土地承包经营权，但可以向人民法院起诉甲，请求获得相应的救济。但是，第三人丙如果明知甲已经将土地承包经营权转让给乙，或者丙应当知道这个情况（比如，丙已经听邻居说过，但却没有向甲或者乙核实），那么，丙就不属于善意第三人，因而不能取得土地承包经营权，应当由乙取得土地承包经营权。

17. 土地经营权流转有哪些形式？

《中华人民共和国农村土地承包法》第三十六条规定："承包方可以自主决定依法采取出租（转包）、入股或者其他方式向他人流转经营权，并向发包备案。"

2021年1月，农业农村部出台《农村土地经营权流转管理办法》，自 2021 年 3 月起施行。该办法第三章对土地经营权的流转方式进行了进一步细化规定。根据该办法第十四条、第十五条、第十六条，出租（转包），是指承包方将部分或者全部土地经营权，租赁给他人从事农业生产经营。入股，是指承包方将部分或者全部土地经营权作价出资，成为公司、合作经济组织等股东或者成员，并用于农业生产经营。

承包方依法采取出租（转包）、入股或者其他方式将土地经营权部分或者全部流转的，承包方与发包方的承包关系不变，双方享有的权利和承担的义务不变。

承包方自愿将土地经营权入股公司发展农业产业化经营的，可以采取优先股等方式降低承包方风险。公司解散时入股土地应当退回原承包方。

18. 土地经营权流转应当遵循哪些原则？

根据《中华人民共和国农村土地承包法》第三十八条的规定，土地经营权流转应当遵循以下原则。

（1）依法、自愿、有偿，任何组织和个人不得强迫或者阻碍土地经营权流转。土地经营权流转的双方当事人是平等的民事主体关系，流转的形式、内容、条件和期限等均由双方协商确定。依法是指双方都必须依照法律规定开展土地经营权流转，不得违反有关法律法规的规定；自愿是指双方当事人进行土地经营权流转都是自愿的，不受其他任何人强迫或者胁迫；有偿是指承包方进行土地经营权流转有权取得报酬，报酬的具体数额、支付时间和方式等由双方协商确定。土地经营权流转是当事人双方的自主权，不受强迫和干涉，任何组织和个人（包括发包方和乡镇人民政府及其工作人员）不得强迫或者阻碍土地经营权流转。

（2）不得改变土地所有权的性质和土地的农业用途，不得破坏农业综合生产能力和农业生态环境。土地经营权流转的对象是承包方依法享有的土地经营权，不是土地的所有权，因此，土地经营权的流转不得改变承包地的所有权权属关系，不得损害土地所有者的权益。同样，承包地的用途只能限于作为农用地，土地经营权流转后也不能擅自改变土地的农业用途，将土地用于非农建设。

土地是农业综合生产能力的主要载体，提高土地地力是加强农业综合生产能力建设的基本措施。为保护农业综合生产能力，确保国家粮食安全，土地经营权流转除不得改变土地所有权性质和土地农业用途以外，还必须注意保护土地的生产能力和生态环境，不得采取不合理经营方式破坏农业综合生产能力和农业生态环境，确保农村土地资源得到合理有效利用。

（3）流转期限不得超过承包期的剩余期限。流转合同规定的流转期限不能超过承包合同尚未履行的剩余时间，即应当扣除承包合同已经履行的时间。例如，三十年承包合同履行十八年后进行土地经营权流转，流转的期限不得超过十二年，即原承包合同未履行的时间。

（4）受让方须有农业经营能力或者资质。土地经营权流转主要在农户之间进行，工商企业进入农业应充分发挥资源优势、规模优势，带动农户发展产业化经营。因此，土地经营权流转的受让方应当具有农业经营能力或者资质，防止没有能力的企业占有农用地用于非农建设或者浪费土地资源。

（5）在同等条件下，本集体经济组织成员享有优先权。如果土地经营权流转有两个以上受让人，只要在流转费、流转期限和内容等方面的条件相同，本集体经济组织成员应当优先获得土地经营权，以保护集体经济组织成员享有的土地权利，也有利于避免产生纠纷。不过，本集体经济组织成员应当及时行使优先权，否则，其优先权也会落空。《最高人民法院关于审理涉及农村土地承包纠纷案件适用法律问题的解释》第十一条规定："土地经营权流转中，本集体经济组织成员在流转价款、流转期限等主要内容相同的条件下主张优先权的，应予支持。但下列情形除外：（一）在书面公示的合理期限内未提出优先权主张的；（二）未经书面公示，在本集体经济组织以外的人开始使用承包地两个月内未提出优先权主张的。"集体经济组织成员在公示的合理期限内未提出优先权主张，其行使优先权的条件已不具备，其优先权取消；未经书面公示，在本集体经济组织以外的人使用承包地两个月后才提出优先权主张的，如再允许其享有优先权，对承包地的使用者明显不公平，也不利于土地流转关系的稳定。

19. 土地流转合同应当包括哪些内容？

根据《中华人民共和国农村土地承包法》第四十条的规定，土地经营权流转，当事人双方应当签订书面流转合同。土地经营权流转合同一般包括以下条款：①双方当事人的姓名、住所；②流转土地的名称、坐落、面积、质量等级；③流转期限和起止日期；④流转土地的用途；⑤双方当事人的权利和义务；⑥流转价款及支付方式；⑦土地被依法征收、征用、占用时有关补偿费的归属；⑧违约责任。

承包方将土地交由他人代耕不超过一年的，可以不签订书面合同。

20. 承包方在什么情况下可以单方解除土地经营权流转合同？

根据《中华人民共和国农村土地承包法》第四十二条的规定，承包方不得单方解除土地经营权流转合同，但受让方有下列情形之一的除外：①擅自改变土地的农业用途；②弃耕抛荒连续两年以上；③给土地造成严重损害或者严重破坏土地生态环境；④其他严重违约行为。

农民学法用法手册

21. 工商企业等社会资本进入农业应注意什么？

《中华人民共和国农村土地承包法》第四十五条规定："县级以上地方人民政府应当建立工商企业等社会资本通过流转取得土地经营权的资格审查、项目审核和风险防范制度。工商企业等社会资本通过流转取得土地经营权的，本集体经济组织可以收取适量管理费用。具体办法由国务院农业农村、林业和草原主管部门规定。"

（1）对工商企业租赁农地进行审核监管是必要的。当前，工商企业和工商资本进入农业，对于发展农业产业化、规模化经营具有积极作用，但同时也容易带来一些新问题，如土地用途非粮化、非农化等。2014年11月中共中央办公厅、国务院办公厅发布《关于引导农村土地经营权有序流转发展农业适度规模经营的意见》，指出：严禁借土地流转之名违规搞非农建设。严禁在流转农地上建设或变相建设旅游度假村、高尔夫球场、别墅、私人会所等。坚决禁止擅自将耕地"非农化"。该意见还明确提出，加强对工商企业租赁农户承包地的监管和风险防范。各地对工商企业长时间、大面积租赁农户承包地要有明确的上限控制，建立健全资格审查、项目审核、风险保障金制度，对租地条件、经营范围和违规处罚等作出规定。工商企业租赁农户承包地要按面积实行分级备案，严格准入门槛，加强事中事后监管，防止浪费农地资源、损害农民土地权益，防范承包农户因流入方违约或经营不善遭受损失。因此，采取措施对工商企业租赁农户承包地进行监管，不论从严格保护耕地、保障国家粮食安全，还是从保护农民利益来说，都是十分必要的。

（2）集体经济组织可以收取适量的管理费用。工商企业等社会资本流转土地经营权，通常实行规模经营，需要较大面积地流转承包农户的土地经营权，一家一户签订流转合同，不仅成本高，而且费时费力，通常都需要集体经济组织予以组织协

第四部分 农村土地承包法

调和协助,因此,集体经济组织可以收取适量的管理费用。

22. 可以用土地经营权向金融机构融资担保吗？

《中华人民共和国农村土地承包法》第四十七条规定:"承包方可以用承包地的土地经营权向金融机构融资担保,并向发包方备案。受让方通过流转取得的土地经营权,经承包方书面同意并向发包方备案,可以向金融机构融资担保。担保物权自融资担保合同生效时设立。当事人可以向登记机构申请登记;未经登记,不得对抗善意第三人。实现担保物权时,担保物权人有权就土地经营权优先受偿。土地经营权融资担保办法由国务院有关部门规定。"

23. 其他方式承包的农村土地如何签订承包合同？

根据《中华人民共和国农村土地承包法》第四十九条的规定:"以其他方式承包农村土地的,应当签订承包合同,承包方取得土地经营权。当事人的权利和义务、承包期限等,由双方协商确定。以招标、拍卖方式承包的,承包费通过公开竞标、竞价确定;以公开协商等方式承包的,承包费由双方议定。"

24. 农村"四荒"地有哪些承包方式？

《中华人民共和国农村土地承包法》第五十条规定:"荒山、荒沟、荒丘、荒滩等可以直接通过招标、拍卖、公开协商等方式实行承包经营,也可以将土地经营权折股分给本集体经济组织成员后,再实行承包经营或者股份合作经营。承包荒山、荒沟、荒丘、荒滩的,应当遵守有关法律、行政法规的规定,防止水土流失,保护生态环境。"

(1)"四荒"地可以直接承包经营,也可以折股后承包经营。"四荒"地的承包方可以是本集体经济组织的成员,也可以是其他单位和个人。按照效率、公平原则,"四荒"地的承包有

· 63 ·

两种具体办法:第一,可以直接通过招标、拍卖、公开协商等实行承包经营,将"四荒"地承包给有经营能力的单位和个人;第二,也可以先将土地经营权折股分给本集体经济组织成员,然后再实行承包经营或者股份合作经营。实行承包经营的,本集体经济组织成员依其土地经营权的折股,分享承包费等收益;实行股份合作制经营的,本集体经济组织成员从经营收益中获得股份分红。这样能够更好地保护没有承包能力的成员的利益,也可以避免集体经济组织以外的承包人与集体经济组织成员之间产生一些不必要的纠纷。

(2)承包"四荒"地应当符合有关法律要求。承包"四荒"地等应当以保护和改善生态环境、防止水土流失和土地荒漠化为主要目标。以植树种草为重点,按照土地利用总体规划合理安排农林牧渔各业生产,要遵守有关法律、行政法规的规定。例如,《中华人民共和国水土保持法》第二十条第一款规定,禁止在二十五度以上陡坡地开垦种植农作物。在二十五度以上陡坡地种植经济林的,应当科学选择树种,合理确定规模,采取水土保持措施,防止造成水土流失。《中华人民共和国土地管理法》第四十条规定,禁止毁坏森林、草原开垦耕地,禁止围湖造田和侵占江河滩地。《中华人民共和国水法》第四十条规定,禁止围湖造地。禁止围垦河道。《中华人民共和国农业法》《中华人民共和国森林法》等法律也有类似的规定,承包"四荒"地都应当遵守。

需要强调的是,按照建设社会主义生态文明的新要求,以其他方式承包农村土地,特别是"四荒"地承包开发治理,要贯彻生态优先、保护优先、绿色发展的原则,落实"绿水青山就是金山银山"的理念,在开发治理过程中,必须注重保护生态环境和自然风貌,绝不能为了开发"四荒"地而破坏生态环境。

第四部分 农村土地承包法

25. 将"四荒"地发包给村集体经济组织以外的单位和个人承包,有什么程序要求?

《中华人民共和国农村土地承包法》第五十二条规定,发包方将农村土地发包给本集体经济组织以外的单位或者个人承包,应当事先经本集体经济组织成员的村民会议三分之二以上成员或者三分之二以上村民代表的同意,并报乡(镇)人民政府批准。由本集体经济组织以外的单位或者个人承包的,应当对承包方的资信情况和经营能力进行审查后,再签订承包合同。

26. 违法将承包地用于非农建设或给承包地造成永久性损害的,应当承担哪些责任?

《中华人民共和国土地管理法》第三十七条规定,非农业建设必须节约使用土地,可以利用荒地的,不得占用耕地;可以利用劣地的,不得占用好地。

第七十五条规定:"违反本法规定,占用耕地建窑、建坟或者擅自在耕地上建房、挖砂、采石、采矿、取土等,破坏种植条件的,或者因开发土地造成土地荒漠化、盐渍化的,由县级以上人民政府自然资源主管部门、农业农村主管部门等按照职责责令限期改正或者治理,可以并处罚款;构成犯罪的,依法追究刑事责任。"

第七十八条规定:"农村村民未经批准或者采取欺骗手段骗取批准,非法占用土地建住宅的,由县级以上人民政府农业农村主管部门责令退还非法占用的土地,限期拆除在非法占用的土地上新建的房屋。超过省、自治区、直辖市规定的标准,多占的土地以非法占用土地论处。"

此外《中华人民共和国农村土地承包法》也作了相应规定。

27. 农村土地预留机动地应当符合哪些规定？

《中华人民共和国农村土地承包法》第六十七条规定，本法实施前已经预留机动地的，机动地面积不得超过本集体经济组织耕地总面积的百分之五。不足百分之五的，不得再增加机动地。本法实施前未留机动地的，本法实施后不得再留机动地。

机动地是一些地方为解决人地矛盾、减少承包地调整次数或解决集体开支问题而保留的一部分由集体经济组织统一经营的土地，这部分土地不实行家庭承包。其在实施过程中出现了一些问题，如预留面积过大，发包过程不公平、不透明等，损害了农民的利益。因此，第二轮承包时，中共中央办公厅、国务院办公厅印发的《关于进一步稳定和完善农村土地承包关系的通知》明确要求："对预留'机动地'必须严格控制。目前尚未留有'机动地'的地方，原则上都不应留'机动地'……目前已留有'机动地'的地方，必须将'机动地'严格控制在耕地总面积百分之五的限额之内，并严格用于解决人地矛盾，超过的部分应按公平合理的原则分包到户。"《中华人民共和国农村土地承包法》第六十七条就是依据这一精神作出的规定。

机动地的经营管理，各地做法不一，有的实行招标承包经营，有的由集体经济组织统一经营。不论采取什么经营形式，"机动地"的经营情况都应当向集体经济组织成员公开。实行招标承包的，机动地的发包应当合理定价、公开招标、公平竞争；由集体经济组织统一经营的，经营收入情况应当作为村务公开的内容。集体经济组织绝不能将机动地作为干部的"自留地""关系地"。另外，机动地是用于机动的，特别是耕地作为机动地，应当注意保留其灵活性，不能随意种植多年生植物，例如，在耕地上种树等。

第四部分 农村土地承包法

28. 法律对农村土地所有权是如何规定的？

《中华人民共和国宪法》第十条规定，农村和城市郊区的土地，除由法律规定属于国家所有的以外，属于集体所有；宅基地和自留地、自留山，也属于集体所有。

《中华人民共和国农村土地承包法》第十三条规定："农民集体所有的土地依法属于村农民集体所有的，由村集体经济组织或者村民委员会发包；已经分别属于村内两个以上农村集体经济组织的农民集体所有的，由村内各该农村集体经济组织或者村民小组发包。村集体经济组织或者村民委员会发包的，不得改变村内各集体经济组织农民集体所有的土地的所有权。"

《中华人民共和国土地管理法》第十一条也规定："农民集体所有的土地依法属于村农民集体所有的，由村集体经济组织或者村民委员会经营、管理；已经分别属于村内两个以上农村集体经济组织的农民集体所有的，由村内各该农村集体经济组织或者村民小组经营、管理；已经属于乡（镇）农民集体所有的，由乡（镇）农村集体经济组织经营、管理。"

可见，我国法律对土地所有权的归属规定相当明确，集体所有的土地可分三种情况：一种属乡（镇）农民集体所有；一种属村农民集体所有；一种属村民小组农民集体所有。土地所有权属于承包者个人所有的说法是错误的。

29. 农民承包经营集体的土地的法律依据是什么？

《中华人民共和国农村土地承包法》规定如下。

（1）国家实行农村土地承包经营制度。农村土地承包采取农村集体经济组织内部的家庭承包方式，不宜采取家庭承包方式的荒山、荒沟、荒丘、荒滩等农村土地，可以采取招标、拍卖、公开协商等方式承包。（第三条）

（2）农村土地承包后，土地的所有权性质不变。承包地不

得买卖。(第四条)

（3）农村集体经济组织成员有权依法承包由本集体经济组织发包的农村土地。任何组织和个人不得剥夺和非法限制农村集体经济组织成员承包土地的权利。(第五条)

（4）国家保护集体土地所有者的合法权益，保护承包方的土地承包经营权，任何组织和个人不得侵犯。(第八条)国家保护承包方依法、自愿、有偿流转土地经营权，保护土地经营权人的合法权益，任何组织和个人不得侵犯。(第十条)

（5）农民集体所有的土地依法属于村民集体所有的，由村集体经济组织或者村民委员会发包；已经分别属于村内两个以上农村集体经济组织的农民集体所有的，由村内各该农村集体经济组织或者村民小组发包。村集体经济组织或者村民委员会发包的，不得改变村内各集体经济组织农民集体所有的土地的所有权。国家所有依法由农民集体使用的农村土地，由使用该土地的农村集体经济组织、村民委员会或者村民小组发包。(第十三条)

（6）家庭承包的承包方是本集体经济组织的农户。农户内家庭成员依法平等享有承包土地的各项权益。(第十六条)

30. 农民入了城镇户口后，原承包的土地是否应当交出？

《中华人民共和国农村土地承包法》第二十七条第三款规定："承包期内，承包农户进城落户的，引导支持其按照自愿有偿原则依法在本集体经济组织内转让土地承包经营权或者将承包地交回发包方，也可以鼓励其流转土地经营权。"

31. 已婚未迁出户口的农村妇女的承包土地，是否应当收归集体？

《中华人民共和国农村土地承包法》第六条规定："农村土地承包，妇女与男子享有平等的权利。承包中应当保护妇女的合法权益，任何组织和个人不得剥夺、侵害妇女应当享有的土地承包经营权。"第三十一条规定："承包期内，妇女结婚，在新居住地未取得承包地的，发包方不得收回其原承包地；妇女离婚或者丧偶，仍在原居住地生活或者不在原居住地生活但在新居住地未取得承包地的，发包方不得收回其原承包地。"意思是说：第一，妇女结婚的，新居住地应当按照有关规定，优先解决妇女的土地承包经营权问题，在没有解决之前，出嫁妇女娘家所在地的发包方不得强行收回其原承包地。第二，妇女离婚或者丧偶的，如果该妇女仍在原居住地生活，原居住地应当保证该妇女有一份承包地；妇女离婚或者丧偶后不在原居住地生活，而是迁到其他地方，那么，新居住地所在村或者村民小组应当为妇女解决一份承包地，在解决之前，妇女原居住地的承包方应当保留妇女的土地承包经营权，不得收回其承包地。另外，该法第五十七条规定，剥夺、侵害妇女依法享有的土地承包经营权是侵权行为，应当承担民事责任。

32. 外出打工经商人员的承包地应如何处理？

《中华人民共和国农村土地承包法》第三十条规定："承包期内，承包方可以自愿将承包地交回发包方。承包方自愿交回承包地的，可以获得合理补偿，但是应当提前半年以书面形式通知发包方。承包方在承包期内交回承包地的，在承包期内不得再要求承包土地。"在集体组织接收交回的承包地之前，原承包人应负责承包经营或委托家中其他成员经营，承担承包合同的责任和义务，不得将土地抛荒。我国《中华人民共和国土地管理法》明确规定，禁止任何单位和个人闲置、荒芜耕地。如果因进城务工而将承包地抛荒，属于违反《中华人民共和国土地管理法》的行为。

农民学法用法手册

33. 农村土地承包合同纠纷应当如何处理？

农村承包合同当事人对承包合同的内容、履行情况以及不履行承包合同的后果发生争议时，根据《中华人民共和国农村土地承包法》和相关规定，可以采取以下几种处理方式。

（1）双方当事人通过协商解决。

（2）请求村民委员会、乡（镇）人民政府等调解解决。

（3）按照《中华人民共和国农村土地承包经营纠纷调解仲裁法》的规定，依法申请仲裁。

34. 农民怎样依法开垦荒地？

开垦未利用地即荒地，应当依法进行，特别是在整个社会生态环境意识日益增强的今天，特别应当加强对生态环境的保护，禁止乱开荒。关于如何开垦荒地的问题，有关法律作了明确的规定。

《中华人民共和国土地管理法》第四十条规定："开垦未利用的土地，必须经过科学论证和评估，在土地利用总体规划划定的可开垦的区域内，经依法批准后进行。禁止毁坏森林、草原开垦耕地，禁止围湖造田和侵占江河滩地。根据土地利用总体规划，对破坏生态环境开垦、围垦的土地，有计划有步骤地退耕还林、还牧、还湖。"

《中华人民共和国水土保持法》第二十条规定："禁止在二十五度以上陡坡地开垦种植农作物。在二十五度以上陡坡地种植经济林的，应当科学选择树种，合理确定规模，采取水土保持措施，防止造成水土流失。省、自治区、直辖市根据本行政区域的实际情况，可以规定小于二十五度的禁止开垦坡度。禁止开垦的陡坡地的范围由当地县级人民政府划定并公告。"第二十三条第二款规定："在禁止开垦坡度以下、五度以上的荒坡地开垦种植农作物，应当采取水土保持措施。具体办法由省、自

第四部分 农村土地承包法

治区、直辖市根据本行政区域的实际情况规定。"第三十七条规定:"已在禁止开垦的陡坡地上开垦种植农作物的,应当按照国家有关规定退耕,植树种草;耕地短缺、退耕确有困难的,应当修建梯田或者采取其他水土保持措施。在禁止开垦坡度以下的坡耕地上开垦种植农作物的,应当根据不同情况,采取修建梯田、坡面水系整治、蓄水保土耕作或者退耕等措施。"

因此,依法开垦荒地,要遵守上述法律规定。

第五部分　农民专业合作社法

1. 什么是农民专业合作社？

农民专业合作社是指由从事同类或相近农业生产经营的农民，按照自愿、平等、互助、民主管理的原则，自发组织成立的互助性经济组织。它以为成员服务（而不是以营利最大化）为宗旨，通过统一采购生产资料、集中销售农产品、共享技术和信息等方式，帮助农民降低成本、增加收益、提升市场竞争力。

（1）主要特点

①成员构成以农民为主。成员一般是直接从事农业生产经营的农户，也可以包括与本社业务密切相关的企业、科研院所或社会团体等"单位成员"，但须符合国家规定的比例与条件。

②民主化管理。合作社实行成员（社员）大会、理事会、监事会等组织架构。成员拥有投票权，通过民主方式讨论和决定合作社的重大事项，各成员在合作社内部法律地位平等。

③盈余按交易量返还。与普通公司不同，农民专业合作社的盈余分配更强调"按成员与合作社的交易量（或交易额）"进行返还，以突出"服务成员"的互助性原则，在此基础上才会有少量的按股分红。

④政策扶持。国家通过财政、税收、信贷、技术培训、人才支持等多种方式，对农民专业合作社给予一定的扶持和优惠，以鼓励其规模化、现代化发展，助推农业转型升级和乡村振兴。

第五部分　农民专业合作社法

（2）作用与意义

①提高农民收入和议价能力。通过统一采购与销售，降低农资成本、争取更好的产品销售价格，增强农民在市场中的话语权。

②提升农业产业化水平。合作社能够集约资源，强化生产技术推广和品牌建设，促进农业从"小而散"向规模化、现代化转变。

③推动农村社会服务体系完善。除了生产与经营，合作社通常还承担一定的农技推广、市场信息收集、资金互助等功能，对完善农村社会化服务体系具有积极作用。

2. 农民专业合作社的设立条件有哪些？

根据《中华人民共和国农民专业合作社法》及相关配套规定，设立农民专业合作社一般需满足以下基本条件（各地在具体执行中可能略有差异，以下为总体原则性要求）。

（1）成员条件

以从事同类或相近农业生产经营的农民为主体，一般要求至少有五名农民作为发起人（即"设立人"）。

也可吸收与本合作社业务直接相关的企业、事业单位或者社会团体等"单位成员"，但农民成员应当占合作社成员总数的多数（具体比例由法律或地方规定要求，一般不少于百分之八十）。

（2）章程（合同）规定

应当制定符合《中华人民共和国农民专业合作社法》要求的合作社章程，并经全体发起人（设立人）讨论、签字（或盖章）通过。

章程通常包括以下主要内容。

①合作社的名称和住所。

②经营宗旨、业务范围。

③成员的资格及加入、退出的条件和程序。
④成员的权利和义务。
⑤组织机构及其产生办法、职权、议事规则。
⑥财务管理、盈余分配和亏损处理原则。
⑦合并、分立、解散事由与程序。
⑧需要在章程中规定的其他事项。

（3）组织机构

①按照法律要求，农民专业合作社应设立成员（社员）大会和理事会、监事会等基本组织机构。

②成员大会是合作社的最高权力机构；理事会或理事长负责日常运营管理；监事会或监事负责对合作社财务及重大决策实施监督。

（4）注册资本与财务制度

通常需要有一定的出资规模，用于合作社的生产经营与业务往来，具体数额可根据章程规定。

出资方式可以是货币、实物、技术等，但需符合法律及章程的相关规定。

必须执行国家统一的财务会计制度，建立健全财务管理、盈余分配、会计核算等相关制度。

（5）住所与经营场所

需具备能够正常开展生产经营活动的住所或经营场所。

一般要求在工商登记时提供合法稳定的经营场所证明。

（6）登记注册

必须依照法律规定，向当地市场监督管理部门（原工商行政管理部门）申请登记。

提交规定的申请材料包括合作社登记申请书、章程、成员名单、成员出资证明、住所证明等。

经审核通过后，领取营业执照，农民专业合作社方可设立并取得法人资格。

第五部分 农民专业合作社法

3. 农民专业合作社的法人地位和法律责任是什么？

(1) 农民专业合作社的法人地位

①独立的法人资格。《中华人民共和国农民专业合作社法》第三条规定，农民专业合作社是"以成员为主体，以服务成员为宗旨，按照自愿、平等、互助、民主管理为原则的互助性经济组织"，并依照法律登记，取得法人资格。

取得法人资格后，合作社以其自身的名义从事民事活动，可以订立合同、拥有财产、承担债务并进行其他合法经营活动。

②独立财产与独立责任。农民专业合作社的财产独立于成员个人财产，社员（成员）仅以其出资额或章程约定为限对合作社承担责任。

合作社对外发生债务时，以合作社全部财产对外承担偿债责任，社员个人的其他财产不直接用于清偿合作社债务（除章程或法律另有特别约定外）。

③组织机构的法人治理。合作社必须设立成员（社员）大会，这是合作社的最高权力机构；日常经营管理一般由理事会（理事长）负责；监督机构由监事会（监事）或章程约定的其他形式组成。

这种组织架构的设立和运作，保证了合作社在法律框架内行使民事权利、履行民事义务，独立对外承担责任。

(2) 农民专业合作社的法律责任

①民事责任。作为独立的法人主体，农民专业合作社在经营活动中如因违约、侵权等行为给他人造成损失，应当依法承担民事责任（例如，承担违约金、赔偿损失等）。

如果合作社对外负有债务，应以其全部法人财产对债权人承担清偿责任。

②行政责任。在经营过程中，如合作社或其工作人员违反行政管理法律法规（例如，食品安全、环保、税务、工商登记、

财务会计制度等），会被相关行政主管部门依法采取行政处罚措施，如罚款、责令改正、吊销营业执照等。

如果在登记、年报等方面弄虚作假或不按时履行法定义务，也会受到相应的行政处罚或信用惩戒。

③刑事责任。若合作社或其直接负责的主管人员、其他责任人员在经营活动中实施了触犯刑法的行为（如涉嫌诈骗、非法集资、制售假冒伪劣农资或产品等），将依法追究刑事责任。

刑事责任的承担主体包括合作社法定代表人（理事长等）、直接负责的主管人员和其他责任人员等。

④内部责任与纪律要求。合作社内部还需依照法律及章程规定，对理事会、监事会、财务负责人等内部管理人员的违规操作或职务侵占、损害成员利益等行为，进行内部追责或申请司法救济。

国家机关及其工作人员在合作社的监管、扶持等过程中如果存在滥用职权、玩忽职守、徇私舞弊等行为，也将承担相应的法律或行政责任。

4. 农民专业合作社的成员资格和权利义务有哪些？

（1）成员资格

①主体以农民为主。成员主要是在同类或相近农业产业中从事生产经营的农民（也可吸纳少量与合作社业务直接相关的企业、事业单位或社会团体，称为"单位成员"）。农民成员通常应当占成员总数的多数（法律或各地具体规定的比例有所差异，一般不少于百分之八十）。

②自愿加入，自由退出。成员加入合作社须自愿申请，经合作社章程或成员（社员）大会规定的程序同意后方可成为成员；成员也有权依照章程的规定提出申请并办理退出手续，合作社不得无故阻挠。

③符合合作社章程规定。合作社章程通常会对成员资格条

件、加入与退出程序、出资方式及其他要求作出明确规范;符合章程规定并履行法定程序的农民或单位,才具备成员资格。

(2) 成员的权利

①参加成员(社员)大会。成员大会是合作社的最高权力机构,成员有权出席成员大会,并在重大事项表决时享有表决权、选举权和被选举权;一般情况下,每个成员享有一人一票的投票权(章程另有规定除外,但不得违背合作社的基本原则)。

②获取生产经营服务。合作社的宗旨在于为成员提供服务,成员有权在合作社范围内享受统一采购、集中销售、技术推广、信息咨询、产品加工、储运等多种服务;可以通过合作社降低生产成本、提高销售收益、提升农产品市场竞争力。

③分享盈余。合作社在财务核算后实现的盈余,按照"按成员与合作社的交易量(或交易额)比例返还"的原则进行分配;在对成员进行交易返还后,如还有盈余,再根据出资比例或章程规定进行二次分配(亦称"按股分红")。

④监督和知情权。成员有权查阅合作社的财务账目、会议记录等重要资料,有权对理事会和监事会的工作进行监督;对于经营管理中的重大问题,可以依照章程或相关法律法规提出意见或质询。

(3) 成员的义务

①遵守合作社章程和规定。成员须遵守合作社制定的章程、内部管理制度、成员大会和理事会合法作出的各项决议;若违反章程或决议,合作社有权采取相应的内部管理措施或依程序取消其成员资格。

②按时足额出资。成员应当根据申请加入时与合作社约定的出资方式、数额和时间要求,及时履行出资义务;出资形式可为货币、实物、技术等,但须满足相关法律规定和章程要求。

③积极履行交易义务。合作社的互助性和规模效益,往往

依赖成员之间的紧密合作；成员应当按照章程或与合作社签订的协议，积极参与统一采购或统一销售的生产经营活动，不得违反合同行为，损害其他成员或合作社利益。

④承担合作社亏损风险。若合作社经营过程中发生亏损或负债，成员应当按其认缴的出资额或章程约定的方式对合作社承担相应责任；通常情况下，以认缴出资额为限对合作社债务承担责任，不涉及成员个人其他财产（除法律和章程另有规定外）。

⑤维护合作社形象和合法权益。成员应自觉维护合作社声誉，不得利用合作社名义从事非法或损害社员利益的活动；对外宣传和推广合作社形象，积极参与合作社的公益和社会服务活动。

（4）退出与继承

①退出。成员有权根据自身情况，按照章程规定的程序退出合作社；合作社应依据章程对退出成员结算出资及分配其应得的收益，但需先满足债务偿还等法定义务和程序。

②继承。如果成员死亡或丧失民事行为能力，且具备继承条件，按照章程或法律规定，其依法继承人可申请继承其成员资格或退社清算。

5. 农民专业合作社的组织结构和管理模式是什么？

根据《中华人民共和国农民专业合作社法》及相关制度规定，农民专业合作社通常实行"成员（社员）大会—理事会—监事会"三级组织架构，并结合自身业务特点和章程规定开展经营管理。

（1）组织结构

①成员（社员）大会

最高权力机构：成员大会由全体成员组成，依法行使对合作社重大事项的决策权。

主要职权：选举和罢免理事、监事；审议并决定合作社的经营方针和投资计划；审议并批准年度财务预决算方案、盈余分配方案、亏损弥补方案等；修改合作社章程；决定合作社合并、分立、解散、终止等重大事项；法律法规和章程规定的其他职权。

议事规则：一般采取"一人一票"的表决原则，具体可根据章程规定对单位成员或大额出资者进行适当的投票权差异化安排，但不得违背农民主体性和民主原则；决议形成需达到法定或章程约定的通过比例。

②理事会（或理事长）

日常经营管理机构：理事会由成员（社员）大会选举产生，理事长通常为理事会负责人，负责合作社日常经营管理和对外代表。

主要职能：执行成员大会的决议；负责合作社财务、业务、人员等日常管理；制订年度经营计划、财务预算和实施方案，并提请成员大会或监事会审议；组织实施合作社重大项目或投资活动；其他章程规定或成员大会委托的管理职责。

任职条件与责任：理事会或理事长对合作社财务、经营活动承担相应管理责任；在经营管理中若有损害合作社及成员利益的失职或违法行为，需承担法律和内部追责责任。

③监事会（或监事）

监督机构：监事会由成员（社员）大会选举产生，规模可根据合作社实际情况设定；如合作社规模较小，经章程规定也可只设一名监事。

主要职能：对理事会或理事长执行成员大会决议的情况进行监督；定期检查和审查合作社的财务账目、经营活动；对可能损害合作社或成员利益的行为予以及时纠正和举报；监督理事会成员、财务负责人等的诚信和勤勉情况。

权利与责任：有权列席理事会会议并提出质询；如发现严

重问题,可提请召开临时成员大会或向主管部门报告。

④其他内设机构:随着农民专业合作社规模的扩大和业务的多元化,一些合作社会在章程中或管理实践中增设类似于"财务管理部""技术推广部""市场营销部"等职能部门,以进一步专业化、规范化运作。

(2) 管理模式

①民主管理:以"成员大会"为最高决策主体,成员共同参与、共同决策;"一人一票"或"适度差额投票"原则,既要保障农民成员的主体地位,也可在一定程度上兼顾大额出资者或单位成员的合理权益;决策程序和结果公开透明,让每位成员对合作社发展方向、收益分配、重大投资等有充分的话语权。

②专业化经营:通过设立理事会(理事长),配合专业管理团队或聘用技术人员、财务人员,实现生产—经营—管理的专业化;部分规模较大的合作社会吸纳具备经营管理经验的人才进入理事会或高管团队,推动合作社不断提升组织化、市场化水平。

③财务公开与盈余分配:合理建立财务管理、审计监督、资金使用制度,保证财务收支合法透明;按照合作社法的原则,盈余主要"按成员与合作社的交易量(或交易额)比例返还",再进行二次返还或按股分红,体现互助性和公平性。

④内部监督与问责:监事会(或监事)对理事会或管理层执行决议、财务、资产使用情况等进行有效监督;如果发现理事或高管人员存在损害合作社利益、滥用职权等行为,可提请成员大会进行罢免或法律追究,强化内部问责机制。

⑤与外部资源和市场对接:通过加强与政府部门、科研院所、金融机构、行业协会等的合作,提高合作社在农业技术、品牌打造、市场开拓、融资贷款等方面的能力;在经营管理上注重与现代企业制度和市场规则接轨,努力提升农产品的附加

值和市场竞争力。

6. 如何制定和修改农民专业合作社的章程？

根据《中华人民共和国农民专业合作社法》及相关配套规定，章程是农民专业合作社依法开展活动的根本依据，对合作社的组织原则、业务范围、成员资格、内部治理、财务管理、盈余分配以及合并、分立、解散程序等作出具体规范。

（1）章程的制定

①发起与起草：发起人（设立人）通常为拟成立合作社的主要农户或带头人，也可能有与本社业务密切相关的企业、事业单位或社会团体（单位成员）参加。发起人可根据法律法规和实际经营需求，先行商议、草拟章程文本，明确合作社的名称、住所、宗旨、业务范围、组织机构等核心要素。

②主要内容：一份完整的合作社章程，一般应包含以下主要条款：a. 名称和住所：须与合作社的业务内容相符，住所须在登记机关管辖范围内；b. 宗旨与业务范围：明确合作社是以"服务成员"为宗旨，经营范围符合当地产业特色；c. 成员资格：规定成员加入、退出的条件与程序；农民成员应占多数，单位成员比例须符合法律规定；d. 成员权利和义务：包括表决权、盈余分配权、监督知情权、出资及交易义务等；e. 组织机构及职责：成员（社员）大会、理事会（或理事长）、监事会（或监事）的组成、职权和议事规则；f. 财务管理与盈余分配原则：必须体现"按成员与合作社的交易量（或交易额）进行返还"的分配原则；g. 合并、分立、解散及清算程序：规定合作社的重大变更和终止的条件与程序；h. 章程修改程序：一般需经成员大会以较高比例（常见为三分之二以上成员同意）方可修改；i. 其他：包括争议解决方式、违约责任、适用法律等。

③民主讨论与审议通过：章程草案应在发起人或筹备组内进行充分讨论，并征求拟加入成员的意见；为保障农民成员的

主体地位，应尽量采用"一人一票"或符合合作社法精神的表决方式；最终由全体发起人（设立人）共同审议通过，并签字（或盖章）确认。

④登记并对外公示：拟成立合作社应持通过的章程文本及其他设立材料，向当地市场监督管理部门（原工商行政管理部门）申请登记；登记后取得营业执照，章程即对内和对外生效，成为合作社必须遵守的基本准则。

（2）章程的修改

①启动修改的情形：经营规模或业务范围发生重大变化，需要对章程中的业务范围或组织机构做相应调整；成员结构（例如，农民成员与单位成员比例）发生显著变化，或需新增特殊条款；政策或法规有新规定，需与之衔接或遵守；其他因合作社发展需要或章程本身存在缺陷而需要进行修订的情形。

②提出修改建议：通常由理事会（理事长）根据合作社经营需要，提出修订方案；也可以由三分之一以上的成员或监事会提出章程修订建议，要求理事会组织拟定修订草案。

③审议与通过程序：章程修订草案应提前告知全体成员，以便成员在成员（社员）大会上讨论表决；召开成员大会进行表决，一般须三分之二以上到会成员（或有表决权的成员）同意方可修改通过（具体表决比例以章程原规定或法律规定为准）；对修改后的条文在会上形成正式决议，并记录在案。

④变更登记与生效：若章程的修改涉及到合作社名称、住所、业务范围、出资金额或其他重要登记事项的变更，需要在规定时间内到市场监督管理部门办理变更登记；办理完毕后，修订条款正式生效，并对内和对外具有法律效力。

⑤对成员和外部的告知：合作社应及时将章程修订内容告知全体成员，并在内部公示；涉及与外部交易、政府部门备案或政策扶持的，须相应更新合作社的对外信息、合同条款或备案信息等。

第五部分 农民专业合作社法

7. 农民专业合作社的经营范围和经营活动有哪些限制?

根据《中华人民共和国农民专业合作社法》及相关法律法规,农民专业合作社在经营范围和经营活动方面主要遵循"服务成员、互利共赢"的原则,同时也受到一定的法律、行政法规以及产业政策的约束。

(1) 经营范围的原则与要求

①以农业及相关服务为核心:农民专业合作社应当围绕农业生产经营及农民增收来确定经营范围,如种植、养殖、加工、销售、贮藏、运输、农业技术推广、农资供应、休闲农业与乡村旅游等。其宗旨在于"为成员服务",并不是单纯的营利组织,经营活动应与成员所在或周边地区的农业生产实际需求紧密结合。

②不得脱离"农民专业"属性:虽然法律并未对农民专业合作社的经营项目作出极为狭窄的限定,但若经营范围与农业或农村经济毫无关联,或严重背离了"以农民为主体、服务成员为宗旨"的定位,可能会被认定为与合作社性质不符。一般情况下,合作社如果跨领域开展非农行业的大规模投资或经营活动,需审慎评估合法合规性和风险,避免偏离服务农民的初衷。

③章程约定与登记备案:合作社在章程中应当明示主要业务内容,涵盖生产、经营、服务等方面;在办理市场监管部门登记时,会将经营范围记载于营业执照或相应登记信息中,超范围经营可能面临行政处罚或信用惩戒。

(2) 经营活动的合规性要求

①合法取得相关许可:若合作社经营项目涉及法律、行政法规规定须经审批或许可的行业(如种子生产经营、农药经营、食品生产经营、兽药经营、特种养殖、旅游经营许可等),必须先依法取得相关许可证照后方可开展相应业务。

未经许可或审批擅自经营特定行业，可能面临工商、农业农村、市场监管、生态环境、文旅等主管部门的行政处罚。

②遵守财务、税收、金融等规定：合作社须建立统一的财务会计制度，合法合规进行财务核算、纳税申报，不得利用合作社名义从事非法集资、洗钱等金融违规活动。

国家对农民专业合作社在税收或信贷上有一定扶持政策，但前提是经营合规、账目透明，不得通过虚假业务、关联交易等方式骗取政策优惠。

③不得损害国家利益和社会公共利益：合作社不得从事法律、行政法规禁止的任何活动，如制售假冒伪劣农资产品、非法采伐林木、非法占用耕地、污染环境等。

对于涉及食品安全、生态环境保护等领域的经营活动，也要严格执行相关标准和监管要求。

④尊重竞争秩序，禁止垄断与不正当竞争：农民专业合作社虽然以服务成员为宗旨，但在市场活动中也应遵守反垄断法、反不正当竞争法等规定。

不得相互串通操控农资或农产品价格、排挤其他经营者，破坏公平竞争环境。

8. 农民专业合作社如何进行利润分配？

根据《中华人民共和国农民专业合作社法》的规定，农民专业合作社在进行利润（盈余）分配时，应当突出其"服务成员"的宗旨，遵循"按交易量（或交易额）返还为主，按股分红为辅"的基本原则。简要概括如下。

（1）提取公积金和公益金。合作社可根据法律和章程的规定，先行提取一定比例的公积金、公益金或风险基金，用于合作社再投入、风险防控、公益事业等。

具体提取比例及用途应在章程或成员（社员）大会决议中明确。

（2）按交易量（交易额）返还。合作社将盈余的主要部分按各成员与合作社之间的交易量（或交易额）进行返还。

这种"按交易量返还"体现了互助共赢、农民受益的核心宗旨，鼓励成员积极参与合作社的统一采购、统一销售或其他经营活动。

（3）按出资额分红（按股分红）。在按交易量返还之后，如仍有剩余盈余，则可以按照出资额（股金）进行"二次返还"或"按股分红"。

具体比例及方式可由章程或成员大会决定，但必须尊重"以成员为主体、服务成员"的原则，不能使出资分红取代"按交易量返还"成为主导。

（4）成员大会决议及公开。每一年度的盈余分配方案通常由理事会（或财务负责人）提出，提交成员（社员）大会审议表决。

应将财务报表、盈余总额及具体分配方案公示，让成员充分了解、讨论并投票决定。

（5）依法合规，避免违规操作。分配过程必须符合会计准则、税收法规和合作社章程的要求，做到透明合规；不得违规侵害少数成员利益，或在分配中出现财务舞弊、账目不清等现象。

9. 农民专业合作社如何进行资金筹集？

根据《中华人民共和国农民专业合作社法》和相关政策规定，农民专业合作社的资金来源通常具有多元化和互助性的特点。

（1）成员出资

①**基本资金来源**：合作社最核心、最稳定的资金通常来自社员（成员）的出资。

②**多种出资形式**：可采取货币、实物、技术等方式出资，

但须符合法律及合作社章程的规定,确保出资真实、手续合法。

(2) 国家财政扶持资金

①专项补贴和扶持:各级政府会通过财政补贴、专项扶持资金、贴息贷款等方式,支持农民专业合作社在购置农机装备、兴建仓储设施、技术推广、品牌建设等方面的发展。

②申请与使用:需要符合相应的申报条件,并严格按照项目要求使用资金,不得违规挪用或套取补贴。

(3) 金融机构贷款

①银行贷款:合作社可根据自身生产经营需求,向农业发展银行、商业银行、农村信用社等申请贷款。

②政策性贴息:符合相关政策条件时,可享受一定贴息或优惠利率,大大降低融资成本。

③担保与抵押:对于大额贷款,通常须提供抵押或担保,也可借助政府扶持的担保机构或农担公司来提高贷款可得性。

(4) 社会资本与合作

①吸收"单位成员":在不违背"农民成员占多数"前提下,可吸收与合作社业务密切相关的企业、科研院所、社会团体等单位成员出资入社。

②股权合作:与龙头企业或社会资本进行股权合作,共同开发农产品品牌、深加工等项目,实现优势互补、利益共享。

③产业链合作:可与产业链上下游企业签订"订单农业"或"供应链金融"合作协议,获取预付款或融资支持。

(5) 借助农村集体资产与互助资金

土地经营权入股:在依法合规的前提下,社员可将自有或流转取得的土地经营权折算为出资。

内部互助资金:一些合作社规模较大或管理较完善的,可在章程允许的范围内设立"内部互助资金"用于短期周转,但需遵守国家对民间借贷和金融业务的相关监管规定。

（6）新型融资方式

①互联网众筹：部分地区在政策允许、风险可控的前提下，尝试利用农村电商平台或众筹平台为特色农产品项目筹集资金。

②农业保险与担保基金：通过投保农业保险、加入担保基金等方式分散生产经营风险，间接提升合作社的融资能力和信用等级。

（7）温馨提示

①合规与风险控制：合作社在资金筹集过程中要严格遵守法律法规和金融监管要求，不得从事非法集资、违规吸储等活动。要做好贷款和外部资金的使用规划，避免盲目扩张造成债务风险。

②完善内部财务管理：建立健全财务会计制度，确保资金使用公开透明、账目清晰，并定期向成员大会报告财务状况。监事会或监事应及时对资金使用情况进行监督和审计，保护社员权益。

③发挥合作互助优势：合作社应充分利用成员间的互助机制和对外合作渠道，科学组合各类资金来源，为农业生产、农产品销售、技术推广等提供持续、有力的资金支持。

10. 农民专业合作社如何加入合作社联合组织？

根据《中华人民共和国农民专业合作社法》第七章农民专业合作社联合社及相关配套政策，农民专业合作社在自愿、平等、互利的基础上，可以与其他合作社共同成立或者加入农民专业合作社联合组织（通常称为"联合社"或"合作社联合会"等）。

（1）了解联合组织的性质与章程

①确定联合组织类型

农民专业合作社联合组织通常包括：

行业性：如专门从事某一类农产品种植、养殖、加工、销售的联合社。

区域性：在同一乡镇、县域或更大区域范围内，涵盖多种产业的综合性联合社。

功能性：侧重于提供金融、信息、技术支持等服务的专业服务联合社。

在加入前，应先了解该联合组织的运作模式、业务范围、会员构成以及服务内容，判断是否与本合作社的经营定位和发展需求相匹配。

②查阅其章程或入会规定

联合组织往往有自己的章程或管理办法，对会员（成员）的资格、权利义务、入会流程、费用以及退会程序等作出详细规定。

农民专业合作社应仔细阅读并确认能够遵守这些规定，尤其是了解其对于"农民主体性"或"合作社性质"的要求是否与自身相符。

（2）准备加入材料与申请

①提交入会申请书：向联合组织的理事会或秘书处提出书面申请，一般包括以下内容：合作社基本情况（名称、登记证号、住所、经营范围、成员数量等）；加入的目的和意愿；经营业务现状与未来发展方向。也可根据联合组织要求，填写统一格式的入会申请表。提供相关证明材料营业执照副本复印件（加盖公章）；合作社章程；社员大会决议或理事会决议，证明内部已讨论通过"加入某联合组织"的事项；其他材料（如财务状况说明、主要业务成果、奖项或资质证书等），有助于联合组织对申请合作社的经营实力、合规情况进行评估。

②缴纳会费或股金（如适用）：一些联合组织会要求会员缴纳一定的会费或股金，用于组织的日常运营和发展项目；具体标准和方式应在章程或入会须知中载明，农民专业合作社在申请时须了解并做好财务安排。

(3) 联合组织的审核与接纳程序

①理事会（或会员大会）表决：一般情况下，联合组织会将申请材料提交给理事会或会员（代表）大会审议表决；若符合联合组织章程对会员资格的规定，且申请材料齐全、真实有效，通常会予以接纳。

②签署入会协议或入会确认书：经表决通过后，合作社须与联合组织签订入会协议（或入会确认书），明确双方的权利、义务和违约责任；签署完毕并公示后，即可取得该联合组织的正式会员资格。

③会员证或登记备案：一些联合社会为新成员颁发"会员证"或在内部登记系统中注册备案；也可能需要到当地农业农村主管部门或其他业务主管部门进行报备（视各地政策而定）。

(4) 享受的权利与承担的义务

①权利：业务协同与资源共享，联合组织往往能在产供销、品牌推广、技术培训、信息咨询、融资对接等方面提供支持。共同议价和市场开拓：通过抱团发展，提升农产品在市场中的竞争力与定价话语权；参与重大决策：可以参加联合组织的成员大会、理事会选举，参与制定行业标准、政策建议等，共享发展机遇。

②义务：遵守组织章程和决议，应支持并配合联合组织的各项工作和活动，及时缴纳会费或股金；信息互通：按要求报送经营数据和相关发展信息，以便联合组织进行行业统计和资源整合；维护整体形象：合作社在对外经营或品牌营销时要珍惜并维护联合组织的声誉，不得从事损害其他成员或集体利益的行为。

(5) 退出或变更程序

①退出：如果经营方向变化或无法继续满足联合组织的要求，农民专业合作社可依照该组织章程规定的程序提出退出申请；经相关审批或备案后，可以终止其会员资格，并办理好财

务、资产、权利义务等方面的交接。

②变更：若只需要在联合组织内变更登记信息（例如，合作社名称变更、住所迁移等），应及时向联合组织提供新的证照及证明材料，由理事会或秘书处备案并更新会员资料。

(6) 注意事项

①保持主体性质一致：加入联合组织后，农民专业合作社仍应坚守"以农民为主体、服务成员为宗旨"的本质，避免因联合后出现"公司化"倾向或偏离互助原则。

②合理评估合作效益：在选择哪家联合组织时，要权衡其业务平台、会员结构、运营管理水平等因素，避免盲目加入而未获得实质性帮助。

③遵守内部民主与公开：加入联合组织前需在合作社内部（社员大会或理事会）充分讨论，形成书面决议；任何重大事项变动也应履行民主程序，确保成员的知情权和参与权。

④注重风险防范：与联合组织共同经营项目或融资时，要做好合作协议、财务管理、责任分担等方面的合同约定，防止资金或品牌风险。

11. 农民专业合作社如何解决成员之间的纠纷？

在农民专业合作社的日常运营中，成员之间可能会因出资、分红、交易量返还、管理权限、财务监督等问题产生纠纷。为保障合作社的稳定发展并维护成员利益，《中华人民共和国农民专业合作社法》以及相关法律法规对合作社纠纷的处理和救济途径作出了原则性规范。

（1）内部调解为主。根据合作社章程和内部制度，由理事会、监事会或专门调解小组组织协商，优先通过民主决策程序化解矛盾。重大问题可提交成员（社员）大会讨论表决，借助公开透明的程序达成一致。

（2）第三方介入调解。当内部调解无果时，可向乡镇（街道）人民调解委员会或行业协会、上级合作社联合组织寻求帮助。依托有经验的调解人员或专业机构，促成当事人达成调解协议。

（3）法律手段兜底。如双方仍无法达成一致，可依据合作社章程中的仲裁条款申请仲裁；最终也可通过民事诉讼渠道，由人民法院依法裁判，保障各方合法权益。

12. 农民专业合作社的决策程序和表决机制是什么？

根据《中华人民共和国农民专业合作社法》的规定，农民专业合作社一般实行"成员（社员）大会—理事会—监事会"的组织架构，形成了较为完备的民主决策和监督体系。其决策程序和表决机制主要体现为以下几个方面：

（1）成员（社员）大会为最高权力机构

①召开与议题：通常每年召开一次常规大会，必要时可召开临时大会。大会由理事会或经一定比例成员联名提议召集。

②审议事项：包括修改章程、选举或罢免理事与监事、审议财务预决算、盈余分配方案、合并分立和解散等重大事项。

（2）"一人一票"或"适度差额投票"原则

①一般规则：成员在成员大会上通常实行"一人一票"，保障农民社员的主体地位和民主权利。

②特殊情形：章程可对大额出资者或单位成员设置适度权重，但不得违背农民在成员总数和决策中的多数原则。

（3）理事会（理事长）执行与日常管理

①职责：负责落实成员大会决议，处理合作社日常经营和财务管理。

②议事程序：理事会内部决策采用集体表决方式，形成决议后由理事长组织实施。

（4）监事会（监事）监督机制

①监督范围：财务账目、成员大会和理事会决议执行情况，

理事长及理事履职等。

②权利：若发现经营或财务等违规问题，有权要求理事会或成员大会采取纠正措施，必要时可提议召开临时成员大会。

（5）重大决策须经法定或章程规定的多数通过

①常见表决比例：如修改章程、合并分立等重大事项，通常须三分之二以上（或章程规定的更高比例）到会成员同意方可通过。

②公开透明：表决结果应当场或在规定时限内公布，并纳入会议记录。

第六部分 农产品质量安全法

1. 什么是农产品？什么是农产品质量安全？

《中华人民共和国农产品质量安全法》第二条规定："本法所称农产品，是指来源于种植业、林业、畜牧业和渔业等的初级产品，即在农业活动中获得的植物、动物、微生物及其产品。"

本法所称农产品质量安全，是指农产品质量符合保障人的健康、安全的要求。

2. 什么是食品？什么是食品安全？

《中华人民共和国食品安全法》第一百五十条规定："食品，指各种供人食用或饮用的成品和原料以及按照传统既是食品又是中药材的物品，但不包括以治疗为目的的物品。

食品安全，是指食品无毒、无害，符合应当有的营养要求，对人体健康不造成任何急性、亚急性或者慢性危害。"

3. 什么是食品添加剂？

食品添加剂，指为改善食品品质和色、香、味以及为防腐、保鲜和加工工艺的需要而加入食品中的人工合成或者天然物质，包括营养强化剂。

4. 农产品质量标志包括哪些？

农产品质量标志主要包括：绿色食品标志、有机农产品标志以及农产品地理标志。根据《中华人民共和国农产品质量安全法》的规定，农产品质量符合国家规定的有关优质农产品标准的，生产者可以申请使用相应的农产品质量标志。禁止冒用农产品质量标志。

5. 关于农产品包装和标识有什么规定？

《中华人民共和国农产品质量安全法》第三十八条规定，农产品生产企业、农民专业合作社以及从事农产品收购的单位或者个人销售的农产品，按照规定应当包装或者附加承诺达标合格证等标识的，须经包装或者附加标识后方可销售。包装物或者标识上应当按照规定标明产品的品名、产地、生产者、生产日期、保质期、产品质量等级等内容；使用添加剂的，还应当按照规定标明添加剂的名称。

《农产品包装和标识管理办法》第七条规定，农产品生产企业、农民专业合作经济组织以及从事农产品收购的单位或者个人，用于销售的下列农产品必须包装：（一）获得无公害农产品、绿色食品、有机农产品等认证农产品，但鲜活畜、禽、水产品除外；（二）省级以上人民政府农业行政主管部门规定的其他需要包装销售的农产品。符合规定包装的农产品拆包后直接向消费者销售的，可以不再另行包装。

《农产品包装和标识管理办法》第十条规定，农产品生产企业、农民专业合作经济组织以及从事农产品收购的单位或者个人包装销售的农产品，应当在包装物上标注或者附加标识标明品名、产地、生产者或者销售者名称、生产日期。有分级标准或者使用添加剂的，还应当标明产品质量等级或添加剂名称。未包装的农产品，应当采取附加标签、标识牌、标识带、说明书等形式标明农产品的品名、生产地、生产者或者销售者名称等内容。

6. 什么是有机农产品？

有机农产品是纯天然、无污染、安全营养的食品，也可称为"生态食品"。它是根据有机农业原则和有机农产品生产方式及标准生产、加工出来的，并通过有机食品认证机构认证的农产品。有机农产品在生产加工过程中不得使用化学合成的农药、化肥、生长调节剂、饲料添加剂以及基因工程生物及其产物，在土地转换期等方面也有严格要求。

中国有机产品标志的主要图案由3部分组成：外围的圆形、中间的种子图形及其周围的环形线条。标志外围的圆形形似地球，象征和谐、安全，圆形中的"中国有机产品"字样为中英文结合方式，既表示中国有机产品与世界同行，也有利于国内外消费者识别。标志中间类似于种子的图形代表生命萌发之际的勃勃生机，象征了有机产品是从种子开始的全过程认证，同时昭示出有机产品就如同刚刚萌发的种子，正在中国大地上茁壮成长。种子图形周围圆润自如的线条象征环形的道路，与种子图形合并构成汉字"中"，体现出有机产品植根中国，有机之路越走越宽广。同时，处于平面的环形又是英文字母"C"的变体，种子形状也是"O"的变形，意为"China Organic"。

7. 什么是绿色食品？

绿色食品备受消费者青睐，但许多人对它的内涵并不十分了解。甚至有人认为，绿色食品就是市场上销售的含叶绿素的绿颜色食品，或者绿色食品就是走上餐桌的野菜。其实这些都不是真正意义上的绿色食品。绿色食品特指产自优良生态环境、按照绿色食品标准生产、实行全程质量控制并获得绿色食品标志使用权的安全、优质食用农产品及相关产品。之所以称为"绿色"，是因为自然资源和生态环境是食品生产的基本条件，为了突出这类食品出自良好的生态环境，并能给人们带来旺盛的生命活力，因此将其定名为"绿色食品（Green Food）"。发展绿色食品必须遵循可持续发展的原则。从保护、改善生态环境入手，以开发无污染食品为突破口，将保护环境、发展经济、增进健康紧密地结合起来，促成环境、资源、经济、社会发展的良性循环。

为了保证绿色食品无污染、安全、优质、营养的特性，开发绿色食品有一套较为完整的质量标准体系。绿色食品标准包括产地环境质量标准、生产技术标准、产品质量和卫生标准、包装标准、储藏和运输标准及其他相关标准，它们构成了一套完整的质量控制标准体系。

为了和普通食品区别，绿色食品有统一的标志。绿色食品标志图形由3部分构成：上方的太阳、下方的叶片和中间的蓓蕾。标志图形为正圆形，意为保护、安全。整个图形展现了明媚阳光照耀下的和谐生机，告诉人们绿色食品是出自纯净、良好生态环境的安全食品。

8. 什么是标准？标准有哪些层次？

为在一定的范围内获得最佳秩序，对活动或其结果规定共同的和重复使用的规则、导则或特性的文件，称为标准。标准应以科学、技术和经验的综合成果为基础，以促进最佳社会效益为目的，经协商一致制定并经一个公认机构批准。

标准的层次又称标准的级别。按照层次分类法进行层次分类，从世界范围来看，标准分为国际标准、区域性标准、国家标准、行业标准、地方标准和企业标准。我国目前将标准分为国家标准、行业标准、地方标准和企业标准4级。国家标准由国务院标准化行政主管部门制定；行业标准由国务院有关行政主管部门制定；地方标准由省、自治区、直辖市标准化行政主管部门制定；企业标准由企业自己制定。

第六部分 农产品质量安全法

9. 什么是强制性标准？什么是推荐性标准？

强制性标准是指具有法律属性，在一定范围内通过法律、行政法规等手段强制执行的标准。农产品强制性标准包括：①种子（种苗、种畜、种禽）、农药、兽药及其他重要的农业生产资料标准；②农产品安全卫生标准；③农产品生产、储运和使用中的安全卫生要求；④农业生产中的环境保护、生态保护标准；⑤通用的技术术语符号、代号标准；⑥国家需要控制的重要的农产品标准等。

推荐性标准又称非强制性标准或自愿性标准，是指在生产、交换、使用等方面，通过经济手段或市场调节而自愿采用的一类标准。这类标准不具有强制性，任何单位均有权决定是否采用，违反这类标准，不承担经济或法律方面的责任。应当指出的是，推荐性标准一经接受并采用，或各方商定同意纳入经济合同中，就成为各方必须共同遵守的技术依据，具有法律上的约束性。

10. 如何申请使用绿色食品标志？

符合绿色食品相关规定条件的生产单位，可以申请使用绿色食品标志。申请程序如下。

（1）申请人向中国绿色食品发展中心或所在省、自治区、直辖市绿色食品办公室领取申请表格及有关资料，例如，湖南省境内的申请人可直接向湖南省绿色食品办公室提出申请。

（2）申请人按要求填写绿色食品标志使用申请书、企业及生产情况调查表，并连同生产操作规程、产品标准、企业营业执照、企业卫生许可证、企业计量合格证、产品标签、产品注册商标文件复印件及省级以上质量监测部门出具的当年产品质量检测报告，一并报所在省、自治区、直辖市绿色食品办公室。

（3）由各省、自治区、直辖市绿色食品办公室派专职绿色食品标志管理人员赴申报企业及其原料产地调查，核实其产品生产过程的质量控制情况，出具正式报告。

（4）由各省、自治区、直辖市绿色食品办公室确定省内一家绿色食品环境监测单位（通过省级以上计量认证），委托其对申请单位进行农业环境质量评价。

（5）以上材料一式两份，由各省、自治区、直辖市绿色食品办公室初审后报送中国绿色食品发展中心审核。

（6）由中国绿色食品发展中心通知申请材料合格的企业，接受指定的绿色食品产品监测单位对其产品进行质量、卫生检测，同时，企业须按《中国绿色食品商标标志设计使用规范手册》要求，将带有绿色食品标志的包装方案报中国绿色食品发展中心审核。

（7）由中国绿色食品发展中心对申请企业及其产品进行终审后，与符合绿色食品标准的产品生产企业签订《绿色食品标志使用协议书》，然后向企业颁发绿色食品标志使用证书，并向社会发布公告。

（8）绿色食品标志使用证书有效期3年。在此期间，绿色食品生产企业须接受中国绿色食品发展中心委托的监测机构对其产品进行抽检，并履行《绿色食品标志使用协议书》。期满后，若需继续使用绿色食品标志，应于期满3个月前向省级绿色食品办公室提出续展申请，同时完成网上在线申报。

11. 为什么要实施动植物检疫？

动植物及其他产品要依法实施检疫，是因为在自然界中动植物病、虫、杂草以及其他有害生物（以下简称病虫害）的原生地有一定的地区性。它们中的许多种类，包括某些危险性病虫害可以随人为调运动植物及其产品而传播蔓延。这些病虫害传入新地区后能生存、繁衍，对人类和生态环境造成危害，甚至往往因适应新地区的气候环境条件而迅速蔓延，造成严重危害。因此,加强动植物及其产品的检疫工作对防止危险性病虫害的传播蔓延,对保护农、林、牧、渔业生产和人体健康是十分必要的。

12. 哪些农产品不得销售?

《中华人民共和国农产品质量安全法》第三十六条规定,有下列情形之一的农产品,不得销售:(一)含有国家禁止使用的农药、兽药或其他化学物质的;(二)农药、兽药等化学物质残留或者含有的重金属等有毒有害物质不符合农产品质量安全标准的;(三)含有的致病性寄生虫、微生物或者生物毒素不符合农产品质量安全标准的;(四)使用的保鲜剂、防腐剂、添加剂等材料不符合国家有关强制性的技术规范的;(五)病死、毒死或者死因不明的动物及其产品;(六)其他不符合农产品质量安全标准的。

13. 哪些食品不得生产经营?

《中华人民共和国食品安全法》第三十四条规定,禁止生产经营下列食品、食品添加剂、食品相关产品:(一)用非食品原料生产的食品或者添加食品添加剂以外的化学物质和其他可能危害人体健康物质的食品,或者用回收食品作为原料生产的食品;(二)致病性微生物,农药残留、兽药残留、生物毒素、重金属等污染物质以及其他危害人体健康的物质含量超过食品安全标准限量的食品、食品添加剂、食品相关产品;(三)用超过保质期的食品原料、食品添加剂生产的食品、食品添加剂;(四)超范围、超限量使用食品添加剂的食品;(五)营养成分不符合食品安全标准的专供婴幼儿和其他特定人群的主辅食品;(六)腐败变质、油脂酸败、霉变生虫、污秽不洁、混有异物、掺假掺杂或者感官性状异常的食品、食品添加剂;(七)病死、毒死或者死因不明的禽、畜、兽、水产动物肉类及其制品;

农民学法用法手册

（八）未按规定进行检疫或者检疫不合格的肉类，或者未经检验或者检验不合格的肉类制品；（九）被包装材料、容器、运输工具等污染的食品、食品添加剂；（十）标注虚假生产日期、保质期或者超过保质期的食品、食品添加剂；（十一）无标签的预包装食品、食品添加剂；（十二）国家为防病等特殊需要明令禁止生产经营的食品；（十三）其他不符合法律法规或者食品安全标准的食品、食品添加剂、食品相关产品。

14. 法律关于农产品生产档案（记录）有什么规定？

《中华人民共和国农产品质量安全法》第二十七条规定，农产品生产企业和农民专业合作社、农业社会化服务组织应当建立农产品生产记录，如实记载下列事项：（一）使用农业投入品的名称、来源、用法、用量和使用、停用的日期；（二）动物疫病、植物病虫草害的发生和防治情况；（三）收获、屠宰或者捕捞的日期。农产品生产记录应当至少保存二年。禁止伪造农产品生产记录。国家鼓励其他农产品生产者建立农产品生产记录。

《中华人民共和国农产品质量安全法》第六十九条规定，农产品生产企业、农民专业合作社、农业社会化服务组织未依照本法规定建立、保存农产品生产记录，或者伪造、变造农产品生产记录的，由县级以上地方人民政府农业农村主管部门责令限期改正，逾期不改正的，处二千元以上二万元以下罚款。

15. 畜禽养殖中禁用的兽药或添加剂有哪些？

2002年2月，农业部第176号公告公布了《禁止在饲料和动物饮用水中使用的药物品种目录》，目录收载了5类40种禁止在饲料和动物饮用水中使用的药物品种。

（1）肾上腺素受体激动剂。包括盐酸克仑特罗（又名"瘦肉精"）、沙丁胺醇、硫酸沙丁胺醇、莱克多巴胺、盐酸多巴胺、西马特罗、硫酸特布他林等7种。

· 100 ·

(2）性激素。包括已烯雌酚、雌二醇、戊酸雌二醇、苯甲酸雌二醇、氯烯雌醚、炔诺醇、炔诺醚、醋酸氯地孕酮、左炔诺孕酮、炔诺酮、绒毛膜促性腺激素、促卵泡生长激素等12种。

（3）蛋白同化激素。包括碘化酪蛋白、苯丙酸诺龙及苯丙酸诺龙注射液等2种。

（4）精神药品。包括（盐酸）氯丙嗪、盐酸异丙嗪、安定（地西泮）、苯巴比妥、苯巴比妥钠、巴比妥、异戊巴比妥、异戊巴比妥钠、利血平、艾司唑仑、甲丙氨脂、咪达唑仑、硝西泮、奥沙西泮、匹莫林、三唑仑、唑吡旦、其他国家管制的精神药品等18种。

（5）各种抗生素滤渣。该类物质是抗生素类产品生产过程中产生的工业"三废"，因含有微量抗生素成分，在饲料和饲养过程中使用后对动物有一定的促生长作用。但其对养殖业的危害很大：一是容易引起耐药性；二是由于未做安全性试验，存在各种安全隐患。

2002年4月，农业部第193号公告公布了《食品动物禁用的兽药及其他化合物清单》，该清单中共列出了21类（种）药物，见表6-1。

表6-1 食品动物禁用的兽药及其他化合物清单

序号	兽药及其他化合物名称	禁止用途	禁用动物
1	β-兴奋剂类：克仑特罗、沙丁胺醇、西马特罗及其盐、酯及制剂	所有用途	所有食品动物
2	性激素类：己烯雌酚及其盐、酯及制剂	所有用途	所有食品动物
3	具有雌激素样作用的物质：玉米赤霉醇、去甲雄三烯醇酮、醋酸甲孕酮及制剂	所有用途	所有食品动物

(续表)

序号	兽药及其他化合物名称	禁止用途	禁用动物
4	氯霉素及其盐、酯（包括：琥珀氯霉素）及制剂	所有用途	所有食品动物
5	氨苯砜及制剂	所有用途	所有食品动物
6	硝基呋喃类：呋喃唑酮、呋喃它酮、呋喃苯烯酸钠及制剂	所有用途	所有食品动物
7	硝基化合物：硝基酚钠、硝呋烯腙及制剂	所有用途	所有食品动物
8	催眠、镇静类：安眠酮及制剂	所有用途	所有食品动物
9	林丹（丙体六六六）	杀虫剂	所有食品动物
10	毒杀芬（氯化烯）	杀虫剂、清塘剂	所有食品动物
11	呋喃丹（克百威）	杀虫剂	所有食品动物
12	杀虫脒（克死螨）	杀虫剂	所有食品动物
13	双甲脒	杀虫剂	水生食品动物
14	酒石酸锑钾	杀虫剂	所有食品动物
15	锥虫胂胺	杀虫剂	所有食品动物
16	孔雀石绿	抗菌、杀虫剂	所有食品动物
17	五氯酚酸钠	杀螺剂	所有食品动物

(续表)

序号	兽药及其他化合物名称	禁止用途	禁用动物
18	各种汞制剂包括：氯化亚汞（甘汞）、硝酸亚汞、醋酸汞、吡啶基醋酸汞	杀虫剂	所有食品动物
19	性激素类：甲基睾丸酮、丙酸睾酮、苯丙酸诺龙、苯甲酸雌二醇及其盐、酯及制剂	促生长	所有食品动物
20	催眠、镇静类：氯丙嗪、地西泮（安定）及其盐、酯及制剂	促生长	所有食品动物
21	硝基咪唑类：甲硝唑、地美硝唑及其盐、酯及制剂	促生长	所有食品动物

注：食品动物是指各种供人食用或其产品供人食用的动物。

16. 水产养殖中禁用药物有哪些？

水产养殖中禁用的药物见表6-2。

表6-2 水产养殖中的禁用药物

序号	药物名称	英文名	别名
1	克仑特罗及其盐、酯及制剂	Clenbuterol	
2	沙丁胺醇及其盐、酯及制剂	Salbutamol	
3	西马特罗及其盐、酯及制剂	Cimaterol	
4	己烯雌酚及其盐、酯及制剂	Diethylstilbestrol	己烯雌酚
5	玉米赤霉醇及制剂	Zeranol	
6	去甲雄三烯醇酮及制剂	Trenbolone	
7	醋酸甲孕酮及制剂	Mengestrol acetate	

（续表）

序号	药物名称	英文名	别名
8	氯霉素及其盐、酯（包括琥珀氯霉素）及制剂	Chloramphenicol	
9	氨苯砜及制剂	Dapsone	
10	呋喃唑酮及制剂	Furazolidone	痢特灵
11	呋喃它酮及制剂	Furaltadone	
12	呋喃苯烯酸钠及制剂	Nifurstyrenate sodium	
13	硝基酚钠及制剂	Sodium nitrophenolate	
14	硝呋烯腙及制剂	Nitrovin	
15	安眠酮及制剂	Methaqualone	
16	林丹	Lindane 或 Gammaxare	丙体六六六
17	毒杀芬	Camahechlor	氯化烯
18	呋喃丹	Carbofuran	克百威
19	杀虫脒	Chlordimeform	克死螨
20	双甲脒	Amitraz	二甲苯胺脒
21	酒石酸锑钾	Antimony tartrate	
22	锥虫胂胺	Tryparsamide	
23	孔雀石绿	Malachite green	碱性绿、孔雀绿
24	五氯酚酸钠	Pentachlorophenol sodium	
25	氯化亚汞	Calomel	甘汞
26	硝酸亚汞	Mercurous nitrate	

第六部分 农产品质量安全法

（续表）

序号	药物名称	英文名	别名
27	醋酸汞	Mercurous acetate	乙酸汞
28	吡啶基醋酸汞	Pyridyl mercurous acetate	
29	甲基睾丸酮及其盐、酯及制剂	Methyltestosterone	甲睾酮
30	丙酸睾酮及其盐、酯及制剂	Testosterone Propionate	
31	苯丙酸诺龙及其盐、酯及制剂	Nandrolone Phenylpropionate	
32	苯甲酸雌二醇及其盐、酯及制剂	Estradiol Benzoate	
33	氯丙嗪及其盐、酯及制剂	Chlorpromazine	
34	地西泮及其盐、酯及制剂	Diazepam	安定
35	甲硝唑及其盐、酯及制剂	Metronidazole	
36	地美硝唑及其盐、酯及制剂	Dimetroni-dazole	
37	洛硝达唑	Ronidazole	
38	群勃龙	Trenbolone	
39	地虫硫磷	Fonofos	大风雷
40	六六六	BHC（HCH）或 Benzem	
41	滴滴涕	DDT	
42	氟氯氰菊酯	Cyfluthrin	百树菊酯、百树得
43	氟氰戊菊酯	Flucythrinate	保好鸿、氟氰菊酯
44	酒石酸锑钾	Antimonyl potassium tartrate	

(续表)

序号	药物名称	英文名	别名
45	磺胺噻唑	Sulfathia-zolum ST, norsultazo	消治龙
46	磺胺脒	Sulfaguanidine	
47	呋喃西林	Furacillinum, nitrofurazone	
48	呋喃那斯	Furanace, nifurpirinol	P-7138
49	红霉素	Erythromycin	
50	杆菌钛锌	Zinc bacitracin premin	枯草菌肽
51	泰乐菌素	Tylosin	
52	环丙沙星	Ciprofloxacin (CIPRO)	环丙氟哌酸
53	阿伏帕星	Avoparcin	阿伏霉素
54	喹乙醇	Olaquindox	喹酰胺醇 羟乙喹氧
55	速达肥	Fenbendazole	苯硫哒唑 氨甲基甲酯
56	硫酸沙丁胺醇	Salbutamol Sulfate	
57	莱克多巴胺	Ractopamine	
58	盐酸多巴胺	Dopamine Hydrochloride	
59	西马特罗	Cimaterol	
60	硫酸特布他林	Terbutaline Sulfate	
61	雌二醇	Estradiol	
62	戊酸雌二醇	Estradiol Valerate	

(续表)

序号	药物名称	英文名	别名
63	苯甲酸雌二醇	Estradiol Benzoate	
64	氯烯雌醚	Chlorotrianisene	
65	炔诺醇	Ethinylestradiol	
66	炔诺醚	Quinestrol	
67	醋酸氯地孕酮	Chlormadinone acetate	
68	左炔诺孕酮	Levonorgestrel	
69	炔诺酮	Norethisterone	
70	绒毛膜促性腺激素	Chorionic	绒促性素
71	促卵泡生长激素	Menotropins	
72	碘化酪蛋白	Iodinated Casein	
73	盐酸异丙嗪	Promethazine Hydrochloride	
74	苯巴比妥	Phenobarbital	
75	苯巴比妥钠	Phenobarbital Sodium	
76	巴比妥	Barbital	
77	异戊巴比妥	Amobarbital	
78	异戊巴比妥钠	Amobarbital Sodium	
79	利血平	Reserpine	
80	艾司唑仑	Estazolam	
81	甲丙氨脂	Meprobamate	
82	咪达唑仑	Midazolam	
83	硝西泮	Nitrazepam	

(续表)

序号	药物名称	英文名	别名
84	奥沙西泮	Oxazepam	
85	匹莫林	Pemoline	
86	三唑仑	Triazolam	
87	唑吡旦	Zolpidem	
88	其他国家管制的精神药品		
89	抗生素滤渣		
90	呋喃妥因及其盐、酯及制剂		
91	替硝唑及其盐、酯及制剂	Tinidazole	
92	卡巴氧及其盐、酯及制剂	Carbadox	
93	万古霉素及其盐、酯及制剂	Vancomycin	

注：本清单依据农业部（现"农业农村部"）第176号公告、第193号公告、第235号公告、第560号公告整理，在使用时请及时注意动态变化。

此外，《兽药管理条例》《水产养殖质量安全管理规定》规定：

（1）使用药物的养殖水产品在休药期内不得用于人类食品消费。

（2）禁止使用假、劣兽药及农业农村部规定禁止使用的药品、其他化合物和生物制剂。

（3）原料药不得直接用于水产养殖。禁止将原料药直接添加到饲料及动物饮用水中或者直接饲喂动物。经批准可以在饲料中添加的兽药，应当由兽药生产企业制成药物饲料添加剂后方可添加。

（4）禁止在饲料和动物饮用水中添加激素类药品和国务院兽医行政管理部门规定的其他禁用药品。

（5）禁止将人用药品用于动物。

（6）水产养殖单位和个人应当按照水产养殖用药使用说明书的要求或在水生生物病害防治员的指导下科学用药。

17.《中华人民共和国动物防疫法》对动物、动物产品检疫有哪些主要规定？

《中华人民共和国动物防疫法》第五章对实施动物、动物产品检疫作了系统规定，主要内容如下。

（1）动物卫生监督机构依照本法和国务院农业农村主管部门的规定对动物、动物产品实施检疫。动物卫生监督机构的官方兽医具体实施动物、动物产品检疫。（第四十八条）

（2）屠宰、出售或者运输动物以及出售或者运输动物产品前，货主应当按照国务院农业农村主管部门的规定向所在地动物卫生监督机构申报检疫。动物卫生监督机构接到检疫申报后，应当及时指派官方兽医对动物、动物产品实施检疫；检疫合格的，出具检疫证明、加施检疫标志。实施检疫的官方兽医应当在检疫证明、检疫标志上签字或者盖章，并对检疫结论负责。动物饲养场、屠宰企业的执业兽医或者动物防疫技术人员，应当协助官方兽医实施检疫。（第四十九条）

（3）因科研、药用、展示等特殊情形需要非食用性利用的野生动物，应当按照国家有关规定报动物卫生监督机构检疫，检疫合格的，方可利用。人工捕获的野生动物，应当按照国家有关规定报捕获地动物卫生监督机构检疫，检疫合格的，方可饲养、经营和运输。国务院农业农村主管部门会同国务院野生动物保护主管部门制定野生动物检疫办法。（第五十条）

（4）屠宰、经营、运输的动物，以及用于科研、展示、演出和比赛等非食用性利用的动物，应当附有检疫证明；经营和运输的动物产品，应当附有检疫证明、检疫标志。（第五十一条）

（5）经航空、铁路、道路、水路运输动物和动物产品

农民学法用法手册

的，托运人托运时应当提供检疫证明；没有检疫证明的，承运人不得承运。进出口动物和动物产品，承运人凭进口报关单证或者海关签发的检疫单证运递。从事动物运输的单位、个人以及车辆，应当向所在地县级人民政府农业农村主管部门备案，妥善保存行程路线和托运人提供的动物名称、检疫证明编号、数量等信息。具体办法由国务院农业农村主管部门制定。运载工具在装载前和卸载后应当及时清洗、消毒。（第五十二条）

（6）省、自治区、直辖市人民政府确定并公布道路运输的动物进入本行政区域的指定通道，设置引导标志。跨省、自治区、直辖市通过道路运输动物的，应当经省、自治区、直辖市人民政府设立的指定通道入省境或者过省境。（第五十三条）

（7）输入到无规定动物疫病区的动物、动物产品，货主应当按照国务院农业农村主管部门的规定向无规定动物疫病区所在地动物卫生监督机构申报检疫，经检疫合格的，方可进入。（第五十四条）

（8）跨省、自治区、直辖市引进的种用、乳用动物到达输入地后，货主应当按照国务院农业农村主管部门的规定对引进的种用、乳用动物进行隔离观察。（第五十五条）

（9）经检疫不合格的动物、动物产品，货主应当在农业农村主管部门的监督下按照国家有关规定处理，处理费用由货主承担。（第五十六条）

18. 什么是植物检疫？

植物检疫就是根据国家的植物检疫法规、规章，对需调运的植物种子、苗木及植物产品进行检疫检验，并对其携带的植物病、虫和杂草等进行必要的除害处理，以防止危害植物的危险性病、虫、杂草随着人为活动传播蔓延，保护农业、林业安全生产。国家在省、市、县级设立了植物检疫站（植保植检站)、森林保护站,在进出境口岸设立了动植物检疫机构,具体执行国家的植物检疫任务。

19. 运输、邮寄、出售植物及其产品如何办理检疫手续?

根据《植物检疫条例》及其实施细则(农业部分)的规定,省间调运应施检疫的植物、植物产品,按照下列程序实施检疫:

(1) 调入单位或个人必须事先征得所在地的省、自治区、直辖市植物检疫机构或其授权的地(市)、县级植物检疫机构同意,并取得检疫要求书。

(2) 调出地的省、自治区、直辖市植物检疫机构或其授权的当地植物检疫机构,凭调出单位或个人提供的调入地检疫要求书受理报检,并实施检疫。按下列不同情况签发植物检疫证书:①在无植物检疫对象发生地区调运植物、植物产品,经核实后签发植物检疫证书;②在零星发生植物检疫对象的地区调运种子、苗木等繁殖材料时,应凭产地检疫合格证签发检疫证书;③对产地植物检疫对象发生情况不清楚的植物、植物产品,必须按照《调运检疫操作规程》进行检疫,证明不带植物检疫对象后,签发植物检疫证书。在上述调运检疫过程中,发现有检疫对象时,必须严格进行除害处理,合格后,签发植物检疫证书;未经除害处理或处理不合格的,不准放行。

(3) 邮寄、承运单位一律凭有效的植物检疫证书正本收寄、承运应实施检疫的植物、植物产品。

(4) 调入地植物检疫机构,对来自发生疫情的县级行政区域的应检植物、植物产品,或者其他可能带有检疫对象的应检植物、植物产品可以进行复检。复检中发现问题的,应当与原签证植物检疫机构共同查清事实,分清责任,由复检的植物检疫机构按照《植物检疫条例》的规定予以处理。

20. 什么是高致病性禽流感？发生后如何控制其传播蔓延？

禽流感是禽流行性感冒的简称，是由 A 型流感病毒引起的一种禽类传染病。鸡、火鸡、鸭、鹅和鹌鹑等家禽及野鸟、水禽、海鸟等均可感染，猪、马、鲸鱼、雪貂等多种动物和人也可感染该病毒。该病是世界动物卫生组织（OIE）规定的 A 类传染病。我国也将其列为一类动物疫病。

根据禽流感病毒致病性和毒力的不同，可以将禽流感分为高致病性禽流感、低致病性禽流感和无致病性禽流感。由 H5 和 H7 亚型毒株（以 H5N1 和 H7N7 为代表）所引起的禽流感为高致病性禽流感，高致病性禽流感无特定临床症状，表现为突然发病，在短时间内可见食欲废绝、体温骤升、精神高度沉郁，鸡冠与肉垂水肿、发绀，伴随着大批死亡，数天内死亡率可达 90% 以上。

发生高致病性禽流感后，应及时划定疫区，对疫区严格封锁，对疫点 3 000 米范围内的所有禽类强制扑杀，对疫区内可能受到高致病性禽流感病毒污染的场所进行彻底消毒，以防疫情扩散，关闭禽类产品交易市场，禁止易感染活禽进出和易感染禽类产品运出。同时对受威胁区内的易感禽，应进行高密度的紧急免疫接种。

21. 什么是农业转基因生物？什么是农业转基因生物安全？

农业转基因生物，是指利用基因工程技术改变基因组构成，用于农业生产或者农产品加工的动植物、微生物及其产品，主要包括：①转基因动植物（含种子、种畜禽、水产苗种）和微生物；②转基因动植物、微生物产品；③转基因农产品的直接加工品；④含有转基因动植物、微生物或者其产品成分的种子、种畜禽、水产苗种、农药、兽药、肥料和添加剂等产品。

农业转基因生物安全，是指防范农业转基因生物对人类、动植物、微生物和生态环境构成的危险或者潜在风险。

22. 生产与加工农业转基因生物产品应注意什么？

根据《农业转基因生物安全管理条例》的规定，从事农业转基因生物生产加工，应注意如下事项。

（1）生产转基因植物种子、种畜禽、水产苗种，应当取得国务院农业行政主管部门颁发的种子、种畜禽、农业转基因生物水产苗种生产许可证。生产单位和个人申请转基因植物安全管理条例种子、种畜禽、水产苗种生产许可证，除应当符合有关法律、行政法规规定的条件外，还应当符合下列条件：①取得农业转基因生物安全证书并通过品种审定；②在指定的区域种植或者养殖；③有相应的安全管理、防范措施；④国务院农业行政主管部门规定的其他条件。（第十九条）

（2）生产转基因植物种子、种畜禽、水产苗种的单位和个人，应当建立生产档案，载明生产地点、基因及其来源、转基因的方法以及种子、种畜禽、水产苗种流向等内容。（第二十条）

（3）单位和个人从事农业转基因生物生产、加工的，应当由国务院农业行政主管部门或者省、自治区、直辖市人民政府农业行政主管部门批准。具体办法由国务院农业行政主管部门制定。（第二十一条）

（4）从事农业转基因生物生产、加工的单位和个人，应当按照批准的品种、范围、安全管理要求和相应的技术标准组织生产、加工，并定期向所在地县级人民政府农业行政主管部门提供生产、加工、安全管理情况和产品流向的报告。（第二十二条）

（5）农业转基因生物在生产、加工过程中发生基因安全事故时，生产、加工单位和个人应当立即采取安全补救措施，并向所在地县级人民政府农业农村行政主管部门报告。（第二十三条）

(6) 从事农业转基因生物运输、贮存的单位和个人，应当采取与农业转基因生物安全等级相适应的安全控制措施，确保农业转基因生物运输、贮存的安全。(第二十四条)

23. 经营农业转基因生物产品应注意什么？

根据《农业转基因生物安全管理条例》的规定，经营农业转基因生物产品应注意如下事项。

(1) 经营转基因植物种子、种畜禽、水产苗种的单位和个人，应当取得国务院农业行政主管部门颁发的种子、种畜禽、水产苗种经营许可证。经营单位和个人申请转基因植物种子、种畜禽、水产苗种经营许可证，除应当符合有关法律、行政法规规定的条件外，还应当符合下列条件：①有专门的管理人员和经营档案；②有相应的安全管理、防范措施；③国务院农业行政主管部门规定的其他条件。(第二十五条)

(2) 经营转基因植物种子、种畜禽、水产苗种的单位和个人，应当建立经营档案，载明种子、种畜禽、水产苗种的来源、贮存，运输和销售去向等内容。(第二十六条)

(3) 在中华人民共和国境内销售列入农业转基因生物目录的农业转基因生物，应当有明显的标识。列入农业转基因生物目录的农业转基因生物，由生产、分装单位和个人负责标识；未标识的，不得销售。经营单位和个人在进货时，应当对货物和标识进行核对。经营单位和个人拆开原包装进行销售的，应当重新标识。(第二十七条)

(4) 农业转基因生物标识应当载明产品中含有转基因成分的主要原料名称；有特殊销售范围要求的，还应当载明销售范围，并在指定范围内销售。(第二十八条)

(5) 农业转基因生物的广告，应当经国务院农业行政主管部门审查批准后，方可刊登、播放、设置和张贴。(第二十九条)

24. 违法生产、加工农业转基因生物应受何处罚？

违反《农业转基因生物安全管理条例》，未经批准生产、加工农业转基因生物或者未按照批准的品种、范围、安全管理要求和技术标准生产加工的，由国务院农业行政主管部门或者省、自治区、直辖市人民政府农业行政主管部门依据职权，责令停止生产或者加工，没收违法生产或者加工的产品及违法所得；违法所得 10 万元以上的，并处违法所得 1 倍以上 5 倍以下的罚款；没有违法所得或者违法所得不足 10 万元的，并处 10 万元以上 20 万元以下的罚款。

25. 违法进口农业转基因生物应受何处罚？

违反《农业转基因生物安全管理条例》，未经国务院农业行政主管部门批准，擅自进口农业转基因生物的，由国务院农业行政主管部门责令停止进口，没收已进口的产品和违法所得；违法所得 10 万元以上的，并处违法所得 1 倍以上 5 倍以下的罚款；没有违法所得或者违法所得不足 10 万元的，并处 10 万元以上 20 万元以下的罚款。

违反《农业转基因生物安全管理条例》，进口、携带、邮寄农业转基因生物未向口岸出入境检验检疫机构报检的，由口岸出入境检验检疫机构比照《中华人民共和国进出境动植物检疫法》的有关规定处罚。

第七部分　农业机械化促进法

1. 什么是农业机械化？

农业机械，是指用于农业生产及其产品初加工等相关农事活动的机械、设备。农业机械化，是指运用先进适用的农业机械装备农业，改善农业生产经营条件，不断提高农业的生产技术水平和经济效益、生态效益的过程。

2. 农业机械生产者、销售者对其产品质量负有哪些责任和义务？

根据《中华人民共和国农业机械化促进法》的规定，农业机械生产者、销售者对其产品质量负有如下责任和义务。

（1）农业机械生产者、销售者应当对其生产、销售的农业机械产品质量负责，并按照国家有关规定承担零配件供应和培训等售后服务责任。农业机械生产者应当按照国家标准、行业标准和保障人身安全的要求，在其生产的农业机械产品上设置必要的安全防护装置、警示标志和中文警示说明。

（2）农业机械产品不符合质量要求的，农业机械生产者、销售者应当负责修理、更换、退货；给农业机械使用者造成农业生产损失或者其他损失的，应当依法赔偿损失。农业机械使用者有权要求农业机械销售者先予赔偿。农业机械销售者赔偿后，属于农业机械生产者的责任的，农业机械销售者有权向农业机械生产者追偿。因农业机械存在缺陷造成人身伤害、财产损失的，农业机械生产者、销售者应当依法赔偿损失。

(3) 列入依法必须经过认证的产品目录的农业机械产品，未经认证并标注认证标志，禁止出厂、销售和进口。禁止生产、销售不符合国家技术规范强制性要求的农业机械产品。禁止利用残次零配件和报废机具的部件拼装农业机械产品。

3. 从事农业机械维修，应具备什么条件？

从事农业机械维修，应当具备与维修业务相适应的仪器、设备和具有农业机械维修职业技能的技术人员，保证维修质量。维修质量不合格的，维修者应当免费重新修理；造成人身伤害或者财产损失的，维修者应当依法承担赔偿责任。

4. 农业机械的驾驶、操作人员应具备哪些条件？应遵守哪些规定？

根据相关法律法规规定，实行牌、证管理的农业机械的驾驶、操作人员，应具备5项基本条件：①年满18周岁；②身体健康状况符合驾驶、操作要求；③具有初中以上文化程度和相应的驾驶、操作技术知识；④必须接受专门培训，经考试、考核合格，取得驾驶证、操作证后，方可驾驶、操作农业机械；⑤主要农业机械的驾驶、操作人员必须按规定接受农机监理机构的年度审验。未参加审验或者审验不合格的，不准继续驾驶、操作农业机械。

同时，农业机械驾驶、操作人员应遵守下列规定：①随身携带驾驶证、操作证；②驾驶证、操作证的记录需要变更时，应当及时办理变更登记手续；③不得驾驶、操作与准驾机型不符的农业机械；④不得将农业机械交给无资质人员驾驶、操作；⑤不得驾驶、操作安全设施不全或者失效的农业机械；⑥不得在患有妨碍安全作业疾病或者过度疲劳的情况下驾驶、操作农业机械；⑦不得在驾驶、操作农业机械时有妨碍安全驾驶的行为；⑧不得在饮酒后驾驶、操作农业机械；⑨清除杂物、排除故障,应当停机或者切断动力后进行;⑩不得使用农业机械违反规定载人。

5. 买了不合格农机具怎么办?

农机具的生产者、销售者应当依法对其生产、销售的产品质量负责,做好售后服务,不得损害消费者的利益。农民如果不慎购买了不合格的农机具,可依据相关法律要求农机具的生产者、销售者修理、更换或退货。因购买使用不合格农机具造成了损失的,可以依法要求赔偿。

《中华人民共和国农业机械化促进法》第十三条规定,农业机械生产者、销售者应当对其生产、销售的农业机械产品质量负责,并按照国家有关规定承担零配件供应和培训等售后服务责任。农业机械生产者应当按照国家标准、行业标准和保障人身安全的要求,在其生产的农业机械产品上设置必要的安全防护装置、警示标志和中文警示说明。第十四条规定,农业机械产品不符合质量要求的,农业机械生产者、销售者应当负责修理、更换、退货;给农业机械使用者造成农业生产损失或者其他损失的,应当依法赔偿损失。农业机械使用者有权要求农业机械销售者先予赔偿。农业机械销售者赔偿后,属于农业机械生产者的责任的,农业机械销售者有权向农业机械生产者追偿。因农业机械存在缺陷造成人身伤害、财产损失的,农业机械生产者、销售者应当依法赔偿损失。

6. 农业机械化的主要领域和应用范围有哪些?

根据《中华人民共和国农业机械化促进法》及相关配套政策,农业机械化是指在农业生产、经营、加工、流通、服务等环节中,广泛应用各类机械装备和配套技术,提高劳动生产率、资源利用效率和农产品质量,从而实现现代化和规模化生产经营的过程。其主要领域与应用范围可简要概括如下:

第七部分 农业机械化促进法

(1) 耕整地机械化

①法律依据：根据《中华人民共和国农业机化促进法》第八条规定：国家鼓励在耕整地环节应用先进、安全的机械设备。

②主要内容：包括土地平整、深耕翻地、旋耕、起垄整地等环节，用于改善土壤结构、提高耕地质量和耕作效率。

(2) 种植与播种机械化

①种子准备与播种：应用精量播种机、穴播机、条播机等高效率设备，保证播种深度及行距准确性，提高出苗率。

②移栽与育苗：利用自动化育苗设备、移栽机等，提高秧苗移植效率和成活率。

(3) 田间管理与植保机械化

①植保作业：使用植保无人机、自走式喷杆喷雾机、弥雾机等进行病虫草害防治，提升喷洒效率并降低农药用量。

②除草与施肥：通过中耕机、机械化除草机及撒肥机、深施肥机等，减轻人工作业强度，优化农药、化肥使用效率。

(4) 收获与加工机械化

①粮食与经济作物收获：使用联合收割机、脱粒机、马铃薯收获机、甜菜收获机、棉花采摘机等专用设备，实现多功能或一次性收割、脱粒、清选，缩短收获周期、减少损失。

②产后初加工：利用清洗、烘干、分选、贮藏等机械设备，提高农产品的商品化处理效率和品质。

(5) 畜牧、水产与设施农业机械化

①畜牧业机械化：通过饲料制备（制粒机、搅拌机）、自动喂料系统、畜舍清洗设备、挤奶机等，降低饲养成本、提高畜产品质量。

②水产养殖机械化：借助增氧机、投饲机、水质检测与调控系统，实现集约化和高效化养殖。

③设施农业：在温室、大棚等设施环境下，应用自动灌溉、施肥与环境控制系统，保障作物生长条件的精准调控。

(6) 农产品流通与综合服务机械化

①仓储物流：使用输送带、托盘叉车、冷链运输车、自动装卸设备等机械，实现产地仓储、冷链运输、装卸转运等环节的机械化和信息化。

②社会化服务体系：发展农机专业合作社、农机作业公司，为农业生产提供机耕、机播、机收、农机维修等社会化服务，提升农业整体机械化水平。

(7) 信息化与智能化应用

①精准作业与智能装备：结合北斗/GPS定位、传感器、大数据分析等技术，推广无人驾驶拖拉机、智能收割机、植保无人机等。

②农机综合管理平台：通过物联网、云平台，实现对农业机械的作业调度、远程监控、故障诊断与维护，提高设备使用效率。

7. 购买二手农机或小厂家生产的农机，可以享受补贴吗？

根据《中华人民共和国农业机械化促进法》和各地农机购置补贴管理办法的相关规定，只有纳入补贴目录的机具才能享受购置补贴。一般情况下：二手农机通常不在购置补贴范围内，无法申请补贴。小厂家生产的农机如能通过质量检测，并成功列入当地或国家农机补贴目录，则可以按规定申请补贴；若未进入补贴目录，则无法享受补贴政策。

8. 农用拖拉机、联合收割机等大型机械需要驾驶证吗？没有驾驶证或者证件过期会怎么处理？

根据《中华人民共和国农业机械化促进法》及相关配套规定，农用拖拉机、联合收割机等大型农业机械实行牌证管理和驾驶资格管理制度，驾驶人员须持有相应的拖拉机驾驶证或联合收割机操作证等有效证件方可驾驶、操作。

（1）需要驾驶证的原因：这些大型农机往往具有较高的功率和作业危险性，既能在田间作业，也可能上道路行驶，因此法律要求驾驶人具备一定专业技能和安全知识。

当地的农机监理部门（或农业农村部门下属的农机主管机构）通常负责办理农机登记、年检，以及对驾驶员进行技能培训和考试。

（2）没有驾驶证或者证件过期的后果：行政处罚：如果驾驶员未取得驾驶证、驾驶证过期或未按规定年审就操作农机，一经查出，可能面临罚款、扣押机具等行政处罚。具体罚款金额及处置方式因地方性法规而异。

安全责任风险：若在无证或证件失效期间从事作业或上路行驶，一旦发生交通事故或安全事故，还可能面临更严重的法律后果和经济赔偿责任。

9. 没有购买农机，但想使用机械化服务，怎么办？作业过程中发生机器损坏或经济纠纷怎么办？

（1）如何获取机械化服务：《中华人民共和国农业机械化促进法》鼓励发展农机社会化服务，包括农机专业合作社、农机作业公司、农机服务队等，为不具备购机条件或暂不购机的农户提供机耕、机播、机收、植保、烘干、运输等托管或订单式服务。

建议在当地农业农村部门（农机管理站）或农机协会查询具备资质和口碑的农机服务组织，直接洽谈作业范围、费用、时间安排等，并签订书面合同或协议，以明确双方的权利与义务。

（2）作业过程中机器损坏或发生经济纠纷时的处理：依据合同约定协商：若已签订作业合同，先根据合同条款明确各方责任，并协商维修、赔偿等事宜。

寻求行业调解或行政部门帮助：如协商未果，可向当地农机管理部门、乡镇人民调解委员会或农机协会等寻求调解，促成纠纷化解。

依法诉讼或仲裁：若依旧无法解决争议，可依据合同中约定的仲裁条款申请仲裁；或通过民事诉讼程序维护自身合法权益。

10. 农机质量有问题，或经销商、生产企业不履行三包义务，如何维权？

根据《中华人民共和国农业机械化促进法》及相关"三包"政策规定，如遇到农机质量问题或经销商、生产企业不按"三包"要求（包修、包换、包退）履行责任，维权途径大致包括以下几个方面。

（1）与经销商或厂家协商

首先根据购机发票、购机合同、保修卡等凭证，直接向经销商或生产企业提出维修、更换或退机诉求；明确质量问题的具体情况，如无法就责任认定或处理方案达成一致，应保留书面来往记录或录音、视频等证据。

（2）向市场监管部门投诉

如协商不成，可携带购机凭证、维修记录、检测报告等证据材料，向当地市场监督管理部门（原工商部门）进行投诉举报；市场监督管理部门将根据产品质量法律法规对经销商、生产企业的经营行为进行调查和处理。

（3）寻求农业农村部门或行业组织帮助

部分地区由农业农村部门（农机管理部门）对农机"三包"工作进行监管，可向其反映质量纠纷，寻求技术鉴定或纠纷调解；当地农机行业协会、农机鉴定机构等，也可在专业鉴定与协调沟通方面提供支持。

（4）申请仲裁或提起诉讼

若经多方协调仍无法达成一致，可依据购机合同中约定的仲裁条款向仲裁机构申请仲裁。

或者直接向人民法院提起民事诉讼，通过司法途径依法维权。

11. 小型农用车、微耕机、割草机等是否需要登记？

根据《中华人民共和国农业机械化促进法》及各地农机安全管理规定，是否需要登记主要取决于农业机械的用途、功率大小和实际监管要求。

（1）强制登记范围

大中型拖拉机、联合收割机等具有较高功率、上道路行驶或作业风险较大的农业机械，须按照法规实行牌证管理和驾驶资格管理。

一些高功率、牵引能力强或涉路行驶的特定农机具，也须到当地农机监理部门进行注册登记和年检。

（2）不强制登记范围

微耕机、割草机、小型农用车等若功率较低、主要在田间地头作业且不涉及道路行驶，通常无须进行强制性注册登记。

不过，部分地区或特定作业环境对微耕机、小型农用车等有附加管理要求（如安全保险、使用备案），应当关注当地农业农村部门（或农机监管部门）的具体规定。

（3）建议咨询当地部门

若对自己所使用的小型农用车、微耕机、割草机是否需要登记有疑问，应向所在县（市、区）农机监理站或农业农村部门直接咨询。

不同地区的功率起点、作业范围、监管重点可能存在差异，及时了解当地最新政策可避免违法使用或忽视安全。

第八部分　环境保护相关法律

1. 发生农业污染事故该找什么部门进行处理？

《中华人民共和国农业法》第六十六条规定，排放废水、废气和固体废弃物造成农业生态环境污染事故的，由环境保护行政主管部门或者农业行政主管部门依法调查处理；给农民和农业生产造成损失的，有关责任者应当依法赔偿。

各省、自治区、直辖市也制定了相关法规。如《湖南省农业环境保护条例》第二十八条、第二十九条规定："农业环境污染事故属于不按照国家有关规定使用农药、兽药、饲料和饲料添加剂等农业生产行为造成的，由农业行政主管部门负责调查处理；属于工业污染和其他污染造成的，由县级以上人民政府环境保护行政主管部门会同同级农业行政主管部门调查处理。""发生重大农业环境污染事故，县级以上人民政府环境保护行政主管部门和农业行政主管部门应当及时向本级人民政府报告。"

2. 有关部门对哪些地块进行重点监测？

《中华人民共和国土壤污染防治法》第十六条规定，地方人民政府农业农村、林业草原主管部门应当会同生态环境、自然资源主管部门对下列农用地地块进行重点监测：①产出的农产品污染物含量超标的；②作为或者曾作为污水灌溉区的；③用于或者曾用于规模化养殖，固体废物堆放、填埋的；④曾作为工矿用地或者发生过重大、特大污染事故的；⑤有毒有害物质生产、贮存、利用、处置设施周边的；⑥国务院农业农村、林

第八部分 环境保护相关法律

业草原、生态环境、自然资源主管部门规定的其他情形。

第十七条规定，地方人民政府生态环境主管部门应当会同自然资源主管部门对下列建设用地地块进行重点监测：①曾用于生产、使用、贮存、回收、处置有毒有害物质的；②曾用于固体废物堆放、填埋的；③曾发生过重大、特大污染事故的；④国务院生态环境、自然资源主管部门规定的其他情形。

3. 土壤污染重点监管单位应履行哪些义务？

《中华人民共和国土壤污染防治法》第二十一条规定，设区的市级以上地方人民政府生态环境主管部门应当按照国务院生态环境主管部门的规定，根据有毒有害物质排放等情况，制定本行政区域土壤污染重点监管单位名录，向社会公开并适时更新。土壤污染重点监管单位应当履行下列义务：①严格控制有毒有害物质排放，并按年度向生态环境主管部门报告排放情况；②建立土壤污染隐患排查制度，保证持续有效防止有毒有害物质渗漏、流失、扬散；③制定、实施自行监测方案，并将监测数据报生态环境主管部门。前款规定的义务应当在排污许可证中载明。土壤污染重点监管单位应当对监测数据的真实性和准确性负责。生态环境主管部门发现土壤污染重点监管单位监测数据异常，应当及时进行调查。设区的市级以上地方人民政府生态环境主管部门应当定期对土壤污染重点监管单位周边土壤进行监测。

4. 农业环境包括哪些方面？农业环境保护应当坚持什么原则？

农业环境是指影响农业生物生存、发展的各种天然和经人工改造的自然因素的总体，包括影响农业发展的农业用地、农业用水、大气及农业生物。农业环境质量的好坏直接关系到农产品质量安全、人体健康以及农业的可持续发展。

农民学法用法手册

农业环境保护应当坚持统一规划、预防为主、防治结合和谁污染谁治理的原则。在经济和社会发展中，应对工业、农业、城市、乡村生产和生活的各个方面作出统一考虑，把环境和资源保护作为国民经济和社会发展的重要组成部分来进行统筹安排、规划和布局。在环境与资源保护中，要采取各种预防性手段和措施，防止环境问题的产生，或将其限制在最小的限度，尽量在生产的过程中解决环境问题，而不是等环境污染和资源破坏的不利后果产生以后再去想办法治理。凡是造成环境污染危害的单位和个人，都负有修复环境和赔偿损害的责任。

5. 农业环境的主要污染物及其危害有哪些？

农业环境的主要污染物有工矿企业排放的废水、废气和废渣，人们生活排放的污水、垃圾等，在农业生产过程中不合理使用的一些化学物质及农牧业生产中产生的畜禽粪便、农作物秸秆等废弃物。农用化学物质包括农药、化肥、农用薄膜、化学除草剂、作物生长剂等。农业环境污染物进入农业环境，会造成土壤、灌溉水、大气等农业环境及农作物、农畜水产品的污染。

6. 影响农产品质量安全问题的污染途径可分为哪几种类型？

影响农产品质量安全问题的污染途径可分为物理性污染、化学性污染、生物性污染和本底性污染 4 种类型。

物理性污染是指由物理性因素对农产品质量安全产生的危害，一般是由于在农产品收获或加工过程中操作不规范，不慎在农产品中混入有毒有害杂质，导致农产品受到污染，比如在常规产品中混入变质产品。该种污染可以通过规范操作加以预防。

化学性污染是指在生产、加工过程中不合理使用化学合成物质而对农产品质量安全产生的危害。如使用禁用农药，过量、过频使用农药、兽药、渔药、添加剂等造成的有毒有害物质残留污染。该种污染可以通过标准化生产进行控制。

生物性污染是指自然界中各类生物性因子对农产品质量安全产生的危害，如致病性细菌、病毒以及毒素污染等。比如禽流感就是病毒引起的。生物性污染具有较大的不确定性，控制难度大，有些可以通过预防控制，而大多数则需要采取综合治理措施。

本底性污染是指农产品产地环境中的污染物对农产品质量安全产生的危害。主要包括产地环境中水、土、气的污染，如灌溉水、土壤、大气中的重金属超标等。本底性污染治理难度最大，需要通过净化产地环境或调整种养品种等措施加以解决。

7. 土壤污染责任人应承担哪些义务？

《中华人民共和国土壤污染防治法》第四十五条规定，土壤污染责任人负有实施土壤污染风险管控和修复的义务。土壤污染责任人无法认定的，土地使用权人应当实施土壤污染风险管控和修复。地方人民政府及其有关部门可以根据实际情况组织实施土壤污染风险管控和修复。国家鼓励和支持有关当事人自愿实施土壤污染风险管控和修复。

第四十六条规定，因实施或者组织实施土壤污染状况调查和土壤污染风险评估、风险管控、修复、风险管控效果评估、修复效果评估、后期管理等活动所支出的费用，由土壤污染责任人承担。

第四十七条规定，土壤污染责任人变更的，由变更后承继其债权、债务的单位或者个人履行相关土壤污染风险管控和修复义务并承担相关费用。

第四十八条规定，土壤污染责任人不明确或者存在争议的，农用地由地方人民政府农业农村、林业草原主管部门会同生态环境、自然资源主管部门认定，建设用地由地方人民政府生态环境主管部门会同自然资源主管部门认定。认定办法由国务院生态环境主管部门会同有关部门制定。

8. 按照土壤污染程度，农用地分为哪几类？如何分类治理？

《中华人民共和国土壤污染防治法》第四十九条规定，国家建立农用地分类管理制度。按照土壤污染程度和相关标准，将农用地划分为优先保护类、安全利用类和严格管控类。

第五十条规定，县级以上地方人民政府应当依法将符合条件的优先保护类耕地划为永久基本农田，实行严格保护。在永久基本农田集中区域，不得新建可能造成土壤污染的建设项目；已经建成的，应当限期关闭拆除。

第五十三条规定，对安全利用类农用地地块，地方人民政府农业农村、林业草原主管部门，应当结合主要作物品种和种植习惯等情况，制定并实施安全利用方案。安全利用方案应当包括下列内容：①农艺调控、替代种植；②定期开展土壤和农产品协同监测与评价；③对农民、农民专业合作社及其他农业生产经营主体进行技术指导和培训；④其他风险管控措施。

第五十四条规定，对严格管控类农用地地块，地方人民政府农业农村、林业草原主管部门应当采取下列风险管控措施：①提出划定特定农产品禁止生产区域的建议，报本级人民政府批准后实施；②按照规定开展土壤和农产品协同监测与评价；③对农民、农民专业合作社及其他农业生产经营主体进行技术指导和培训；④其他风险管控措施。各级人民政府及其有关部门应当鼓励对严格管控类农用地采取调整种植结构、退耕还林还草、退耕还湿、轮作休耕、轮牧休牧等风险管控措施，并给予相应的政策支持。

第八部分　环境保护相关法律

9. 法律对建设和运行污水集中处理设施和固体废物处理设施是怎样规定的？

《中华人民共和国土壤污染防治法》第二十五条规定，建设和运行污水集中处理设施、固体废物处置设施，应当依照法律法规和相关标准的要求，采取措施防止土壤污染。地方人民政府生态环境主管部门应当定期对污水集中处理设施、固体废物处置设施周边土壤进行监测；对不符合法律法规和相关标准要求的，应当根据监测结果，要求污水集中处理设施、固体废物处置设施运营单位采取相应改进措施。地方各级人民政府应当统筹规划、建设城乡生活污水和生活垃圾处理、处置设施，并保障其正常运行，防止土壤污染。

10. 法律对向土壤排放污染物是怎样规定的？

《中华人民共和国土壤污染防治法》第二十八条规定，禁止向农用地排放重金属或者其他有毒有害物质含量超标的污水、污泥，以及可能造成土壤污染的清淤底泥、尾矿、矿渣等。县级以上人民政府有关部门应当加强对畜禽粪便、沼渣、沼液等收集、贮存、利用、处置的监督管理，防止土壤污染。农田灌溉用水应当符合相应的水质标准，防止土壤、地下水和农产品污染。地方人民政府生态环境主管部门应当会同农业农村、水利主管部门加强对农田灌溉用水水质的管理，对农田灌溉用水水质进行监测和监督检查。

11. 法律对建设项目剥离的表土的处理是怎样规定的？

《中华人民共和国土壤污染防治法》第三十三条规定，国家加强对土壤资源的保护和合理利用。对开发建设过程中剥离的表土，应当单独收集和存放，符合条件的应当优先用于土地复垦、土壤改良、造地和绿化等。禁止将重金属或者其他有毒有

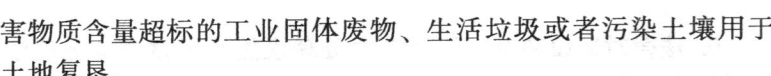

害物质含量超标的工业固体废物、生活垃圾或者污染土壤用于土地复垦。

12. 向农用地排放污染物的，应受何处罚？

《中华人民共和国土壤污染防治法》第八十七条规定，违反本法规定，向农用地排放重金属或者其他有毒有害物质含量超标的污水、污泥，以及可能造成土壤污染的清淤底泥、尾矿、矿渣等的，由地方人民政府生态环境主管部门责令改正，处十万元以上五十万元以下的罚款；情节严重的，处五十万元以上二百万元以下的罚款，并可以将案件移送公安机关，对直接负责的主管人员和其他直接责任人员处五日以上十五日以下的拘留；有违法所得的，没收违法所得。

13. 未按规定及时回收农业投入品废弃物的，应受何处罚？

《中华人民共和国土壤污染防治法》第八十八条规定，违反本法规定，农业投入品生产者、销售者、使用者未按照规定及时回收肥料等农业投入品的包装废弃物或者农用薄膜，或者未按照规定及时回收农药包装废弃物交由专门的机构或者组织进行无害化处理的，由地方人民政府农业农村主管部门责令改正，处一万元以上十万元以下的罚款；农业投入品使用者为个人的，可以处二百元以上二千元以下的罚款。

第八十九条规定，违反本法规定，将重金属或者其他有毒有害物质含量超标的工业固体废物、生活垃圾或者污染土壤用于土地复垦的，由地方人民政府生态环境主管部门责令改正，处十万元以上一百万元以下的罚款；有违法所得的，没收违法所得。

14. 法律关于畜禽遗传资源保护是如何规定的？

《中华人民共和国畜牧法》第十条规定，国家建立畜禽遗传资源保护制度。各级人民政府应当采取措施，加强畜禽遗传资源保护，将畜禽遗传资源保护经费列入财政预算。畜禽遗传资源保护以国家为主，鼓励和支持有关单位、个人依法发展畜禽遗传资源保护事业。

第十一条规定，国务院农业农村主管部门设立由专业人员组成的国家畜禽遗传资源委员会，负责畜禽遗传资源的鉴定、评估和畜禽新品种、配套系的审定，承担畜禽遗传资源保护和利用规划论证及有关畜禽遗传资源保护的咨询工作。

第十二条规定，国务院农业农村主管部门负责组织畜禽遗传资源的调查工作，发布国家畜禽遗传资源状况报告，公布经国务院批准的畜禽遗传资源目录。

第十三条规定，国务院农业农村主管部门根据畜禽遗传资源分布状况，制定全国畜禽遗传资源保护和利用规划，制定并公布国家级畜禽遗传资源保护名录，对原产我国的珍贵、稀有、濒危的畜禽遗传资源实行重点保护。省级人民政府畜牧兽医行政主管部门根据全国畜禽遗传资源保护和利用规划及本行政区域内畜禽遗传资源状况，制定和公布省级畜禽遗传资源保护名录，并报国务院农业农村主管部门备案。

第十四条规定，国务院农业农村主管部门根据全国畜禽遗传资源保护和利用规划及国家级畜禽遗传资源保护名录，省级人民政府农业农村主管部门根据省级畜禽遗传资源保护名录，分别建立或者确定畜禽遗传资源保种场、保护区和基因库，承担畜禽遗传资源保护任务。享受中央和省级财政资金支持的畜禽遗传资源保种场、保护区和基因库，未经国务院农业农村主管部门或者省级人民政府农业农村主管部门批准，不得擅自处理受保护的畜禽遗传资源。畜禽遗传资源基因库应当按照国务院农业农村主管部门或者省级人民政府农业农村主管部门的规定，定期采集和更新畜禽遗传材料。有关单位、个人应当配合畜禽遗传资源基因库采集畜禽遗传材料，并有权获得适当的经济补偿。畜禽遗传资源保种场、保护区和基因库的管理办法由国务院农业农村主管部门制定。

第十五条规定，新发现的畜禽遗传资源在国家畜禽遗传资源委员会鉴定前，省、自治区、直辖市人民政府农业农村主管部门应当制订保护方案，采取临时保护措施，并报国务院农业农村主管部门备案。

第十六条规定，从境外引进畜禽遗传资源的，应当向省级人民政府农业农村主管部门提出申请；受理申请的农业农村主管部门经审核，报国务院农业农村主管部门经评估论证后批准。经批准的，依照《中华人民共和国进出境动植物检疫法》的规定办理相关手续并实施检疫。从境外引进的畜禽遗传资源被发现对境内畜禽遗传资源、生态环境有危害或者可能产生危害的，国务院农业农村主管部门应当商有关主管部门，及时采取相应的安全控制措施。

15. 法律关于农作物种质资源保护是怎样规定的？

《中华人民共和国种子法》第八条规定，国家依法保护种质资源，任何单位和个人不得侵占和破坏种质资源。禁止采集或者采伐国家重点保护的天然种质资源。因科研等特殊情况需要采集或者采伐的，应当经国务院或者省、自治区、直辖市人民政府的农业农村、林业草原主管部门批准。

第九条规定，国家有计划地普查、收集、整理、鉴定、登记、保存、交流和利用种质资源，定期公布可供利用的种质资源目录。具体办法由国务院农业农村、林业草原主管部门规定。

第十条规定，国务院农业农村、林业草原主管部门应当建立种质资源库、种质资源保护区或者种质资源保护地。省、自治区、直辖市人民政府农业农村、林业草原主管部门可以根据需要建立种质资源库、种质资源保护区、种质资源保护地。种质资源库、种质资源保护区、种质资源保护地的种质资源属公共资源，依法开放利用。占用种质资源库、种质资源保护区或者种质资源保护地的，需经原设立机关同意。

第十一条规定，国家对种质资源享有主权。任何单位和个人向境外提供种质资源，或者与境外机构、个人开展合作研究利用种质资源的，应当报国务院农业农村、林业草原主管部门批准，并同时提交国家共享惠益的方案。国务院农业农村、林业草原主管部门可以委托省、自治区、直辖市人民政府农业农村、林业草原主管部门接收申请材料。国务院农业农村、林业草原主管部门应当将批准情况通报国务院生态环境主管部门。从境外引进种质资源的，依照国务院农业农村、林业草原主管部门的有关规定办理。

16. 畜禽养殖场、养殖小区在资源利用和污染防治方面应注意什么？

《畜禽规模养殖污染防治条例》第十三条规定，畜禽养殖场、养殖小区应当根据养殖规模和污染防治需要，建设相应的畜禽粪便、污水与雨水分流设施，畜禽粪便、污水的贮存设施，粪污厌氧消化和堆沤、有机肥加工、制取沼气、沼渣沼液分离和输送、污水处理、畜禽尸体处理等综合利用和无害化处理设施。已经委托他人对畜禽养殖废弃物代为综合利用和无害化处理的，可以不自行建设综合利用和无害化处理设施。未建设污染防治配套设施、自行建设的配套设施不合格，或者未委托他人对畜禽养殖废弃物进行综合利用和无害化处理的，畜禽养殖场、养殖小区不得投入生产或者使用。畜禽养殖场、养殖小区自行建设污染防治配套设施的，应当确保其正常运行。

第十九条规定，从事畜禽养殖活动和畜禽养殖废弃物处理活动，应当及时对畜禽粪便、畜禽尸体、污水等进行收集、贮

存、清运，防止恶臭和畜禽养殖废弃物渗出、泄漏。

第二十条规定，向环境排放经过处理的畜禽养殖废弃物，应当符合国家和地方规定的污染物排放标准和总量控制指标。畜禽养殖废弃物未经处理，不得直接向环境排放。

第九部分 农民工权益维护相关法律

1. 外出务工的农民还享有原来的土地承包经营权吗?

《中华人民共和国农村土地承包法》第二十七条规定,承包期内,发包方不得收回承包地。国家保护进城农户的土地承包经营权。不得以退出土地承包经营权作为农户进城落户的条件。承包期内,承包农户进城落户的,引导支持其按照自愿有偿原则依法在本集体经济组织内转让土地承包经营权或者将承包地交回发包方,也可以鼓励其流转土地经营权。承包期内,承包方交回承包地或者发包方依法收回承包地时,承包方对其在承包地上投入而提高土地生产能力的,有权获得相应的补偿。由此可见,即使在农民全家迁入城市并转为非农业户口的情况下,发包方即村委会也不可以收回承包地。

2. 挂靠公司拖欠农民工工资的,被挂靠的公司是否需要承担责任?

《保障农民工工资支付条例》第十九条第二款明确规定,用人单位允许个人、不具备合法经营资格或者未取得相应资质的单位以用人单位的名义对外经营,导致拖欠所招用农民工工资的,由用人单位清偿,并可以依法进行追偿。据此可知,挂靠单位拖欠农民工工资的,农民工可以要求被挂靠单位代其支付工资。即挂靠单位拖欠农民工工资的,被挂靠单位要负清偿责任。

3. 法律如何保障从事建筑行业的农民工的工资？

根据《保障农民工工资支付条例》第二十四条、第二十九条、第五十七条的规定，国家从以下5个方面保障从事建筑行业农民工的工资：第一，实行工程款担保。建设单位应当与施工总承包单位依法订立书面工程施工合同，约定工程款计量周期、工程款进度结算办法以及人工费用拨付周期，并按照保障农民工工资按时足额支付的要求约定人工费用。人工费用拨付周期不得超过一个月。第二，实行足额、及时拨付工资款机制。建设单位应当按照合同约定及时拨付工程款，并将人工费用及时足额拨付至农民工工资专用账户，加强对施工总承包单位按时足额支付农民工工资的监督。第三，实行垫付工资机制。因建设单位未按照合同约定及时拨付工程款导致农民工工资拖欠的，建设单位应当以未结清的工程款为限先行垫付被拖欠的农民工工资。第四，实行农民工工资支付协调机制和工资拖欠预防机制。建设单位应当以项目为单位建立保障农民工工资支付协调机制和工资拖欠预防机制，督促施工总承包单位加强劳动用工管理，妥善处理与农民工工资支付相关的矛盾纠纷。发生农民工集体讨薪事件的，建设单位应当会同施工总承包单位及时处理，并向项目所在地人力资源社会保障行政部门和相关行业工程建设主管部门报告有关情况。第五，实行责任追究机制。建设单位未依法提供工程支付担保，或未足额、及时支付农民工工资的，由人力资源社会保障行政部门、相关行业工程建设主管部门按照职责责令限期改正；逾期不改正的，责令项目停工，并处五万元以上十万元以下的罚款。由此可知，虽然建设单位拖欠农民工工资的现象时有发生，但我国现行法律已经为此提供了保障机制，正在全力遏制拖欠农民工工资的行为。此外，我国《中华人民共和国刑法》还设定了拒不支付劳动报酬罪，从而杜绝这一现象的发生和蔓延。

第九部分　农民工权益维护相关法律

4. 建筑工程项目分包单位或转包单位拖欠农民工工资的,施工总单位是否需要承担清偿责任?

我国《保障农民工工资支付条例》第三十条规定,分包单位对所招用农民工的实名制管理和工资支付负直接责任。施工总承包单位对分包单位劳动用工和工资发放等情况进行监督。对于拖欠农民工工资的分包单位或转包单位,施工总承包单位应先行清偿,再依法向分包或转包单位进行追偿。

5. 农民工能够以用人单位的工资欠条为证据直接向人民法院起诉吗?

《最高人民法院关于审理劳动争议案件适用法律问题的解释(一)》第十五条明确规定,劳动者以用人单位的工资欠条为证据直接提起诉讼,诉讼请求不涉及劳动关系其他争议的,视为拖欠劳动报酬争议,人民法院按照普通民事纠纷受理。据此可知,如果农民工的欠条只是涉及其与用人单位的工资问题,而不涉及其他劳动争议,如劳动合同、试用期等争议,那么法院就会将案件按照普通的民事纠纷受理,即此欠条就可以作为证据在诉讼中使用。

6. 经济困难的农民工在维护自己的劳动权益时能够申请法律援助吗?在哪些情形下可以申请?

经济困难的农民工是可以申请法律援助的。我国《法律援助条例》第十条第一款明确规定,公民对下列需要代理的事项,因经济困难没有委托代理人的,可以向法律援助机构申请法律援助:①依法请求国家赔偿的;②请求给予社会保险待遇或者最低生活保障待遇的;③请求发给抚恤金、救济金的;④请求给付赡养费、抚养费、扶养费的;⑤请求支付劳动报酬的;⑥主张因见义勇为行为产生的民事权益的。由此可见,只要是

农民学法用法手册

经济困难的公民,在遇到上述事项需要代理时,都可以申请法律援助。

7. 农民工从什么时候起与用人单位建立了劳动关系?

按照我国《中华人民共和国劳动合同法》第七条的规定:"用人单位自用工之日起即与劳动者建立劳动关系。"由此可知,从劳动者在用人单位工作的第一天起,他就与用人单位建立了劳动关系,是否签订劳动合同并不影响劳动关系的建立。另外,本法第十条第一款和第二款明确规定:"建立劳动关系,应当订立书面劳动合同。已建立劳动关系,未同时订立书面劳动合同的,应当自用工之日起一个月内订立书面劳动合同。"由此可见,用人单位在与劳动者建立劳动关系之后,必须在一个月内订立书面劳动合同,否则用人单位就违反了法律的强制性规定,将会受到相应的惩罚。

8. 用人单位可以擅自变更劳动合同的内容吗?

用人单位不可以擅自变更劳动合同已经约定的内容,合同内容必须经用人单位和劳动者协商一致。根据我国《中华人民共和国劳动合同法》第三十五条的规定,用人单位与劳动者协商一致,可以变更劳动合同约定的内容。变更劳动合同,应当采用书面形式。变更后的劳动合同文本由用人单位和劳动者各执一份。可见,用人单位可以变更劳动合同的内容,但是,变更的前提是:①要与劳动者协商一致;②在形式上要采用书面形式,而不能作口头的约定或更改;③变更之后的合同文本应该由双方各执一份。只有满足这些条件,此种变更才是有效的。

9. 劳务派遣单位有权向农民工收取服务费吗?

劳务派遣单位是不能向劳动者收取服务费的。对此,我国《中华人民共和国劳动合同法》第九条明确规定,用人单位招用劳动者，不得扣押劳动者的居民身份证和其他证件，不得要求劳动者提供担保或者以其他名义向劳动者收取财物。同时，《中华人民共和国劳动合同法》第六十条第三款也规定，劳务派遣单位和用工单位不得向被派遣劳动者收取费用。由此可见，劳务派遣公司不仅不能扣押劳动者的有关证件，法律也明确禁止其向劳动者以任何形式收取服务费。

10. 用工单位对在岗被派遣劳动者有进行培训的义务吗？

被派遣的劳动者上岗所必需的培训应该由用工单位负责，劳务派遣单位并没有义务对被派遣的劳动者进行岗位培训。对于该问题，《中华人民共和国劳动合同法》第六十二条有明确规定，用工单位应对在岗被派遣劳动者进行工作岗位所必需的培训。也就是说，岗位培训是用工单位的责任。在实际生活中，由于对劳动者进行培训所需的成本比较大，所以，很多企业都不按照要求对职工进行培训。尤其是在劳务派遣中，由于存在派遣单位和接受派遣的用工单位两方主体，培训这一环节就会出现两方主体之间"踢皮球"的问题。但由于劳务派遣公司只负责劳动者的派遣，对其所从事的具体工作无法提前知晓和安排，进行岗位培训的难度和成本都非常高，因此，法律明确规定，对被派遣劳动者的岗位培训应当由实际的用工单位负责。

11. 劳务派遣人员是否有与用工单位的员工同工同酬的权利？

劳务派遣人员与用工单位员工的薪酬待遇应该是相同的，用工单位不应该区别对待。在实际生活中，被派遣的劳动者与本单位的工作人员同工不同酬的现象并不少见，很多人也都早已习以为常，但事实上用工单位的这种行为是违法的。对此，我国现行《中华人民共和国劳动合同法》第六十三条规定，被派遣劳动者享有与用工单位的劳动者同工同酬的权利。用工单

农民学法用法手册

位应当按照同工同酬原则,对被派遣劳动者与本单位同类岗位的劳动者实行相同的劳动报酬分配办法。用工单位无同类岗位劳动者的,参照用工单位所在地相同或者相近岗位劳动者的劳动报酬确定。劳务派遣单位与被派遣劳动者订立的劳动合同和与用工单位订立的劳务派遣协议,载明或者约定的向被派遣劳动者支付的劳动报酬应当符合前款规定。

12. 用工单位可以将连续用工期限分割订立数个短期劳务派遣协议吗?

劳务派遣公司不得将连续用工期限分割订立数个短期的劳务派遣协议。在实际生活中,部分劳务派遣公司为了拉拢用工单位,增加订单,往往与用工单位"密谋"将一个连续用工期限分割为数个短期的劳务派遣协议,其实这种行为是违法的。我国《中华人民共和国劳动合同法》第五十九条第二款明确规定,用工单位应当根据工作岗位的实际需要与劳务派遣单位确定派遣期限,不得将连续用工期限分割订立数个短期劳务派遣协议。据此可知,对一个派遣期的强制分割是法律所不允许的。此外,该法第六十二条第一款第三项也规定,用工单位应当履行支付劳务派遣人员的加班费、绩效奖金,提供与工作岗位相关的福利待遇。

13. 劳动者能够要求违法解除劳动合同的用人单位同时支付经济补偿金与赔偿金吗?

根据《中华人民共和国劳动合同法实施条例》第二十五条的规定,用人单位违反《中华人民共和国劳动合同法》的规定解除或者终止劳动合同,依照劳动合同法第八十七条的规定支付了赔偿金的,不再支付经济补偿。可见,如果用人单位违反劳动合同,劳动者可以按照《中华人民共和国劳动合同法》第八十七条的规定,要求用人单位按照经济补偿金两倍的标准支付赔偿金。但是，用人单位支付了赔偿金之后，就不再支付补偿金，即二者不可以同时并用。

14. 因公负伤的农民工在没有与用人单位签订劳动合同的情况下还可以被认定为工伤吗？

因工负伤的劳动者在没有与用人单位签订劳动合同的情况下，如果能够证明其与用人单位存在事实上的劳动关系，即使没有书面劳动合同，也能被认定为工伤。所谓事实劳动关系，是指用人单位招用劳动者后不按规定订立书面劳动合同，或者用人单位与劳动者以前签订过劳动合同，但是劳动合同到期后用人单位同意劳动者继续在本单位工作却没有及时与其续订劳动合同的情况。在事实劳动关系中，劳动者享有劳动保障法律法规所规定的一切权利，包括工伤保险待遇。而根据《工伤保险条例》第十八条的规定，提出工伤认定申请应当提交的材料主要包括：①工伤认定申请表；②与用人单位存在劳动关系（包括事实劳动关系）的证明材料；③医疗诊断证明或者职业病诊断证明书（或者职业病诊断鉴定书）。

15. 劳动者在用人单位被违章指挥、强令冒险作业时可以不事先告知用人单位就解除劳动合同吗？

劳动者在用人单位被违章指挥、强令冒险作业时可以不事先告知用人单位就解除劳动合同。用人单位违章指挥、强令劳动者冒险作业，是指用人单位的管理人员明知违反国家安全卫生规程，对劳动者生命安全或者身体健康具有危险性，仍然违章指挥，强令劳动者违反有关操作规程冒险作业。冒险作业严重影响劳动者的身体健康甚至是生命安全，我国法律严令禁止冒险作业。对此，我国现行《中华人民共和国劳动合同法》第三十二条规定，劳动者拒绝用人单位管理人员违章指挥、强令冒险作业的，不视为违反劳动合同。劳动者对危害生命安全和身体健康的劳动条件,有权对用人单位提出批评、检举和控告。同时,该法第三十八条第二款规定,用人单位以暴力、威胁或者非法限制人身自由的手段强迫劳动者劳动的,或者用人单位违章指挥、强令冒险作业危及劳动者人身安全的,劳动者可以立即解除劳动合同,不需事先告知用人单位。据此可知,虽然法律规定了劳动者在解除劳动合同时,要预先告知用人单位,但是,劳动者也有权拒绝用人单位违章指挥、强令冒险作业等不合理要求。并且,在用人单位的违法要求危及劳动者的生命安全时,劳动者有权在不事先通知用人单位的情况下当场解除劳动合同。在劳动生产的过程中,可能存在着各种危险,在用人单位强令冒险作业危及人身安全时,劳动者应当紧急撤离现场。这是在劳动安全卫生权利受到侵害、生命健康权受到威胁时,法律赋予劳动者的紧急处置权。

第十部分　乡村振兴促进法

1. 乡村振兴促进法的目标是什么？

根据《中华人民共和国乡村振兴促进法》的总体要求与法律条文精神，该法的核心目标可以概括为以下几个方面。

(1) 巩固拓展脱贫攻坚成果，防止返贫

《中华人民共和国乡村振兴促进法》在立法宗旨中明确提出要巩固和拓展脱贫攻坚的重大成果，建立健全防止返贫的长效机制，保障脱贫群众稳步增收、持续致富，让脱贫攻坚与乡村振兴有效衔接。

(2) 全面推进乡村经济社会发展

促进农村经济繁荣、农民生活富裕、乡村社会和谐稳定，是乡村振兴的核心任务。法律通过支持农村产业发展、公共服务改善、文化繁荣、治理有效等多种举措，让农村地区在经济、社会、文化、生态各方面得到全面提升。

(3) 加快农业现代化，实现高质量发展

鼓励发展现代农业、建设农业强国，是乡村振兴的重要目标。通过提升农业科技水平、完善农业产业体系、促进农产品加工业和农村服务业发展，推动农业转型升级和可持续发展，真正使农业成为有奔头的产业、农民成为有吸引力的职业。

(4) 改善农村人居环境，推进生态宜居

法律强调加大农村生态保护和环境治理力度，推动农村"厕所革命"、生活垃圾和污水治理、村容村貌提升等，努力建设生态宜居的美丽乡村，为广大农民提供更加良好的生产生活

农民学法用法手册

环境。

（5）加强农村基础设施和公共服务供给

通过完善乡村基础设施建设（交通、水利、通信、能源等）和公共服务体系（教育、医疗、养老、社会保障等），缩小城乡发展差距，让农民在就业、创业、子女教育和社会服务等方面享有更好的条件。

（6）健全乡村治理体系，提升治理效能

乡村振兴不仅需要经济发展，也需要健全的社会治理体系。法律提倡健全自治、法治、德治相结合的乡村治理体系，充分发挥基层党组织和村民自治组织的作用，推进乡村善治，提高农民群众的获得感、安全感和幸福感。

（7）保护与传承乡村文化，弘扬优秀传统

乡村文化是民族文化的重要根基。法律鼓励挖掘、保护和传承农村地区的优秀传统文化、历史文化遗产，推动乡风文明建设，提升农村社会文明程度，为乡村振兴提供精神动力。

（8）激发农村内生动力，促进共同富裕

通过完善制度设计，鼓励农民就近就业创业，壮大村级集体经济，引导社会资本合理流向乡村，进一步激发农村发展活力；同时，确保改革发展成果更多更公平地惠及广大农民，逐步缩小收入差距，实现农村与城市共同富裕。

2．"乡村"定义是什么？

（1）行政区划意义上的"乡村"。在我国现行行政区划体系中，乡村一般指县（旗）以下的乡（镇）以及其所辖的行政村、自然村或村民小组等区域。该区域往往以农业生产为主要功能、以农民为主要居住人口，区别于城镇居民区。

《中华人民共和国乡村振兴促进法》中涉及的"乡村"，实务中通常指乡（镇）与村这两个行政层级及其延伸的农村社区。

（2）相关法律法规的衔接。《中华人民共和国土地管理法》

《中华人民共和国城乡规划法》等法律在涉及土地用途、建设规划时，也会将行政区域内划为"城市（镇）建设用地"与"农村建设用地"等不同性质，侧面区分了城与乡的范围。

《中华人民共和国民法典》中村民委员会的组织与职权、《中华人民共和国村民委员会组织法》关于农村基层民主自治的适用范围，也可作为判断"乡村"范围的重要参照。

（3）乡村振兴法的适用对象。虽然《中华人民共和国乡村振兴促进法》未在某一条款中直接下定义，但它在总则及具体条文中频繁使用"县域""乡镇""村级组织""农民"等字眼，强调要在传统意义上的农村地区促进产业发展、改善公共服务、加强生态保护、完善社会治理等。

换言之，该法主要适用于传统行政意义下的农村地区及以农业与农村社会为主体的区域，法律措施旨在帮助这些区域及其居民实现全面振兴。

（4）动态与灵活性。随着我国城镇化、城乡融合发展进程加快，一些地方出现"城郊型村落""乡镇改街道""撤村并居"等行政区划或社区形态的变化，"乡村"并非一成不变。

《中华人民共和国乡村振兴促进法》本身也承认并鼓励因地制宜、分类施策，各地在具体执行中会结合本地城乡规划及行政区划，对"乡村"范围进行更具操作性的认定和衔接。

3. 乡村振兴促进法对农民的基本要求有哪些？

根据《中华人民共和国乡村振兴促进法》规定的总体方向和精神，该法对农民群体并未设定强制性、惩罚性的"基本要求"，更多是从引导、鼓励和倡导的角度出发，引领农民共同参与和推动乡村振兴。

（1）依法依规生产经营。鼓励农民在农业生产、土地利用、环境保护等方面遵守国家法律法规和地方规章制度，不随意改变耕地用途，不非法占用农用地进行建设或破坏生态环境。

农民学法用法手册

（2）参与基层民主自治和社会治理。提倡农民积极行使民主权利，参与村民会议、村务监督等村级自治活动，对村级公共事务、村庄规划、公共资金使用进行合理监督，推进村务公开与透明，配合构建法治、德治、自治相结合的乡村治理体系。

（3）维护生态宜居环境。鼓励农民自觉保护村庄生态，减少乱扔垃圾、过度使用农药化肥等不良行为。对农村生活垃圾治理、厕所改造、污水处理和村庄绿化美化等行动给予支持和配合，共同提升人居环境质量。

（4）弘扬乡风文明与优秀传统文化。提倡农民支持移风易俗，抵制高价彩礼、浪费攀比、封建迷信等不良习俗，传承优秀传统文化、红色文化和乡土文化，培育文明和谐的乡风、家风、民风，促进农村社会风尚良性发展。

（5）提升个人素质与技能。鼓励农民通过参加政府、社会组织或农技推广机构提供的培训和教育，提高生产技能、经营管理能力和市场意识，逐步向新型职业农民和专业化人才方向发展，以适应现代农业和产业升级的需要。

（6）遵守市场规则与诚信经营。在农产品生产和销售过程中依法诚信经营，保障农产品质量安全，杜绝制售假劣农资、欺诈交易行为。通过诚信经营，共同维护公平有序的市场环境。

4. "产业兴旺、生态宜居、乡风文明、治理有效、生活富裕"的五个总要求具体指什么？

根据《中华人民共和国乡村振兴促进法》所明确的战略要求，"产业兴旺、生态宜居、乡风文明、治理有效、生活富裕"是实现乡村全面振兴的总体目标和方向。具体含义如下。

（1）产业兴旺。指农村产业结构优化和升级，农业生产效率显著提高，农产品质量提升，农业与二三产业深度融合发展。

建立现代农业产业体系、生产体系和经营体系，培育新型经营主体，提升农村产业竞争力和经济活力，让农民持续增收、农业更有奔头。

（2）生态宜居。强调农村良好的生态环境和宜居条件。通过加强环境保护和治理，推动农村人居环境整治，完善污水垃圾处理、"厕所革命"、村庄绿化美化等措施，打造清洁、卫生、有序、美丽的村庄环境。实现人与自然和谐共生，农民安居乐业、生活舒适。

（3）乡风文明。注重精神文明建设和乡村文化传承，倡导健康向上的生活方式和社会风尚；移风易俗，抵制陈规陋习，高价彩礼、封建迷信、浪费攀比等不良风气得到遏制；弘扬优秀传统文化和红色文化，提高农村社会整体文明程度和道德水平。

（4）治理有效。强调基层组织建设和基层治理能力提升，构建自治、法治、德治相结合的乡村治理体系；健全村民自治制度，保障农民民主权利，提升村务公开透明度和决策科学性；通过有效治理实现乡村社会稳定和谐，乡村秩序井然，公共服务高效。

（5）生活富裕。力求农民生活水平稳步提高，收入持续增长，农村基本公共服务质量和均等化程度不断提升；加强农村基础设施建设，完善教育、医疗、养老、社保等公共服务体系，让农村居民享受更多改革发展红利和现代生活便利；确保农民的获得感、幸福感、安全感显著增强。

5. 如何促进农村一二三产业融合发展？

（1）培育新型农业经营主体。法律鼓励农民专业合作社、家庭农场、龙头企业等多元化主体的发展与壮大，支持其在生产、加工、销售环节深度协作。

通过完善扶持政策、资金补贴、技术培训、信贷支持，促进新型经营主体与小农户建立紧密利益联结机制，带动农民稳定增收。

（2）延伸农业产业链与提升价值链。提倡对农产品进行精深加工和品牌打造，推动从初级农产品向附加值更高的产品跃升。

法律鼓励农产品分级、标准化生产与冷链物流建设，为农产品进入超市、电商平台、国际市场提供有力保障，提升农产品价值链条的整体效益。

（3）发展农村新产业新业态。鼓励发展休闲农业、乡村旅游、农业观光、研学旅行等融合业态，满足消费者对绿色、有机、特色农产品和田园生活体验的多元化需求。

支持拓展乡村电商、直播带货、农产品直供直销等新型流通渠道，通过数字化手段促进线上线下融合，开拓更广阔的市场空间。

（4）完善农村基础设施和公共服务。加强农村道路、通信、水利、电力、冷链物流、仓储保鲜设施建设，为产业融合提供坚实的硬件条件。

完善科技推广、职业技能培训、信息咨询、技术服务等配套公共服务，帮助农民掌握现代经营理念和生产技术，促进一二三产业协同升级。

（5）建立健全利益联结与共享机制。法律强调对农业产业化联合体、供应链协作机制的支持，引导产业链上下游主体依法、平等协商，共享市场信息、生产资料和经营成果。

通过合同约定、利益分配制度设计，使农民在产业链延伸、加工增值和终端销售环节中获得合理分配，提升农民参与产业融合发展的获得感。

（6）支持区域特色与资源整合。倡导"因地制宜"，以地域特色、生态资源和文化底蕴为基础打造区域品牌和产业集群，鼓励发展"一村一品""一县一业"。

通过提升区域公共品牌影响力，增加附加值和市场竞争力，从而实现农村优势资源的综合利用和产业间的有机融合。

6. 如何理解农业供给侧结构性改革？这对农民意味着什么？

农业供给侧结构性改革是指通过优化农业生产要素配置和生产结构，提升农业全产业链效益与竞争力的过程和方向。它强调从提高农业供给质量出发，着力解决传统农业生产中存在的结构不合理、资源配置低效、产能过剩、产品与市场需求不匹配等问题。在农业领域，这种改革不再只关注产量的增加和价格的管控，而是更加重视农产品的品质、品种、品牌和效益，更加重视市场导向和结构优化。

对农民而言，农业供给侧结构性改革主要意味着以下几个方面的改变和机遇。

（1）由增产导向向提质导向转变。不再单纯追求产量增长，而是更注重农产品质量、安全和附加值。农民要适应这种变化，选择优质种源、采用绿色生产方式、注重品牌建设，从而在市场中获得更好的价格和稳定的销售渠道。

（2）产业结构优化与品种调整。农业生产将根据市场需求动态调整产业结构和作物品种，摆脱"大路货""低水平重复生产"局面。农民可能需要学习新技术、引进新品种，或者参与特色产业、差异化经营，在细分市场中找到更有利的定位。

（3）延长产业链与深加工增值。农业供给侧改革倡导打通生产、加工、流通、销售、体验消费全链条。农民可与农产品加工企业、销售平台深入合作，或通过加入农民合作社、产业联盟、品牌联盟等，参与产业链延伸，分享加工和营销环节的利润。

（4）科技创新与新业态拓展。科技将在土壤改良、病虫害防控、精准施肥、智慧农业、冷链物流等领域发挥重要作用。农民需积极接受培训、学习新技术，利用电商、直播、休闲农业、乡村旅游等新业态，拓展增收渠道。

（5）从被动生产到主动对接市场。农业供给侧改革要求以

农民学法用法手册

市场需求为导向生产。农民需要更敏锐地把握市场信息，了解消费者对农产品品质、多样化和特色化的需求，从而主动调整生产计划，不断提升市场适应能力。

7. 乡村振兴促进法对耕地保护有哪些具体要求？

根据《中华人民共和国乡村振兴促进法》以及相关法律法规的要求，耕地保护是实现乡村振兴的基础和前提。该法对耕地保护的要求主要体现在以下几个方面。

（1）严格保护耕地红线。法律强调必须坚持最严格的耕地保护制度，严格守住耕地保护红线，确保国家粮食安全和重要农产品供给。禁止将基本农田随意转换为建设用地或其他非农用途。

（2）严禁乱占耕地建房。乡村振兴进程中，农村建设须符合国土空间规划和村庄规划要求，不得违法占用耕地建房、搞非农建设。对擅自占用耕地进行住宅、厂房、娱乐设施等违规建设的行为，要依法查处和整治。

（3）合理利用与轮作休耕。鼓励通过科学种植制度和技术措施改善耕地质量，推行轮作休耕、土壤改良等措施，提升土壤肥力和产出能力，确保耕地资源可持续利用。

（4）保护耕地质量与生态环境。提倡减少化肥、农药等农用投入品过度使用，加强黑土地、湿地、草原和水土保持工程建设，防止耕地退化、污染和荒漠化。鼓励发展绿色、有机、生态友好型农业，确保耕地资源长期保持优良状态。

（5）加强监管与执法。政府应完善耕地保护管理体系，加强执法力量，对各类破坏耕地、改变耕地用途的违法行为进行严肃查处。建立责任追究机制，明确各级政府、相关部门和村级组织的责任，确保耕地保护措施落地落实。

（6）完善政策与补偿机制。对承担耕地保护任务的地区和农户，通过财政补助、税费优惠、技术支持等多种形式给予激励和补偿,保证保护者、守护者不吃亏、能受益。

8. 如何推动农业科技创新和应用?

《中华人民共和国乡村振兴促进法》第十二条,各级人民政府应当坚持以农民为主体,以乡村优势特色资源为依托,支持、促进农村一二三产业融合发展,推动建立现代农业产业体系、生产体系和经营体系,推进数字乡村建设,培育新产业、新业态、新模式和新型农业经营主体,促进小农户和现代农业发展有机衔接。这一条款体现了国家对农业科技创新的重视,通过加强农业科技创新,可以推动农业技术的进步和升级,提高农业生产效率和农产品质量。主要措施如下。

(1) 加强基础研究与技术攻关。法律强调对农业新品种培育、先进农机装备研发、生物育种、智能化生产管理等关键技术领域的突破,鼓励科研机构与高校加强针对性研究,为农业现代化提供科技储备。

(2) 促进产学研融合。鼓励科研机构、高等院校与农业龙头企业、农民专业合作社、家庭农场等多主体开展技术合作和联合攻关。通过产学研深度融合,有助于将研究成果快速转化为适合当地生产条件、资源禀赋及市场需求的技术与装备。

(3) 完善科技推广与服务体系。鼓励建立和完善农业科技推广机构、农技服务站点和农业技术服务企业,为农民提供新品种、新技术的示范、培训与咨询。通过专家下乡、科技特派员、远程教学、现场观摩等方式,使农户更方便、更及时地获得农业科技信息和实用技能。

(4) 加快成果转化与应用示范。国家支持对先进适用的农业科技成果进行优先推广与扶持,为典型地区、特色产业建立科技示范点。农民可通过示范应用过程更直观地了解和学习高效生产技术,提高产出效率和农产品品质。

(5) 打造智慧农业与数字化平台。鼓励利用互联网、大数据、物联网、人工智能等信息技术手段,为农民提供精准施肥、节水灌溉、病虫害监测预警、农产品质量溯源等数字化解决方案。此举不仅提升农业生产管理的精细化程度,也拓宽了农民获取信息和服务的渠道。

9. 如何促进乡村人才队伍建设?

《中华人民共和国乡村振兴促进法》第二十四条,国家健全乡村人才工作体制机制,采取措施鼓励和支持社会各方面提供教育培训、技术支持、创业指导等服务,培养本土人才,引导城市人才下乡,推动专业人才服务乡村,促进农业农村人才队伍建设。

(1)推动乡村本土人才培养

①农业技能培训:法律要求加强对农民和乡村劳动者的职业教育和技能培训,提升其生产经营能力、市场适应能力以及现代农业技术应用能力。

②培养新型职业农民:通过政策支持,培育一批懂技术、善经营、会管理的新型职业农民,鼓励其在乡村振兴中发挥示范带动作用。

③实用技术人才:注重培养本地的技术型和复合型人才,支持农民成为具备专业技能的"土专家""田秀才"。

(2)吸引外部人才参与乡村建设

①科研人员下乡:鼓励农业科研人员深入农村,开展技术指导、成果转化、科技服务等活动,为乡村产业发展提供科技支撑。

②大学生回乡创业:支持和鼓励大学毕业生回乡创业或到基层就业,提供创业补贴、税费优惠、用地支持等政策保障。

③退役军人参与:法律提倡为退役军人提供再就业支持,鼓励他们在乡村振兴中发挥特长和作用。

④城市人才流向乡村:通过人才流动激励机制,吸引具有

管理经验、技术技能的城市人才到农村任职或创业。

(3) 支持乡村人才创新创业

①政策支持：为农村创业者提供财政补贴、税费减免、贴息贷款等政策扶持，特别是在现代农业、乡村旅游、农产品加工等领域。

②创业平台：支持建设乡村创业孵化基地、产业园区、电商平台等，为农村创业人才提供便利的服务和技术支持。

③完善市场环境：健全农村产权流转、金融服务、风险保障等机制，降低创业风险，提升回乡人才的创业信心。

(4) 加强乡村基层人才队伍建设

①加强基层组织能力：法律提出加强乡村基层党组织和村干部队伍建设，提高乡村治理能力和服务水平。

②稳定基层教师和医务人员：推动农村教育、医疗、文化、社会服务等领域的人才补充，逐步缩小城乡服务差距。

③待遇保障：提高基层工作者待遇，完善养老、住房、医疗保障政策，增强基层岗位的吸引力和稳定性。

(5) 健全激励和保障机制

①表彰优秀人才：对在乡村振兴工作中表现突出的各类人才给予奖励和表彰，营造尊重人才、鼓励创新的社会氛围。

②完善职称评审：健全符合乡村实际的职称评审和激励机制，为长期在农村服务的人才提供公平的晋升和发展机会。

③支持人才流动：促进城乡人才双向流动，降低进入乡村创业或就业的人才的政策壁垒和生活成本。

10. 如何加强乡村传统文化的保护与传承？

《中华人民共和国乡村振兴促进法》第三条，促进乡村振兴应当按照产业兴旺、生态宜居、乡风文明、治理有效、生活富裕的总要求，统筹推进农村经济建设、政治建设、文化建设、社会建设、生态文明建设和党的建设，充分发挥乡村在保障农产品供给和粮食安全、保护生态环境、传承发展中华民族优秀传统文化等方面的特有功能。具体措施如下：

（1）挖掘和保护乡村文化资源。全面挖掘和科学保护非物质文化遗产、历史建筑、传统村落等资源，建立乡村文化档案，确保可追溯性。加强对传统村落、古民居、宗祠庙宇等的保护，避免破坏性开发。系统记录乡村传统工艺、民俗活动等非遗项目，给予政策和资金支持。设立文化遗产保护区或传承基地，推动文旅结合，实现文化保护与经济发展的双赢。

（2）支持文化传承与创新。通过建立传承人培养体系，对民间艺人、工匠等提供培训和补贴，推动非遗技艺教学纳入学校课程。通过乡土教材和兴趣活动培养青少年传承意识。支持传统文化与现代艺术、设计、数字技术结合，开发文创产品和数字文化项目，赋予传统文化新活力。

（3）弘扬红色文化和乡土文化。挖掘革命遗址和红色资源，打造红色文化教育基地，推动红色精神传承。举办传统节庆活动、民俗展演，弘扬乡土文化，增强文化吸引力和凝聚力。支持乡村志书编撰、乡贤文化传承和民间文艺组织发展，促进乡村文化自觉与自信。

（4）发展乡村特色文化产业。推动"文化+旅游"模式，开发传统村落游、非遗体验游等文旅产品，促进文化资源经济转化。支持发展文化民宿、手工艺品展销等活动，形成特色文化经济。利用互联网和大数据保护和传播乡村文化，通过短视频、直播等扩大文化影响力，实现传承与发展融合。

（5）加强政策支持与社会参与。通过专项资金、税收优惠和奖励机制支持乡村文化保护，鼓励企业、社会团体和个人参与文化项目。高校和科研机构通过课题研究提供理论支持，推动文化传承的专业化与可持续发展，增强社会力量对乡村文化保护的参与度。

11. 乡村振兴促进法对农民文化活动和文艺创作有什么支持？

《中华人民共和国乡村振兴促进法》第四十二条，国家支持农民文化活动，鼓励开展形式多样、健康向上的群众性文化活动，丰富农民精神文化生活。支持文艺创作，促进体现乡村特色、反映时代风貌的优秀作品创作和传播，提升乡村文化水平。主要措施如下。

（1）鼓励和丰富农民文化活动。通过加强乡村文化活动中心、农家书屋、文化广场等基础设施建设，为农民提供便利的文化活动场所，让文化活动有场地、有资源。支持举办乡村文化节、文艺演出、传统节庆等活动，推动广场舞、乡村大舞台等群众文化活动的普及，丰富农民的日常文化生活。组织文化艺术团体深入乡村开展送戏、送电影、送书籍等文化下乡活动，促进城乡文化资源的共享，进一步丰富农村群众的精神生活。

（2）扶持乡村文艺创作。鼓励艺术家以乡村为题材，创作反映乡村风貌、农民生活和时代变迁的文艺作品，推动乡村题材文学、影视和戏剧等艺术形式的发展，塑造具有乡村特色的文化内容。结合非物质文化遗产保护，支持民间艺人和工匠参与文艺创作，将乡村传统技艺融入现代艺术表达中，延续乡村文化精髓。加强优秀文艺作品的传播，通过电视、网络、短视频等多种形式推广，让乡村文艺作品走进更多观众视野，扩大乡村文化的社会影响力。

（3）培育乡村文化人才。为热爱文艺创作的农民提供专业化的培训，培养乡村文艺骨干，提升乡村自我创作和文化传承的能力。通过组织乡村青年文艺比赛、主题创作活动等，鼓励更多年轻人关注乡村文化，积极参与文艺创作，增强对乡村文化的认同感和责任感。以人才的培养为基础，逐步构建一支扎根乡村、能够引领乡村文化发展的创作和传承队伍。

（4）完善政策支持和激励机制。通过专项资金、税收优惠等形式提供资金支持，为农民文化活动和文艺创作提供经济保障，解决发展过程中的资金瓶颈。设立乡村文化作品评选和奖励机制，对优秀作品和贡献突出的个人或集体进行表彰，激励更多人参与文化活动和文艺创作。结合文旅融合，推动乡村文艺作品的商品化开发，打造具有市场潜力的乡村文化品牌，实现文化保护、传承与经济效益的有机统一。

12. 乡村振兴促进法如何推动农村生态环境保护，改善乡村人居环境？

《中华人民共和国乡村振兴促进法》第三十六条，各级人民政府应当实施国土综合整治和生态修复，加强森林、草原、湿地等保护修复，开展荒漠化、石漠化、水土流失综合治理，改善乡村生态环境。第三十七条，各级人民政府应当建立政府、村级组织、企业、农民等各方面参与的共建共管共享机制，综合整治农村水系，因地制宜推广卫生厕所和简便易行的垃圾分类，治理农村垃圾和污水，加强乡村无障碍设施建设，鼓励和支持使用清洁能源、可再生能源，持续改善农村人居环境。具体措施如下。

（1）加强农村生态环境保护。国家通过实施生态保护政策和行动，推动乡村地区的生态系统修复与资源保护。加强对农村山水林田湖草沙冰等自然资源的保护与治理，促进生态环境的整体修复与协调发展。推动农业绿色生产方式，减少化肥、农药过量使用，支持秸秆综合利用和畜禽养殖废弃物资源化处理，保护土壤和水体质量。通过退耕还林还草等措施，恢复生态环境，提升生态系统的稳定性和可持续性。

（2）推进农村环境综合治理。国家支持地方开展农村生活垃圾和污水的集中治理，推动建立符合农村实际的垃圾分类和清运处理体系，减少垃圾对土壤和水源的污染。加强生活污水的收集与处理，结合村庄分布特点，因地制宜建设污水处理设施，提高污水处理率。通过政策激励，引导社会资本参与农村环境基础设施建设和运营，提升治理能力和水平，解决农村环境污染的难题。

（3）实施"厕所革命"和村容村貌提升工程。推动农村"厕所革命"，升级改造农村户用卫生厕所，普及卫生厕所使用率，解决厕所卫生隐患问题。开展村庄整治工程，清理房前屋后垃圾杂物，消除裸露垃圾，提升村庄绿化水平和整体环境美观度。推动村容村貌提升的过程中，注重保持乡村传统风貌，避免大拆大建，打造生态宜居、美丽和谐的乡村环境。

（4）推动绿色发展与生态产业。以生态保护为前提，推动农业农村的绿色可持续发展。鼓励发展生态农业、循环农业和有机农业，减少对生态环境的压力。发展乡村生态旅游、休闲农业等绿色产业，实现生态效益与经济效益双赢。通过政策支持和技术引导，推广节水灌溉、清洁能源利用等低碳技术，提高资源利用效率，促进绿色发展模式在农村的全面推广。

（5）强化监管与公众参与。加强对农村生态环境保护的执法监督，建立农村环境保护长效机制，防止生态环境破坏行为的发生。鼓励村民参与生态环境治理与保护，通过村规民约的形式，引导村民养成绿色生产生活方式，共同维护美好生活环境。通过环保宣传和教育，提高农村居民的环保意识，形成全社会共建共享的绿色生活方式。

13. 乡村发展过程中，如何防止返贫和新致贫现象？

《中华人民共和国乡村振兴促进法》第九条，国家建立防止返贫监测和帮扶机制，健全农村社会救助制度，对脱贫地区、脱贫人口和其他易返贫致贫人口采取针对性扶持措施，促进其稳定增收和生活改善，防止返贫和新致贫。具体措施如下。

（1）建立防止返贫监测机制。国家通过建立精准的动态监测机制，重点关注脱贫人口和边缘易致贫人口的生产、生活状况，及时发现收入骤减、支出骤增等可能返贫的风险。依托基层组织、驻村干部和数字化监测平台，对可能返贫致贫的群体进行早期预警和动态管理，确保问题早发现、早干预、早帮扶。

（2）健全农村社会救助制度。完善农村低保、特困人员供养、临时救助等社会救助制度，对因重大疾病、自然灾害等特殊原因导致生活困难的农村家庭及时给予救助。加大政策性保险覆盖范围，推动农业保险、健康保险和养老保险向农村延伸，提升农村居民抵御风险的能力。

（3）实施针对性扶持措施。根据不同群体的实际需求，提供多样化帮扶措施。例如，通过技能培训、产业扶持、就业对接等方式，帮助脱贫人口和边缘人群增加收入来源；对因教育、医疗、住房等问题可能返贫的家庭，提供专项救助和支持，确保其基本生活不受影响。

（4）推动产业和就业扶持。鼓励发展地方特色产业，吸引社会资本参与脱贫地区产业发展，带动脱贫人口实现长期增收。加强就业帮扶，推动劳动力技能提升，通过农村电商、乡村旅游、农业合作社等多种渠道，为农民创造更多就业机会，避免因缺乏经济来源而返贫。

（5）强化基层治理和公共服务。健全乡村基层治理体系，加强村级组织在防止返贫中的作用。通过改善农村公共服务，如义务教育、基本医疗、住房安全、饮水安全等方面的保障条件，降低农村居民的生活成本和致贫风险。

14. 农村集体经济组织是否可以自主决定集体资产的使用？

《中华人民共和国乡村振兴促进法》第二十八条规定，乡镇人民政府和村民委员会、农村集体经济组织应当为返乡入乡人员和各类人才提供必要的生产生活服务。农村集体经济组织可以根据实际情况提供相关的福利待遇。《中华人民共和国农村集体经济组织法》第五条，农村集体经济组织依法代表成员集体行使所有权，并履行包括组织开展集体财产经营、管理，以及分配、使用集体收益等职能。

农村集体经济组织可以自主决定集体资产的使用，但需依法依规进行管理和决策。

（1）合法管理和处置资产。农村集体经济组织依法享有对本组织资产的管理和处置权。包括土地、房屋、资金、设备等在内的集体资产，均应按照法律规定和相关程序进行规范化管理。组织成员的合法权益在资产处置中受到严格保护，防止资源流失和侵占。

（2）民主决策程序。决定集体资产的使用、经营或收益分配，必须通过民主程序进行。如召开成员大会或成员代表会议，由全体成员或代表充分讨论后表决通过，确保决策的公开、公平和透明，体现集体成员的意愿。

（3）资产使用与经营。集体资产可以用于发展农业产业、农村基础设施建设、公共服务等符合集体利益的用途。也可依法通过发包、租赁、合作等形式经营资产，但必须签订规范合同并明确双方权责，保障集体资产的安全和增值。

（4）收益分配。集体经济组织可自主决定收益的分配方式，但必须在保障公共利益和成员权益的基础上进行，优先用于改善农村公共服务、发展农村经济和提高成员生活水平。

（5）法律监督与成员监督。集体资产管理需接受法律监督和成员监督，定期公开资产运营和收益分配情况，确保公开透明。如果资产使用或分配中存在违法违规行为，集体成员有权举报并依法维护权益。

参考文献

本书编写组, 2017. 宪法、地方组织法、代表法、监督法（合订本）[M]. 北京：中国民主法制出版社.

陈庆立, 2016. 宪法学习读本 [M]. 北京：中国民主法制出版社.

法规应用研究中心, 2021. 民法典一本通 [M]. 北京：中国法制出版社.

江枝英, 2022. 农民轻松学法用法 [M]. 南昌：江西人民出版社.

李彦锋, 白洪鸽, 2017. 新农村农民工外出打工知识问答 [M]. 石家庄：河北科学技术出版社.

刘丕峰, 2018. 农民工维权有"法"办 [M]. 济南：济南出版社.

潘环环, 2024. 民法典解读与应用 [M]. 北京：中国法制出版社.

全国人大常委会办公厅供稿, 2021. 中华人民共和国乡村振兴促进法 [M]. 北京：中国民主法制出版社.

徐宪江, 2019. 《农村土地承包法》学法用法案例读本 [M]. 北京：中国法制出版社.

许安标, 2019. 宪法学习读本 [M]. 北京：中国法制出版社.

尹长海, 张献, 2017. 公民宪法学习读本 [M]. 长沙：湖南人民出版社.

中国法制出版社, 2017. 农民学法用法案例读本（以案释法版）[M]. 北京：中国法制出版社.

中国法制出版社，2022. 农产品质量安全法学习宣传本[M]. 北京：中国法制出版社.

朱永梅，周宏辉，李小轩，2023. 乡村振兴政策与法律法规手册[M]. 赤峰：内蒙古科学技术出版社.